谨以此书献给我的女儿

杨妍 —— 著

从知识到行动

当代中国服务型政府建设研究

南京晓庄学院高层次培育项目"中国服务型政府建设知识与行动的互构研究"
（项目编号：4170072）

FROM KNOWLEDGE TO ACTION:

A Study on the Construction of Service-oriented Government
in Contemporary China

江苏大学出版社
JIANGSU UNIVERSITY PRESS

镇 江

图书在版编目（CIP）数据

从知识到行动：当代中国服务型政府建设研究／杨
妍著． -- 镇江：江苏大学出版社，2024．10． -- ISBN
978-7-5684-2303-8

Ⅰ．D630．1
中国国家版本馆 CIP 数据核字第 2024EE6351 号

从知识到行动：当代中国服务型政府建设研究
Cong Zhishi Dao Xingdong：Dangdai Zhongguo Fuwuxing Zhengfu Jianshe Yanjiu

著　　者/杨　妍
责任编辑/张　冠
出版发行/江苏大学出版社
地　　址/江苏省镇江市京口区学府路 301 号（邮编：212013）
电　　话/0511-84446464（传真）
网　　址/http：//press．ujs．edu．cn
排　　版/镇江文苑制版印刷有限责任公司
印　　刷/镇江文苑制版印刷有限责任公司
开　　本/710 mm×1 000 mm　1/16
印　　张/15．5
字　　数/253 千字
版　　次/2024 年 10 月第 1 版
印　　次/2024 年 10 月第 1 次印刷
书　　号/ISBN 978-7-5684-2303-8
定　　价/52．00 元

如有印装质量问题请与本社营销部联系（电话：0511-84440882）

◆ 序 言 ◆

　　服务型政府建设是当代中国政府改革的一个"大事件"。在现有研究中，对当代中国服务型政府建设的理论阐释，一是从改革叙事出发，二是从现代性叙事发展。本研究观察到，当代中国服务型政府建设有自身的发展和构建目标，有知识追求，这在某种意义上是知识与话语影响的结果。对当代中国服务型政府建设的阐释还可以发展出知识性的叙事。政府形态变迁的背后实为知识类型的更新，每一种特定的政府形态都有特定的占据轴心地位的知识类型与之相适应。当代中国服务型政府建设最关键的要素是关于政府的知识，即人们对政府的认知和经验，用知识社会学的观点来看，就是公共利益在知识世界中的表达。

　　基于以上发现，本书尝试对中国服务型政府建设过程中政府形态的轨迹变迁提供一种以相关知识积累和跃升为核心自变量的解释。这种解释以知识社会学为视角来切入和建构，以"政府是什么、为什么和怎么做、为谁做"为相关知识的核心要素，以学界、地方政府和中央政府为知识生产和建设的行动主体，通过刻画行动主体的观念、动机、角色和行动，为解释框架填充机制和因果关系。

　　本研究运用知识政治学、历史比较、话语分析、案例分析等方法，以期描述出服务型政府建设过程中的细微变化、超常规的运行机制，以及不太被关注的各种互动。依据从知识到行动的逻辑，通过建立一个以知识、话语和行动为主要分析元素，以学术界、地方政府和中央政府为主体的服务型政府知识生产与建设行动的分析框架，对当代中国服务型政府建设进行历史性的考察与再现。从知识社会学的视角讲述关于当代中国服务型政府建设的故事。

　　服务型政府作为一个研究领域，是我国学术界的重要知识创新，同时实务界也在实践层面进行了大量积极的探索，全面梳理了服务型政府从知识创新到行动建设的内在机理和发展脉络，并从知识的角度回答了服务型政府建设何去何从的问题，对于系统剖析特定理论范式的成长周期并阐释客观世界的应对之策具有学理价值和现实意义。对此，本书的研究展开为以下三个部分。

一、"服务型政府知识体系的形成"：最早可追溯至改革开放前后的思想解放运动，沿着从"服务行政"的吸纳、"服务行政模式"的探讨、服务型政府概念的形成，到关于服务型政府的学术话语论争，再到基本学术共识的达成和价值内核提炼的知识发展脉络进行阐述。

二、"服务型政府的建设行动"：按照时间顺序，讨论在不同发展阶段服务型政府知识发展的影响下，服务型政府建设的实践与革新情况。本研究将当代中国服务型政府建设分为三个阶段：

第一个阶段为改革开放伊始到 20 世纪末，受思想解放下政治观念更新及对政府公共服务职能缺失反思等的影响，服务型政府概念逐步形成。地方政府纷纷建立初级版的"一站式"服务机构，开启了早期服务型政府建设的雏形。

第二个阶段为"非典"危机前后至党的十八大之前，服务型政府理论在学术界关于服务型政府的本质内涵的话语论争中得到丰富和发展，并形成了关于服务型政府的基本知识共识，部分知识共识被政治系统吸纳并制度化，服务型政府建设得以全方位开展。

第三个阶段为党的十八大至今，围绕着"以人民为中心"的政治理念，中国政府理论话语得以创新，提出"建设人民满意的服务型政府"，并在"放管服"改革行动中进行落实。

三、"服务型政府建设再讨论"：从中国治理语境下的服务型政府建设和复杂治理情境下的服务型政府建设两个方面进行论述，主要是对服务型政府未来持续建设的可能性进行展望。对中国而言，发展方向是在完善服务型政府特殊知识的基础上进行高质量服务型政府建设；对其他国家而言，或许可以在探讨服务型政府共享知识建构的基础上，以及在合作治理的理念下尝试服务型政府建设。

知识在本质上存在于一个社会扩散网络之中。当代中国服务型政府建设实质上是一个对政府重新认知的过程，是政府的创新能力、知识更新程度、知识开放度等的互动衍生。学术界、地方政府及中央政府三方的合作互动是推动服务型政府知识创新与建设行动的重要因素，在将服务型政府从理念上升为共识再转化为建设行动的过程中，各主体共同推动服务型政府知识创新螺旋上升，促进服务型政府知识创新与知识应用目标的实现。学术界、地方政府、中央政府及民众相互作用，在知识创造层面交互进行、功能互补与关系重叠，共同推动着当代中国服务型政府建设。

目　录

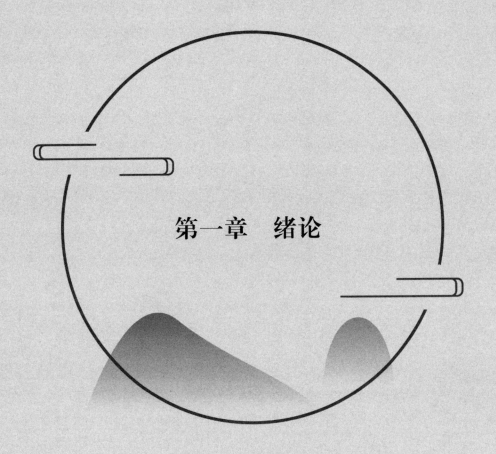

第一章　绪论

第一节　主题阐述

一、研究背景

自 20 世纪 70 年代以来，传统行政管理已经不能够满足现实挑战的需要。长久以来，科层制以其能带来秩序、效率并能协调各种不同专业的人共同工作而成为政府普遍采用的组织形式。但科层制也是一个刚性、保守的组织形态，在全球范围内，科层制无法时刻应对政治和行政的复杂性和碎片化。一旦组织的外部环境发生变化，或是组织运行无法实现目标任务，科层制组织很少调整优化原来的治理结构，而是倾向以设置新机构的方式解决问题。由此，政府运行时间越久，机构膨胀就越严重，职责分工的碎片化现象就越突出，政府开支也越来越大，纳税人的负担也越来越重，与政府财政危机相伴的还有民众对政府的信任危机。

为了应对政治和社会压力，以及地方政治和经济变化，20 世纪 70 年代初期以来，许多西方国家纷纷进行政府改革。典型者如英国政府由撒切尔夫人领导的"私有化改革"和美国政府在里根上台后发起的"里根革命"。美国经历了一个政策和行政管理活动的重构过程，公共财政发生了变化，公共项目减少，国家债务增加，与此同时，机构合并，公共组织的企业精神出现提升。这一时期政府改革的知识基础是以市场化和去管制化为核心内容的公共管理理论，但是政府真能像麦当劳一样经营吗？"去管制化"运动也引发了一系列的问题，尤其是金融管制的放松，导致了 2008 年全球金融危机的爆发。之后的"占领华尔街"运动及欧洲债务危机，都在警示人们需要对政府改革的方向进行重新思考。

与西方国家不同，亚洲许多正在进行工业化的国家为了应付不断增长的社会需求，通过投资教育和基础设施建设大幅度扩张政府的项目和活动。目光转向中国，我们有过两千年不变的文化定型，但是这个"定型"在鸦片战争后维持不下去了，它要"转型"。转型从"变"开始，它从"千年不变"，忽地变成"十年一变"。晚清至新中国成立前，中国出现了严重的社会秩序问题，为了解决这一问题，我们建立起了现代意义上的民族国家。新中国的成立使得近代以来中国面临的社会秩序问题得到了基本解决。不过，由于破坏社会秩序的因素仍然存在，而且国际局势较为复杂，我们国家不得不对社会进行进一步的整合与国家化。

到了 20 世纪 70 年代末，由于国内外形势的变化，中国开始实施改革开放。改革开放后，对于转型期的中国该何去何从、如何治理，曾有两股思潮激烈辩论，此起彼伏。一方希望复兴儒家思想治理国家，一方认为需仿效西方，在民主法治框架下重建国家。现实的情况是，在开放过程中，中国与世界形成了紧密的联系，世界经济一体化的趋势也愈发明显。随着世界经济发展速度的加快，各国的经济联系也越来越紧密，如何才能保持长久的合作成为理论家开始思考的问题。随着研究的深入，人们逐渐发现服务意识的重要性，只有交流的双方都满怀着服务对方的意识，才能在国际市场上达到双赢。改革开放加速推进，中国政府改革也进入一个新的阶段。政府改革是改革开放的核心内容，中国改革开放的基本逻辑是以政府改革撬动其他领域的改革。

科学技术的迅猛发展，引发了生产和组织方式的变革，带动起一场与工业革命深度相当的信息革命，它改变着整个社会的根基。互联网的发展使得人类活动中几乎每个传统的、垂直整合的领域都在横向重组。数字技术正在缩小世界，让每个人都能瞬间在任何地方交流信息，跨越了传统的等级。如同重塑了农业时代社会结构的批量生产技术，数字技术将重塑社会的每个领域，包括政府。世界日益增强的相互关联是我们这个时代最重要的社会和经济事实。尼采曾认为，人类需要"第六感"去捕捉历史的韵律，以便理解工业革命给生活各方面带来的变化。雷默则认为，在一个互相连接的新时代，我们需要"第七感"遨游在一个时时连接着整个网络世界的新时代，这些网络无处不在并定义了我们，也在定义政府①。政府要有观察所有事物并发现它们是如何被连接的能

---

① ［美］安妮-玛丽·斯劳特：《棋盘与网络》，唐岚、牛帅译，北京：中信出版社，2021 年，前言第 8-9 页。

力，把提高人的素质作为主要任务，政府提供公共服务的能力成为管理的主要资源。

政府在当代中国仍然主导着政治、经济、社会和文化领域。从 20 世纪 80 年代以来，政府的改革和建设可以说是中国社会的主旋律，也正是政府的改革，推动了中国社会的全面发展①。当代中国政府改革的演进史，在一定意义上既是政府职能的转变史，又是当代中国政府实现政府治理现代化发展目标的自我革命史。中国发展的活力，特别是在促进经济和技术发展方面让人印象深刻，中国政府表现出令人惊叹的适应性与灵活性，如果仅从"民主"或"专制"这种体制角度来研究中国政府，则无法解释中国所展现出来的与其他社会主义国家截然不同的国家行动力和成就。

二、研究问题

社会科学中常见的一类研究为基础理论研究，而基础理论研究又分为解释性研究和建构性研究。本书做的即基础理论研究中的解释性研究，旨在研究服务型政府知识形态是如何推动实践行动的，并从知识的角度回答服务型政府建设何去何从的问题。对"服务型政府建设"这样一个当代中国政府改革"大事件"，本书选取了历史与逻辑相结合的研究框架设计，通过对服务型政府建设的纵向考察，探寻它由"知识"向"行动"转变的基本逻辑，探讨在中国服务型政府建设的历史进程中知识与行动之间是如何互动的。

解释的任务就是去理解那些待解释的事物，创造一个解释是为了获得对待解释对象的理解。学习筑成了组织的变革之路，在组织和社会环境中，政府被如何解释和界定关系到我们的行动进程。理解当代中国改革，政府是关键变量。改革的成功在很大程度上归功于政府改革为适应社会发展找对了方向，改革中出现的问题也在一定程度上源自政府改革的方向性错误。

---

① 吴玉宗：《服务型政府建设研究》，北京：经济日报出版社，2007 年，第 228 页。

改革开放后，中国政府对外面临与国际接轨的问题，对内还要应对社会压力，以及地方政治和经济变化。于是，在改革开放宽松的环境中，在各国政府改革浪潮的推动下，中国政府也开始了大刀阔斧的改革。对于当代中国政府改革的解释或言说多是从政治学的角度，认为其是政治权力作用的结果，这样的解释往往大而化之，不够精细，忽略了很多细节性但又很重要的要素。过程研究是对传统的体制研究、要素分析和法理说明的重要补充和丰富。中国的政府改革过程有着自己鲜明的特色，相应地关于中国政府改革的理论也有自己的特殊性。

政府如何保有合法性，是中国政府改革一直不曾偏离的中心。虽然通过人民民主对行政权力及其相关制度的正当性做出了证明，为当代中国政府建立了一个平等民主的基础，但是改革时代涌现了很多公共问题，中国公共行政发展遭遇了很多的困境。中国共产党早在还是革命性政党的时候，就提出了"为人民服务"的政治理念，但"为人民服务"如果只停留在理念层面的话，是无法回应不同阶层、不同个体提出的公共服务需求的。

政府形态作为一种浓缩人类生活的高级范式，是建立在一定的知识基础之上的，换言之，任何一种政府形态均有与其相适应的知识类型。知识不仅充当了个人与政府的联结力量，成为论证政府合法性的构成要素，而且体现了人民对政府的体验与断定，在一定程度上成为政府形态的原初要素。知识的本质是动态的，它的形成是一个认知过程。

"建设一个什么样的政府"一直是摆在中国政学两界的关键议题。中国政府历经政治控制型再到经济发展型之后，随着政治实践的深入及中国国力的日渐强盛，对政府的知识求取发生转向，最终确立了建设服务型政府的目标。"为人民服务"也从政治理念转变为现实中的服务型政府的建构。中国服务型政府的理论建构和实践建设过程实际上也是服务型政府建设从知识到行动扩散的过程，既包括了"为人民服务""以人民为中心"等政治理念的提炼，即服务型政府哲学化过程，也涵盖了中国中央政府和地方政府在实践中通过一系列政治制度安排与改革创新推进服务型政府建设科学化的过程，更兼有服务型政府知识与技能传播的创新扩散等社会化过程。

本研究的一个基本判断是，改革开放后，尤其是进入 21 世纪以后，中国政府改革的故事、思考、叙述、行政制度和政治决策等主要是围绕建设服务型政府这条主线展开的，其中虽有波动，但这条主线是清晰的，服务型政府建设无非把这条主线推展开来。因此，对当代中国政府改革还可以从服务型政府建设的角度详加考察，采用叙述事件型的解释方式。作为一个研究课题，服务型政府建设作为中国政府改革的一个大事件，是可以通过理解分析加以阐明的，理解分析的路径就是把服务型政府建设还原为一个从政府知识范型转换到建设行动的过程。

知识、思想、观念绝不只是心理或逻辑领域的问题，只有和它们所处的社会背景相联系才有意义并得到理解①。如果说任何一种政府形态都有与之相配的知识世界和知识类型，那么对政府形态变迁的研究也就相应地转化为对关于政府的知识世界变迁的研究。知识世界的变迁构成了政府形态变迁的底盘，可以把服务型政府的建设问题还原为政府知识范型的转换问题。中国政府改革的过程不仅是政治权力作用的结果，还是知识世界的变迁和知识类型更新的结果。

服务型政府建设生成于"什么样的政府领导中国现代化建设"这样一个时代拷问之下。以问题而非以学科为中心的求索路径，使得人们渐渐认识到无论是以政治控制还是以经济发展为中心的政府，都难以为继。政府改革不仅是一个时间概念，更是一种精神概念。它不仅表现为一个阶段，更表现为一种形态。知识作为一种资源，是通过赋予人对所处环境的判定能力以展示其价值的。知识的本义并不是注释或证明，知识的本义是阐释。当代中国服务型政府建设实质上是一个对政府的重新认知过程，是中国政学两界关于政府知识的创新能力、更新程度、开放度等的互动衍生。"知识即权力"，对当代中国服务型政府建设的考察还可以从关于政府的知识的角度进行，即人们对当代中国政府的认知和经验：对政府是什么、做什么和为什么、为谁做、怎么做的认知和经验。

正如罗伯特·D. 帕特南在《使民主运转起来：现代意大利的公民传统》中所言："创立一个新的政治制度既不是快速的也不是容易的。

---

① 刘建军：《中国现代政治的成长：一项对政治知识基础的研究》，天津：天津人民出版社，2002年，序第4页。

最终，成果不应以年来衡量，而应该以年代来衡量。"① 服务型政府是当代中国政府改革的目标模式，当代中国政府改革从某种程度上来说也是关于服务型政府的知识创造和行动建设的过程。本研究拟用一种开放的、注重过程而不是结果的研究方法取代综览模式（synoptic models），考察"服务型政府"从概念提出之后是如何发展的，恰如一滴墨水滴入水中后是怎样一层层扩散开的；学界全情投入的研究是怎样与地方政府率先建设相融合，之后又是怎样上升为国家话语而获得高知识势能的；为什么有些概念维度被学界追捧，有些被官方认可和实践，而有些停留在理念构想层面，未得到实践的响应；服务型政府知识合作创新的主体学术界、中央政府和地方政府，是怎样通过各自的话语及行动影响服务型政府的建设的。

正如亚里士多德所争论的，个体和他们所处的制度是由修辞推动的，是由叙述的力量、故事、例子和人们所处的环境中占主流的观点来推动的②。因此，对当代中国服务型政府建设的阐释还可以通过从知识到行动的角度进行历时性、全景式的考察而获得，通过被界限在关于服务型政府建设的故事、思考、叙述、行政制度和政治决策中探寻。

三、研究意义

"服务型政府"的概念自诞生之日起就争议不断，"众说纷纭"是服务型政府知识扩散的常态，这在一种新的知识建构之初是正常的，但长此以往，无法形成一种范式，不仅不利于服务型政府的持续建设，也会削弱我国社会科学研究和公共管理学科的自主性。尽管如此，在实践领域中央政府依然重视服务型政府建设。当前，我国政府正稳步推进"一带一路"倡议，中国面临着全球治理的新课题，需要一个什么样的政府在场、服务型政府该何去何从，以及构建怎样的话语体系为全球治

---

① ［美］罗伯特·D. 帕特南：《使民主运转起来：现代意大利的公民传统》，王列、赖海榕译，北京：中国人民大学出版社，2014 年，第 60 页。

② ［美］杰·D. 怀特：《公共行政研究的叙事基础》，胡辉华译，北京：中央编译出版社，2011 年，第 113 页。

理提供支持成为时代的呼唤。上述问题的解决与时代的回应都需要对"服务型政府"这一中国本土化的知识建构进行检视，在服务型政府建设中的前世今生中寻找答案。因此，本研究具有以下两个方面的意义。

（一）理论意义

首先，本书从"知识与行动"互动的角度探讨了中国服务型政府建设是如何从"知识形态"向"实践行动"转变的，研究了服务型政府建设由"知识向行动"转换的基本逻辑是什么，以期滴水观海，归纳出中国政府改革中深层的知识逻辑。

其次，本书从知识角度回答了服务型政府建设何去何从的问题。笔者通过对服务型政府建设的纵向考察，探讨了服务型政府建设的知识基础、知识框架、知识要素和知识条件，特别是服务型政府的相关知识是如何扩散的，知识要素又是如何推动服务型政府建设的，如何推动了服务型政府建设的行动。在此基础上，本书提出了完善服务型政府知识谱系下的服务型政府建设的未来面向。

（二）实践意义

一是国际意义。本研究契合当代中国治理实践，通过对服务型政府知识形态和实践行动进行全景式考察，以期厘清政府职能边界，推进我国服务型政府建设，为全球化治理提供中国话语体系与实践模式。

二是国内意义。本研究对我国服务型政府建设的现状与问题进行了研究，并在此基础上给出了中国服务型政府高质量建设的相关政策建议。

第二节　概念界定

一、服务型政府

服务型政府是一个学者不断思考和建构的概念。从知识学的角度看，服务型政府是蕴含新知识的政府类型。服务型政府首先是一种政府知识范型，既不同于典型的西方管理型政府，也不同于中国之前的全能型政府或者管制型政府，它是政府自身深刻革命的结果，具有创新性，属于软创新①。

自从世纪之交由与地方政府改革实践紧密联系的学者提出"服务型政府"这一概念之后②，其迅速在中国政治学界与行政学界引起强烈反响，吸引大量学者参与"服务型政府"的研究，成为21世纪前十多年最为重要且充满争议的学术话语和核心概念之一。2012年，黄爱宝教授将中国政界与学术界关于服务型政府的探讨归纳为三种服务型政府观③：第一种是以张康之教授为代表的基于政府价值理念的内涵定位和适应后工业社会治理要求的服务型政府观；第二种是以刘熙瑞教授为代表的基于政府价值理念的内涵定位和主要借鉴工业社会治理经验的服务型政府观；第三种是基于政府职能结构的内涵定位和主要借鉴工业社会治理经验的服务型政府观，又可分为履行广义公共服务职能和履行狭义公共服务职能两种不同观点，分别以迟福林和朱光磊为代表。

服务型政府也是一个在当代中国政府改革实践中发展起来的概念。早在改革开放之初，响应大刀阔斧的经济体制改革，地方政府在实践中为了更高效、更好地服务于外商投资、企业和社会，纷纷建立初级版的"一站式"服务机构，如"外商投资服务中心""政府办事大厅"等，被认为是早期服务型政府的雏形，可以说是服务型政府建设的1.0版本。之后，得益于中国行政管理学科的恢复与重建，学术界提出并论证了"服务行政"的概念，并由点到面进行了持续深入的理论性思考与创新性研究。1992年，党的十四大正式将建立社会主义市场经济体制确立为中国经济体制改革的目标，中国改革开放得以加速推进，政府改革也进入了一个新的阶段。1998年，以"机构改革"为名义的行政改革开展起来，政学两界纷纷探寻应当建设一个什么样的政府领导中国社会主义事业，经过多年酝酿，服务型政府的概念终于率先被学术界提了

---

① 相对于技术创新等硬件层面的创新，软创新是指体制和模式上的创新。

② 张康之在2000年开始使用"服务型政府"概念。参见张康之：《限制政府规模的理念》，《行政论坛》2000年第4期。

③ 黄爱宝：《三种服务型政府观比较》，《江苏行政学院学报》2012年第2期。

出来。地方政府中较早提出建设服务型政府目标的城市有上海、南京、成都、重庆等。

2004 年，时任国务院总理的温家宝在中央党校省部级主要领导干部"树立和落实科学发展观"的专题研讨班上提出了"努力建设服务型政府"的历史任务，这是中央高层领导首次明确指出建设服务型政府。2005 年，"服务型政府"首次被写入政府工作报告。2007 年，党的十七大报告首次将建设服务型政府设定为行政管理体制改革的目标和价值取向。2012 年，党的十八大报告将"建设服务型政府"升级为"建设人民满意的服务型政府"。2017 年，党的十九大报告指出，应增强政府公信力和执行力，建设人民满意的服务型政府。之后，通过服务价值社会化，将治国理念即政府改革目标具化为"放管服"改革的行动话语。由此，以"服务型政府"叙事为样本，超大国家治理话语与西方治理话语截然不同[1]。

服务型政府理论是不同于"新公共服务"理论的有中国特色的政府理论。大致在 20 世纪 80 年代初，西方国家为应对经济停滞与通货膨胀，以及政府本身的低效和高财政赤字，纷纷以新公共管理理论为指导，进行私有化和市场化改革，其中一项重要内容为顾客服务导向（customer service orientation）。顾客服务导向的实质是从市场交易角度理解政府，政府生产或提供公共服务产品，公民作为纳税人是这些公共服务产品的消费者。问题在于，政府不能像麦当劳那样经营，将公民与政府的关系比拟为顾客对企业，导致公务员所应具有的面向全体公众的"公共责任"可能沦为一种面向少数富人的"职业道德"[2]，因而丧失公共性。之后，基于对新公共管理的价值反思，美国学者登哈特夫妇在 2000 年提出了"新公共服务"概念，认为政府应超越企业家身份，重视公民权和公共服务。政府应服务于公民而非顾客。虽然"新公共服务"也提出了一系列操作性方案，如推崇公共服务精神，但与新公共管

---

① 程倩：《从宗旨到行动：服务型政府叙事的话语分析》，《浙江学刊》2020年第 4 期。

② 丁煌、张雅勤：《公共性：西方行政学发展的重要价值趋向》，《学海》2007 年第 4 期。

理一样，这些也都是对政府管理体制的修修补补，是停留在技术层面和操作层面的政府局部改革。

相较而言，服务型政府是中国学界与政界做出的开创性探索，是与中国共产党的立党宗旨和执政理念密切联系在一起的。老一辈革命家在中国革命取得胜利之时，就已经在思考如何建立一个与西方国家的政府不同的政府，最后定位于政府应为人民服务。这种政府构建思路显然与西方"契约论"的政府建设思路有很大的不同①。服务型政府理应是中国共产党领导下政府的基本理念和施政原则，将政治价值融于行政价值之中，是一种有中国特色的政府理论。

综上所述，本书对服务型政府的界定是为人民服务的政府，立足于中国改革开放以来的行政改革与实践。虽然西方国家在行政改革中也曾突出过服务主题，但在中国，服务型政府建设依托的核心政治理念是为人民服务，价值归宿是让人民满意。与其他类型政府不同的是，它坚持优先考虑的是服务价值，并坚持从中得出治理原则，由此也规定了一些原则和指引，以及与这些原则和指引相关的包容、沟通和合作的过程。同时，服务型政府的理论建构突出了将"人民满意的服务型政府"在新时代国家治理的各个方面全面展开，以期走向一种全新的服务型治理体系。

服务型政府作为一种理想的政府形态，以及在中国现实发展中的行政管理模式，其建设的过程实际上就是对服务型政府从知识创新到行动建设的过程，既包括了"为人民服务""人民满意"等政治理念的提炼即服务型政府的哲学化过程，也涵盖了中央政府和地方政府在实践中通过一系列政治制度安排与改革创新推进服务型政府科学化的过程，更兼有服务型政府知识与技能传播的创新扩散的社会化过程。这些过程齐头并进、相辅相成，以期把政府建构成以服务为核心价值，最终承载中国政府、中国学者和民众对于政府服务廉洁、高效、法治、民主等特征的期盼，最重要的是真正建设成为"全心全意为人民服务""让人民满意"的政府。

---

① 乔姗姗：《论践行群众路线与建设服务型政府的内在逻辑——基于中国的政治话语体系》，《理论月刊》2015年第2期。

二、知识

本研究把"任何一种政府形态均有与其相适应的知识类型和知识基础"作为假设。政府形态不仅关乎政权这一物理形态，也关乎人们对政府的认知，以及政府建构、运作的道理及其确证，故政府形态的变迁不仅仅在于政权这一物理形态的变迁，更在于知识基础的重新缔造。知识不仅可以作为纯粹的智力资源而存在，还可以作为一种政治资源①。

在苏格拉底那里，"知识"被规定为观照的能力，"知识"不是静态的与生活善恶的抉择无关的知识，而是一种体悟。柏拉图把"知识"视为对美和善的折射，以知识而不是以体力行使规定行动的权利。将知识从德性领域解放出来并把它置于经验领域进行检视的是古希腊政治哲学的终结者——亚里士多德。在苏格拉底那里统一的"知识"概念在亚里士多德手中被分解开来了，他把知识分解为"学者的知识"和"大众的知识"，前者是纯粹知识，后者是实践知识。亚里士多德说："求知是人类的本性。"②古希腊人崇尚"美德即知识"，知识使人展现德性的积极力量，而德性又承担着赋予政治以意义的重任。

1947 年，张东荪先生在北京大学作题为"哲学是什么？哲学家应该做什么？"的演讲时就提出，人是知识的生物，知识没有无用的知识，知识可分为三大系统：第一是常识系统；第二是科学系统；第三是形而上学系统。形而上学系统就是现代理论知识的化身，理论知识的最大特点是它的不能实验性，因为它是对本体的沉思③。对本体的沉思与观照，即为对本质的省视，对世界之规范结构的提炼。现代理论知识从其形态上来讲分为两大类型：一是建构性的理论知识；二是反思性的理论知识。建构性的理论知识继承了科学知识中的理性传统，将历史视为一种规律自身的运动。

---

① 刘建军：《中国现代政治的成长：一项对政治知识基础的研究》，天津：天津人民出版社，2002 年，序第 6 页。

② ［古希腊］亚里士多德：《形而上学》，北京：商务印书馆，1992 年，第 1 页。

③ 张东荪著，左玉河选编：《科学与哲学》，北京：商务印书馆，1999 年，第 188-189 页。

至今，尚没有一个对"知识"这一概念统一而明确的界定。本研究采用《现代汉语词典》对知识的界定，即知识是"人们在社会实践中所获得的认识和经验的总和"①。知识主要包括通过推理形成的理性知识和通过经验形成的经验知识，具体而言，知识包括基于理性主义形成的命题知识和基于经验主义形成的过程知识。知识是人类从各种途径中获得的经过提升总结凝练的系统的认识，包括事实、信息的描述或在教育和实践中获得的技能。知识的获取涉及感觉、推理、传播、交流、扩散等复杂过程。依据知识源的不同，知识包括以下类型：认知型的，即从学习得到的系统化知识；技术型的，即从经验得到的知识；实践智慧型的，即依据道德实践判断力而形成的知识。从类型学上看，知识还可分为简单知识和复杂知识、特殊知识和共享知识、具体知识和抽象知识、显性知识和隐性知识。

从一般知识学的角度看，知识增长包括知识经验方式、知识批判方式、知识猜想方式和知识综合方式的增长。从管理学的视角看，知识增长是组织学习的结果，体现为量和质的增长。中国关于政府知识范型的转换有其特定的场景与价值，改革开放后，中国政学两界有意无意间一直在数量和质量上寻求能够超越前驱政府理论的新的政府理论。"知识即权力"，权力又加持知识的影响力，学界的理性知识与政界的经验知识最后汇聚为一股强大的知识力量，持续推动着一场大规模的、历时数年之久的、先自下而上而后又自上而下的服务型政府建设行动。

从本质上说，知识属于认识的范畴。知识作为增强人类判断能力与满足人类实用需要的资源，代表的是一种理解的能力，一种发自人的内心深处的势能。如果事情一成不变或至少按照人们预期的那样发展，那么也就不会产生任何需要进行决策的新问题了。但事实是，时代在变，人们身处其中的特定时空情势也在变。人类社会现在所经历的变化不是农业社会的简单变化，也不是工业社会的复杂变化，而是呈现出错综复杂性，有的学者称其为"后工业社会"的特性。摆在我们面前的问题是，我们应如何改变我们的社会政治制度，以便更好地将秩序与正义结

---

① 中国社会科学院语言研究所词典编辑室：《现代汉语词典》，北京：商务印书馆，2016年，第1678页。

合在一起。政府类型变迁的背后实为知识类型的更新，每一种特定的政府形态都有特定的、占据轴心地位的知识类型与之相适应。政府作为一套排他性知识陈述，责无旁贷地需要回答上述问题。

改革开放以来，中国关于政府的观念也伴随着思想领域的系列争论而重塑。在中国语境中审视政府的内涵，促使人们反思治理的主体。中国语境中的治理源头和时代特征，赋予了理论重构新的可能性①。本研究突破了把关于政府的知识看作静态积累的过程的传统，将其看作一个以问题为中心的新型政府知识生产的过程，这种知识生产具有开放性和动态性。基于新的政府知识的形成，以及综合世界时事发展的大趋势和中国的特定时空情势，中国提出建设服务型政府。服务型政府建设的过程即是对服务型政府由认知到行动的过程。在中国，关于服务型政府的知识是呈螺旋式上升的，因此服务型政府的建设不是完成时，而是现在进行时，是边建设边修正边扩散的。

本研究要探究的是关于服务型政府的知识形成过程，以及服务型政府作为一种新的政府模式和一种软创新是如何被转化为建设服务型政府的行动的，既考察服务型政府的知识化，即服务型政府核心理念的提炼（即哲学化过程），也会考察服务型政府建设在实践中的推进（即科学化过程）。之所以要考察服务型政府的知识化，是本着服务型政府不是事先计划出来的，而是经历了一个动态演进的过程的认识，因此，也应以开放、动态的视角考察它。

三、行动

行动是指"为实现某种意图而具体地进行活动"②。变革来自反思式行动，而这种行动又源自批判意识。建设服务型政府不仅要有资源，更重要的是要求人们有创新知识、共享知识和学习意识，并采取行动。

①　朱正威、吴佳：《从实践语汇到学术概念：中国公共管理研究的问题意识与自主性》，《中国行政管理》2020 年第 1 期。
②　中国社会科学院语言研究所词典编辑室：《现代汉语词典》，北京：商务印书馆，2016 年，第 1465 页。

与"行动"概念密切相关的是"实践"这个概念。"实践"这个概念被突出地强调，以便使行政管理者具有反思意义的创造行动与那种具有较少批判性的惯例式实践活动区别开来。重复性的实践活动（practice）不同于基于批判性的反思式的行动［或实践（praxis）］①。"实践"在行政学理论中已经变成一个具有内在价值的术语。"Praxis"隐含着"具有道德意义活动的表现形式"，马克思将其意义扩大到包括"有助于人的人性化的所有活动"。对马克思来说，一个更美好的世界，就是人类活动最后完全服务于人的全面发展②。

在社会科学研究中，对结构的强调凸显了预先给定的结构和系统对事件和行为方式的限制、塑造和决定过程；对能动作用的强调凸显了情景中的能动者以一种潜在的创造性和创新性方式生产事件、行为、文本等，非中心化理论质疑了从政府到治理的转型是客观的、不可阻挡的这一观点。相反，规则模式是代理人应对在互相冲突的传统中被不同地理解的困境时，其信念所影响的多样化行为和政治斗争的偶然结果。核心行政权力论点的中心，是声称中央能够有效地进行协调。但是我们知道，中央协调是现代政府求而不得的"魔法石"，因其假设了对目标和中央协调者之间的共识。从工具或控制视角来看，网络既是一种管理结构，也是增强中央控制的工具。任何治理模式都是不同实践的产物，而实践本身由许多个体行为组成，这些行为基于不同传统中相互冲突的信念，并且是对不同困境的回应③。

作为学习和变化框架的行动研究，对话和反馈是共享知识和解决冲突的中介。哈贝马斯区分了沟通行动和策略行动，认为沟通行动是指以理解和交换意义为导向的行动（如大量的对话），策略行动是指以产生效果为导向的行为。这种区分是哈贝马斯的现代理论的一个重要部分。在许多当代文本中，许多行动看似沟通行动实则可以被看作

---

① ［美］全钟燮：《公共行政的社会建构：解释和批判》，孙柏英、张钢、黎洁，等译，北京：北京大学出版社，2008年，第97页。

② ［美］全钟燮：《公共行政的社会建构：解释和批判》，孙柏英、张钢、黎洁，等译，北京：北京大学出版社，2008年，第106页。

③ 王浦劬、臧雷振：《治理理论与实践：经典议题研究新解》，北京：中央编译出版社，2017年，第32页。

秘密的策略行动①。根据哈贝马斯的观点，实践（practical）利益是社会实践（practice）的基础，同时也使个体之间的沟通和相互关系的建立成为可能。实践利益（practical interest）指的是某些知识和行动的方面，这些方面在主体间的环境中关注共享理解的形成，以此实现社群和相互交往。因此，对话和语言的使用就成为实践（practical）行动的基本手段②。

实践（praxis）是一种来自自我反思和自我决定的自觉行动。在变革组织的情境中，当人们认识到个人自由与组织控制之间的矛盾，并设法解决这个矛盾的时候，实践导向的管理者就成为现实的转换者。要改变非人性化的条件，个体要在组织情境中经历一个解放的实践。通过反思和行动，个体才具有转换并重新设计组织以满足共享需要的可能性③。

改革开放后，在回答"什么样的政府领导中国现代化建设"的时代拷问时，从某种程度上说，中国各级政府、学术界及民众重新迸发出活力与创造力，共同推动着中国政府知识范型的转换，都是建设服务型政府的行动者。

第三节　文献综述

从政府的性质和功能来看，政府是人们与统治者订立契约产生的，政府及其组成人员只是民众授权的社会管理者。政府的基本功能不仅包括实现政治统治，还包括管理社会事业，提供公共产品或公共服务。随着现代化的深入和市场经济的发展，政府职能逐渐向服务型政府转变。

---

① 王浦劬、臧雷振：《治理理论与实践：经典议题研究新解》，北京：中央编译出版社，2017年，第249页。

② ［美］全钟燮：《公共行政的社会建构：解释和批判》，孙柏英、张钢、黎洁，等译，北京：北京大学出版社，2008年，第106页。

③ ［美］全钟燮：《公共行政的社会建构：解释和批判》，孙柏英、张钢、黎洁，等译，北京：北京大学出版社，2008年，第107页。

这种政府观念和身份定位的转变，打破了传统公共管理体制。政府面临的日益复杂的国内外形势和挑战，也要求政府功能的增加和能力的提高。

一、国内研究现状

对服务型政府建设的研究建立在对服务型政府的不同界定之上，对服务型政府的界定则源于学者所持有的关于服务型政府知识基础的不同认知。

（一）服务型政府作为学术话语的兴起

学者的出场有其特定的"场域"与"话语"，同时特定的"话语"也表明了学者的"出场"或"在场"，因为任何一种语言表达都是主体的"出场"或"在场"[①]。我国的学者是服务型政府实践活动的重要主体之一，主体如何开展实践活动，以及如何在社会生活中传播与交流，就涉及了"话语"。

20世纪90年代，行政法学界逐渐开始关注"服务型政府"的概念，并将其与德国学者福斯多夫提出的"服务行政"概念相联系，但"服务型政府"尚未成为研究热点。1993年，皮纯协、吴德星提出政府职能转变的总趋势是变"管束型"政府为"服务型"政府[②]，并对这一观点进行了较为系统的阐述。与此同时，学者陈新民在《公法学札记》一书中对福斯多夫提出的"服务行政"的概念进行了较为系统的介绍与解读。随后，一些学者也开始意识到服务行政的必要性，认为行政体制要适应人民群众、企业单位和社会组织不断上升的对政府行政服务功能的需要，所以需要不断创新，增强适应性[③]。

"管制行政"与"服务行政"之间的冲突是经济社会与公共行政发

---

① 刘祖云：《中国"服务型政府"研究：回眸与反思》，《甘肃理论学刊》2011年第5期。

② 皮纯协、吴德星：《90年代中国的行政体制改革与行政法制》，《行政法学研究》1993年第2期。

③ 陶学荣：《建设与市场经济相适应的行政体制的思考》，《南昌大学学报（人文社会科学版）》1993年第3期。

展冲突的主要表现之一。从张福成的观点来看，应当使公共行政由国家权力的载体过渡为为公众提供服务的实体①。张康之则把历史上的行政模式划分为统治行政、管理行政和服务行政三类。他认为，社会治理的演进过程是从"统治行政"到"管理行政"再到"服务行政"，构建"服务型政府"模式是人类行政发展的趋势②。1999年，张福成对"服务型政府"的概念进行了常识性的界定，他认为，"服务型政府"概括起来就是将政府由原来的控制主导者改变为服务者和兴利者③。2000年，张康之提出："服务型的政府，也就是为人民服务的政府，服务是一种基本理念和价值追求，政府定位于服务者的角色上，把为社会、为公众服务作为政府存在、运行和发展的基本宗旨。"④

随着全球公共行政改革的继续深入，西方学术界开始对新公共管理进行反思并提出"新公共服务"理论。随着我国改革开放的深入及国内政治、经济、社会体制改革的需要，一些地方政府率先自觉启动"服务型政府"建设。2001年后，"服务型政府"逐渐成为学术界的重要研究对象。2002年，学者刘熙瑞对已有的服务型政府的相关概念进行了高度抽象的概括，他认为服务型政府是在整个社会民主秩序的框架下，通过法定程序，按照公民意志组建起来的以为公民服务为宗旨并承担着服务责任的政府，它的本质是公民本位、社会本位⑤。至此，"服务型政府"才得以真正作为一个学术概念而存在。

（二）服务型政府建设的知识基础研究

"服务型政府"概念的提出是中国学者的贡献，关于服务型政府建设的知识基础，学界存在较大争议，有从西方的政治理论或行政理论找

---

① 张福成、党秀云：《中国公共行政的现代化——发展与变革》，《行政论坛》1995年第4期。

② 张康之：《"公正行政"是公共行政的新视点》，《南京社会科学》1998年第9期。

③ 张福成：《面向21世纪的中国政府再造：基本战略的选择》，《教学与研究》1999年第7期。

④ 张康之：《限制政府规模的理念》，《行政论坛》2000年第4期。

⑤ 刘熙瑞：《服务型政府——经济全球化背景下中国政府改革的目标选择》，《中国行政管理》2002年第7期。

寻理论资源的，也有面向中国本土挖掘理论基础的，还有从人类历史发展的总体进程把服务型政府建设的理论基础建立在整体哲学之上的。总结起来有以下几种类型。

第一，由于服务型政府观是基于工业社会的治理经验，因此需要从西方的政治理论或行政理论中探寻服务型政府建设的理论基础。国内学术界的一种看法认为，服务型政府的理论发源于西方，因此，有学者从西方的公共服务理论、治理理论、民主行政理论等政府改革理论来研究和支撑服务型政府建设理论。典型者将新公共服务理论作为服务型政府建设的理论来源，提出要以新公共服务理论为基础，构建现代服务型政府①。有学者还从更为广阔的视角为服务型政府建设寻找理论基础，以公共行政理念的转向和政府失灵及其矫正两个角度为推进服务型政府建设寻求理论依据②。有学者认为，人民主权理论、新公共管理理论、行政法治理论、为人民服务理论分别为服务型政府建设提供了政治学、行政学、行政法学理论依据及最根本的理论落脚点③。服务型政府是在公民本位、社会本位理念的指导下，在整个社会民主秩序的框架下，通过法定程序，按照公民意志组建起来的以为公民服务为宗旨并承担着服务责任的政府④。

第二，在中国的服务型政府建设过程中，要深入挖掘本土化、中国化的理论基础，而不能一味地向西方学习。有学者认为，将服务型政府建设理论研究纳入国家治理现代化的理论场域中，才能为服务型政府的理论建构提供有效思路。创建服务型政府研究的理论话语体系，需要聚焦中国的（时间和空间）处境，弄清当下的现实条件和具体问题⑤。有

---

① 侯玉兰：《新公共服务理论与建设服务型政府》，《国家行政学院学报》2005 年第 4 期。

② 束锦、肖觌：《全面推进服务型政府建设——基于矫正政府失灵角度的探讨》，《甘肃社会科学》2005 年第 3 期。

③ 何水：《服务型政府建设的理论依据与现实背景》，《云南社会科学》2005 年第 4 期。

④ 刘熙瑞：《服务型政府——经济全球化背景下中国政府改革的目标选择》，《中国行政管理》2002 年第 7 期。

⑤ 夏志强、李天兵：《服务型政府研究的理论论争》，《行政论坛》2021 年第 3 期。

学者认为，改革开放以来，中国完成了向"经济建设型"政府的转型，正在把注意力转向建设"公共服务型"政府①。"公共性"是公共服务型政府理论研究的起点，"服务性"是公共服务型政府的本质②。我国服务型政府理论基础是马克思主义理论，尤其是马克思主义政府学说③，更深刻地融入"为人民服务""领导就是服务"等中国特色社会主义理论，政府的重要历史任务就是要实现职能转型④。立足于中国行政体制的价值问题、科学问题和实践问题，中国共产党创造性地推进了行政体制改革，探索了服务型政府建设的路径，创新了中国特色社会主义国家治理的理论和实践⑤。

第三，服务型政府观是面向后工业社会的，服务型政府建设的理论基础整合了规范性、本土化、全球化等多个理论面向，强调服务型政府的研究依靠中国本土的理论资源和中国学者的学术自觉，直面中国现实问题和人类社会发展趋向，在某种意义上是中国行政学者的一项理论创新，是对公共管理学科前沿问题真正本土化的理论思考⑥。服务型政府是在中国本土诞生的一种政府治理模式和理论，并有十余年之久的实践应用；正确理解服务型政府要从三个维度把握——作为一种社会治理模式、作为一种理论、作为正在实践建设中的服务型政府⑦。在走向后工业社会的过程中，人类将会面对更为深刻的变革过程。从这样的历史视角来看，为了迎接这场变革，我们需要总结历史，特别是需要在管理主

---

① 迟福林：《全面理解"公共服务型政府"的基本涵义》，《人民论坛》2006年第3期。

② 扶松茂、竺乾威：《公共服务型政府建设若干问题的思考》，《苏州大学学报（哲学社会科学版）》2011年第5期。

③ 赵勇、冷向明：《服务型政府的理论基础：争议中的透视》，《社会主义研究》2011年第2期。

④ 姜晓萍：《论"服务型政府"的基本内涵》，《四川行政学院学报》2004年第2期。

⑤ 孔繁斌、郑家昊：《建设人民满意的服务型政府——中国共产党对行政体制理论的创新探索》，《中国行政管理》2021年第7期。

⑥ 孔繁斌：《中国行政哲学研究：主要议题析论》，《理论与改革》2012年第2期。

⑦ 韩兆柱、翟文康：《服务型政府、公共服务型政府、新公共服务的比较研究》，《天津行政学院学报》2016年第6期。

义生成和演进的历史进程中发现走向服务型政府建设的必然性①。

综合来看，在服务型政府知识基础建设方面，国内学者既吸收了国外政府再造、新公共管理及新公共服务的先进理念，又立足本土化的实践经验，融入了不同学科的相关理论，如人民主权理论、民主行政理论、治理理论等。以往那种仅仅认为西方改革政府理论是服务型政府建设理论依据的想法逐渐被批判和抛弃。比较统一的看法是，前述各个理论都在某种程度上为我国的服务型政府建设提供了理论支持。服务型政府建设是一个系统性工程，需要构建自身的基础理论，必须将传统的人民主权论、民主行政论等政治学、管理学理论与现代的治理理论、后现代理论、法治理论等相结合，才能够为服务型政府建设打下坚实的理论基础。

（三）服务型政府建设的行动路径研究

由于对服务型政府的界定、知识基础的认知不同，以及对服务型政府产生的社会背景和历史阶段的判断不同，因此对服务型政府建设的行动路径研究也有着不同的向度。

第一，加快转变政府职能。有学者强调，建设服务型政府必须加快政府职能转变，重点是：实现政府职能向创造良好的发展环境、提供优质的公共服务、维护社会公平正义的根本性转变；实现政企、政事、政社、政资分开；依法明确各级政府职能划分，实现合理分权②。目前，转变政府职能的主要任务是加快推进"四个分开"，即政企分开、政资分开、政事分开和政社分开。公共服务型政府的主要任务是为全社会提供基本的公共产品和公共服务，从关注弱势群体的角度出发，集中解决最突出的社会经济问题，要特别重视农民的利益，为农民提供基本而有保障的公共产品，注重并建立不同利益主体的利益表达机制，建立以公共服务为取向的政府业绩评价体系和科学的行政问责机制③。政府应该

---

① 李传军：《管理主义的终结：服务型政府兴起的历史与逻辑》，北京：中国人民大学出版社，2007年，序第1页。

② 薄贵利：《准确理解和深刻认识服务型政府建设》，《行政论坛》2012年第1期。

③ 迟福林、方栓喜：《加快建设公共服务型政府的若干建议》，《发展》2004年第3期。

以公众为服务导向，扩大政府决策的公众参与，加强社会公众对政府公共服务的评价，营造政府与社会的协作机制①。

第二，改革行政体制。多数学者认同加快行政体制改革是建设服务型政府的关键。部分学者从行政机构改革的视角提出行政体制改革的思路，如：优化政府组织结构，建立科学合理的政府组织结构体系②；探索实行职能有机统一的"大部门"体制，统筹党委、政府和人大、政协机构设置，减少行政层次，保证行政体制合理顺畅③；围绕转变政府职能推进机构改革，精简政府机构，实行决策与执行职能分开的措施；分类推进事业单位改革，规范和发挥非政府组织作用，建立健全决策咨询体制，加快编制立法进程，实行机构设置法治化，促进政府部门依法行政④。另有部分学者从社会协同、公民参与视角指出行政体制改革的方向，如建设公共服务型政府必须创新公民治理理念，健全公民资格，培育公民自治组织，引导公民参与，提高公民与政府间的互动质量并建构激励耦合合作制度⑤。公民参与不仅是确保服务型政府合法性基础的关键要素，而且契合服务型政府的治理模式⑥。政府管理方式的创新，特别是市场化工具、工商管理技术和社会化手段的引入，是 21 世纪行政管理发展的一个基本趋势⑦。

第三，创新政府运行机制。多数学者认为，政府运行机制创新是提

① 沈荣华：《提高政府公共服务能力的思路选择》，《中国行政管理》2004 年第 1 期。

② 薄贵利：《建设服务型政府的战略与路径》，《国家行政学院学报》2014 年第 5 期。

③ 吴根平：《徐州百姓办事"零障碍"工程：地方机关作风效能建设的新样本》，《加快政府职能转变 深化行政体制改革——第四届中国行政改革论坛论文集》2013 年第 8 期。

④ 唐铁汉、李军鹏：《加快行政管理体制改革的战略思考》，《国家行政学院学报》2007 年第 6 期。

⑤ 孙友祥：《公民治理视角下的公共服务型政府建设》，《国家行政学院学报》2009 年第 4 期。

⑥ 姜晓萍：《构建服务型政府进程中的公民参与》，《社会科学研究》2007 年第 4 期。

⑦ 陈振明：《政府工具研究与政府管理方式改进——论作为公共管理学新分支的政府工具研究的兴起、主题和意义》，《中国行政管理》2004 年第 6 期。

升政府绩效和公众满意度的重要措施，如建立健全决策、执行、监督既相互协调又适度分离的运行机制①，用机制创新拉动服务型政府建设②。也有一些学者围绕行政审批制度改革、行政服务中心建设等讨论行政机制创新，如潘莹认为建设服务型政府要改革行政审批制度，贯彻行政许可法，完善政府微观规制体系③。

第四，完善公共服务体系。多数学者认为，政府履行公共服务的能力和公共服务体系的完善是建设服务型政府的着力点。服务型政府建设须从全体民众的利益出发，为社会提供有基本保障的公共服务体系。基本公共服务体系的构建可以为服务型政府建设走向制度化提供必要保障，完善公共服务体系建设是加快服务型政府建设的关键所在。也有学者提出，公共服务供给主体的多元化和供给机制的社会化是提升政府公共服务能力的重要途径，如完善公共服务提供机制是服务型政府建设的核心问题，在服务型政府建设中要形成基本公共服务供给的多元参与格局和互补机制。还有一些学者把推进基本公共服务均等化作为服务型政府建设的内在需求，如认为推进城乡基本公共服务均等化是我国建设服务型政府、加强社会管理和公共服务的重要内容，实现基本公共服务均等化是构建服务型政府的一项重要任务，必须有正确的认识和良好的体制机制保障。

第五，建立公共财政体制。多数学者都认识到建立健全公共财政体制是建设服务型政府的重要资源保障。公共财政制度的建设是服务型政府建设的制度基础，应改革、完善分税制度和转移支付制度，构建合理的地方政府公共支出基本结构，进一步规范和完善地方政府的预算制度等④。从调整财政收入制度、改革财政支出制度、科学配置政府间事权

---

① 唐铁汉：《继续深化行政体制改革的思考》，《中国行政管理》2005 年第10 期。

② 沈亚平、闫章荟：《用机制拉动服务型政府建设》，《四川大学学报（哲学社会科学版）》2009 年第 6 期。

③ 潘莹：《关于构建公共服务型政府的理论思考》，《理论观察》2009 年第6 期。

④ 黄杰：《公共财政制度建设与我国地方服务型政府构建》，《中州学刊》2011 年第 1 期。

和财权三方面建立公共财政体制①。建设服务型政府要求完善公共财政体制，包括调整财政支出结构、加大公共服务投入。同时，通过改革和完善财政转移支付制度，将政府财力更多地向农村、不发达地区和困难群体倾斜，控制转移支付制度产生的道德风险。此外，还需要逐步形成与基本公共服务均等化相适应的公共财力均等化。

（四）服务型政府建设的行动经验研究

在对当代中国服务型政府建设的研究中，还有许多研究者将注意力放在了服务型政府建设经验上，通过考察不同层次、不同地方的服务型政府建设经验，以期为服务型政府建设建言献策，这类研究主要表现为以下三类。

第一，从整体上对中国服务型政府建设经验进行考察。如：何水考察了服务型政府建设的历程、成效与经验②，郁建兴、高翔探讨了中国服务型政府建设的基本经验与未来③，张宝桐论及服务型政府的行政改革创新经验④，程世波研究了"公共服务型政府"建设的现状、成功经验、障碍因素并提出了相关的对策⑤。

第二，介绍与研究各地方服务型政府建设经验，以对服务型政府建设启动比较早的省、市的研究居多。郁建兴团队一直跟踪研究浙江服务型政府建设经验，不时有相关研究成果发表⑥；成都行政学院课题组对

① 吴爱明、沈荣华、王立平，等：《服务型政府职能体系》，北京：人民出版社，2009年。

② 何水：《服务型政府建设：历程、成效与经验》，《华北水利水电学院学报（社科版）》2013年第29卷第3期。

③ 郁建兴、高翔：《中国服务型政府建设的基本经验与未来》，《中国行政管理》2012年第8期。

④ 张宝桐：《建设法治政府和服务型政府的行政改革创新经验》，《法制博览》2018年第33期。

⑤ 程世波：《我国"公共服务型政府"建设的现状、成功经验、障碍因素及对策研究》，《经济师》2010年第10期。

⑥ 郁建兴、徐越倩：《服务型政府建设的浙江经验》，《中国行政管理》2012年第2期。

成都市建设规范化服务型政府的成效与经验等进行了持续的研究①；莫于川②及四川大学的姜晓萍团队③也对成都市服务型政府建设经验进行了研究。此外，还有对其他省或市的服务型政府建设经验的研究与总结，多为零散的，偶有成果发表，未呈现持续性。

第三，以服务型政府建设为视角或背景，研究某地服务型政府建设的某一专门领域，这部分研究多见于政治学或行政管理学的研究生的毕业论文，如以服务型政府建设为视角研究政务微信化问题④、营商环境问题等⑤。这些研究认为，无论政务微信化、优化营商环境还是发展电子政务等，这既是建设服务型政府的内在要求，也是通过转变政府职能、提高政务服务效能，从而更好地适应后工业化时代、信息化时代企业和社会发展的内在要求。

在服务型政府的理念下，要求政府为公众和企业提供的"服务"不是流于形式上的照章办事，而是要更加注重作为服务接受者的内心体验感，即以服务对象的需要为转移、以公众的意志为转移，使得为公众服务在实践中呈现为一个双向互动的过程，从而形成一种"服务型治理"的局面。

二、国外研究现状

（一）服务型政府知识的源起

国外学者在关于政府的研究文献中并没有明确提出"服务型政府"的概念，对中国服务型政府建设的研究更是少之又少，较具代表性的是

---

① 成都行政学院课题组：《成都市建设规范化服务型政府建设的初步成效与经验》，《四川行政学院学报》2005 年第 6 期。

② 莫于川：《成都经验解读：通过机制方法创新加快建设服务型政府和阳光政府的步伐》，《理论与改革》2008 年第 3 期。

③ 姜晓萍：《成都市的"规范化服务型政府"建设》，《中国行政管理》2004年第 11 期。

④ 崔文：《服务型政府视域下政务微信化研究》，中共山东省委党校硕士论文，2022 年。

⑤ 杜范：《服务型政府建设视阈下大连市营商环境问题研究》，东北财经大学硕士论文，2020 年。

新加坡南洋理工大学公共管理研究院在新加坡连氏基金的大力赞助下开发了连氏中国城市服务型政府指数，从服务型政府公众视角、企业视角和基本公共服务三个维度对中国各地服务型政府建设的情况进行测评。国外公共管理学界虽然没有像中国一样使用"服务型政府"的概念，但其理念是建立在"主权在民"的基础之上的。国外民众对民主和自由的要求随着历史的发展和社会的进步越来越高，国外政府以往的专制手段不再适用于现代政府治理模式。为了更好地维护本阶级的统治地位，为本阶级谋取更多的利益，统治者往往选择转变管理模式，用服务手段在一定程度上满足民众需求、赢得民心。"主权在民"思想贯穿于西方资产阶级的政治理论与政治实践的始终。这些与中国服务型政府建设的研究形成了学术呼应，对中国服务型政府的知识创新和行动建设也颇具启发意义。

德国行政法学者厄斯特·福斯多夫（Ernst Forsthoff）在其发表的《当作服务主体的行政》一文中最先使用"服务行政"（Leistungsverwaltung）并加以阐述①。随着众多学者对服务行政研究的深入，该理念涉及面更为宽广，研究成果更加丰硕，逐渐发展成理论体系，对政府行政改革产生深远影响，有力推动了政府的改革运动。20世纪80年代以来，西方发达国家政府先后掀起了以"重塑政府、注重公共服务"为主题的行政改革浪潮。在此期间，西方公共行政学界提出了"以顾客为导向"的公共服务观点，可被看作西方建设服务型政府的肇始。其后，基于对新公共管理的反思，美国公共行政学学者登哈特夫妇在对"企业家政府"理论反思批判的基础上，在《新公共服务：服务，而不是掌舵》一书中明确提出了新公共服务的概念和实践模式，对新公共服务的本质、实现路径做了新的阐释②。该理论强调公民是社会治理的核心，政府的存在价值和行政职能在于服务公民而非"顾客"，并对建设以服务职能为核心的政府提出了具体的设想和思路。西方公共行政学者对于"新公共服务"的概念看法不一，但在政府以提供服务为其主要目标的

---

① 陈新民：《公法学札记》，北京：中国政法大学出版社，2001年。

② ［美］珍妮特·V. 登哈特，罗伯特·B. 登哈特：《新公共服务：服务而不是掌舵》，丁煌译，北京：中国人民大学出版社，2004年。

议题上达成了共识——重视并保障公民权、提高政府公共服务的能力和水平。如今，关于新公共服务的种种思想已经汇成推动西方国家政府改革的洪流。

（二）西方国家政府观念的变革

尽管服务型政府的用语是中国学者提出来的，全世界也只有中国政府最为明确地提出了要进行服务型政府建设，但是从服务型政府的精神（即服务行政理念）来看，可以说近年来国际公共行政改革的趋向和潮流就是进行服务型政府建设。"政府由重管制向重服务的职能转换是全球行政改革与发展的主流导向。"① 对于如何改革官僚行政体制的问题，早在20世纪六七十年代民主行政学派就已经产生了，其主张转变行政理念，强调公共政策制定和实施的社会公平性和责任性，实现行政民主化，重塑公共行政体制。自20世纪70年代末以来，由于传统的政府治理模式缺乏效率和回应性，已经很难满足公民对政府的要求，于是西方各国都开始了行政改革运动，行政改革可以说已经成为世界潮流。为摆脱财政困境、管理危机和信任危机，西方各国相继组织并开展了新公共管理运动。西方国家政府再造的实践活动轰轰烈烈地开展起来，在这场政府改革中，各国明确了政府服务的理念，认为政府应根据"顾客"的需求提供服务。但是新公共管理历经二十余年的辉煌后走向衰落，公共服务应运而生。

20世纪70年代，石油危机使得西方社会经济受到重创，经济停滞导致西方政府部门财政收入大幅下降，部分国家财政收入甚至出现了负增长。在财政出现负增长的同时，财政支出却大幅度上升。因此，西方社会为了推动经济的复苏，纷纷推出了减税计划。由于财政危机的出现，民众对政府部门的信任度在大幅度下降，社会公众对政府官僚主义作风十分不满。以1979年英国首相玛格丽特·撒切尔上台为标志，西方国家兴起了一场公共行政改革运动。20世纪80年代，英国采取一系列改革措施：发起了反对浪费和低效率的运动，成立效率工作组，对政府有关项目计划和工作进行效率审计；实行私有化，控制预算；等等。继英国之后，澳大利亚和新西兰也开始了大刀阔斧的行政改革，主要内

---

① 赵晖：《转变政府职能与服务型政府建设》，广州：广东人民出版社，2008年。

容也是公有工业的私有化、公共部门重组、控制预算。美国克林顿政府以建立一个"工作好而花费得更少"的政府为其优先目标之一，并于1993年进行大范围改革。加拿大、荷兰、法国等国家也都采取了类似的改革。改革大体上是围绕否定韦伯式的传统和主张现代行政化的新公共管理运动的诉求展开的。20世纪70年代开始，西方各国政府开始政府再造运动，在改革的过程中，最终选择了转向服务型政府。政府开始转变职能，以服务社会为目标。同时，政府重心也发生了改变，"以公众为中心"成为政府部门新的价值观念。这场政府改革被认为无异于一场与传统决裂的转型①。

在21世纪初产生的新公共服务理论继承了行政民主化的一贯主张，明确提出了服务行政理念，从而发出了民主行政学派的最强音。美国著名公务员、前审计官艾默·斯塔茨将公共服务界定为"一种态度、一种责任感乃至一种公共道德意识"，这是对公共服务思想的一种很好的概括和界定②。

（三）政府服务再造的改革行动

在服务行政理念的影响下，随着各国政府组织逐渐引入新信息技术，在某种程度上，政府期望通过机构改革为公民提供的服务变得更有效率、更透明和更民主。关于一个可供借鉴的未来政府模式究竟是什么样的，公共管理领域内的专家学者做了许多尝试，其中《政府未来的治理模式》一书已经成为这一领域的经典著作。该书作者盖伊·彼得斯首先交代了政府再造的背景和传统的政府公共行政体制的特点，以此作为模式分析的知识背景，从理念、结构、管理、政策制定、公共利益等五个维度，对理论和实践中的四种创新性的政府模式进行了比较分析，强调政府再造的目标模式并非唯一的③。

Leat、Seltzer、Stoker等考察了英国的情况，他们指出，英国政府基

① 张康之：《论政府的非管理化——关于"新公共管理"的趋势预测》，《教学与研究》2000年第7期。

② 王浦劬、竹立家：《重塑政府："互联网+政务服务"行动路线图 理念篇》，北京：中信出版社，2016年。

③ ［美］B. 盖伊·彼得斯：《政府未来的治理模式》，吴爱明、夏宏图译，北京：中国人民大学出版社，2012年。

于需求的整体主义的机构改革远远超出联合治理过程的传统界限。基于需要的整体主义，包括从新公共管理对业务过程管理的强调，转向注重真正基于公民的、服务的或需求的组织基础。其影响贯穿相关公共部门的网络——指导新宏观结构、新精密重组、对管理风格和信息系统的过程和根本变革的重估，以及灵活应对潜在问题的新模式。新综合政治权威结构是促进整体变革的重要因素，因为历史表明公共服务的实质性改善源于社会中更广泛的力量——政治运动及社区行动。

一站式服务提供有多种形式，包括一站式商店（同地协作职员提供多重行政服务）、一站式窗口（其中只有客户界面是综合性的）及网络综合服务（客户透明度与跨业务融合主要是电子的）。其推动力就是政府机构主动将不同领域的服务供应相结合，以解决领导机构问题和重复问题，并减少新公共管理全盛时期公民和企业的高认知负担及遵从成本。典型的例子就是英国将适龄人群就业和福利服务进行合并，形成了一种委托人关注的新式机构——就业中心，其依照的是之前的澳大利亚福利署模式。互动和"只询问一次"的信息索取，是一站式供应的等效策略。胡德强调，政府机构对"探测器"（detector）机制和"效应器"（effectors）的需要是相同的，所以公共部门的信息索取业务与服务交付一样重要。互动机制会自动促使机构人员和体系更为整体地看待人们的需求及偏好。"只询问一次"方法与政府的承诺有关，即再次利用已收集到的信息，而不是重复收集相同信息，正如新公共管理分散且独立的管理体系那样。

英国首相的"服务传送小组"由时任首相托尼·布莱尔于2001年创立，旨在保护各政府部门执行首相提出的公共服务改革任务。该小组负责协助制定目标，责成各部门达成目标，并研发和分享解决问题的技术。但重要的是，它在各主管政府部门之间建立了信任关系。"服务传送小组"的设计虽然是基于英国的情况，但已被全球多个国家和银行采纳。

National Audit Office 研究了新西兰政府的服务再造情况，在新西兰的分散体系中，服务再造会提出不合理的要求，例如要求机构负责人设想自己组织的合并，或考虑改变一个远远超越自己任期的计划。上述的全部流程，以及政府关键信息系统向网络的转变，构成了采取更广泛视角的关键，使服务供应的相互关联性更引人注目且更加公众化。点对点途径确保项目团队只需要关注过程本身，不需要根据已有机构的界限来人为对其分析进行划界。即使在单一机构，现在的共同目标也是缩短政府表格的长度①。与之相类似，加拿大的官员在日常工作中也经历了一个足足被要求将一份 30 页的国家养老金申请表缩短一半，而最后发现这份表单可以更为精简的过程。通过汇集现有信息系统中处于分散状态的信息，项目组事实上完全可以用一封欢迎信和一份权利声明来取代表格。

Margettsand Yared 探讨了政府为数字化服务供应（ESD）所做的努力与改变。数字化服务供应拥有大部分纸质行政过程转变为电子行政过程的相当潜力②。彻底去中介化，表明基于网络的过程（包括等效的数字电视或移动电话）使得公民、企业及其他公民社会行为体能够直接与国家系统相联系。当然，在实践中基于网络或其他自动化系统都需要实际支持及咨询体系。但对去中介化变革来说，最具创新性的是相当了解自身状况的公民社会行为体能够自主筛选他们从政府那里得到的服务。

只有接受公共服务的公民及顾客顺应政府机构及官员的变革来改变其行为时，去中介化才基本完成。这里错误匹配的可能性相当大，而且不可避免地会出现学习曲线，其中要么一些选项实际上不是由官僚机构以一种可用形式提供的，要么只向公民提供部分可行性选择或进展缓慢。当真正的变革能够发生时，变化可能是翻天覆地的。增加基于网络的卡务服务和在线充值服务，为顾客实现了去中介化。当政府面临额外成本和多重路径难题时，积极渠道流动就会发生抛弃为现有能力增加电

---

① National Audit Office, *Difficult forms: How government agencies interact with citizens.* London: Stationery Office. HC1145 Session 2002–03. http://www.nao.gov.uk/publications/nao_reports/02–03/02031145.pdf.

② Organisation for Economic Co-operation and Development (OECD), 2003. *The e-government imperative: Main findings.* Paris: OECD. Organisation for Economic Co-operation and Development (OECD). 2005. E-government for better government. Paris: OECD. Paper GOV/PGC 2005 (1). Writtern by Edwin Lau. Singapore Government 2000. e-Government action plan.www.ida.gov.sg.

子服务渠道的通常初始情况。相反，它们积极地将管理服务用户向电子渠道转移。这里有两个重要选项：一是通过提供低成本的或性能有相当改善的电子服务（如英国交通智能卡）对人们进行诱导；二是合法地强制民众或企业改变与政府机构的交易方式①。

Dunleavy、Patrick、Yared、Bastow 等探讨了"敏捷政府"，而敏捷政府所强调的速度、灵活性和回应性也是中国服务型政府建设所要实现的目标。他们指出，在使政府决策可与商业部门的最佳实践竞争的过程中，敏捷政府过程注重达成速度、灵活性和回应性②。投入资金多、员工素质优良的政策系统无法应对完全可以预见的问题，是因为缺乏变通且反应时间过长，这反映出调整政策体系惯性以适应新情况时的文化障碍。相比之下，对"敏捷"的强调源自私营的信息技术领域。其中，公司受制于以往投资，并失去在时间范围内以不同方式执行任务的灵活性。敏捷政府观念否认了积极公共行政的普遍观点，即政府机构在长期稳定的环境中运行，并在与不同利益攸关方达成协议方面存在策划好的解决方案和溢价③。敏捷政府侧重于实现能对不断变化的需求快速重新配置，以及能应对不稳定的或动荡的外部环境的公共管理和决策系统，该目标首先在国防领域得以实现④。

Martin 则探讨了"文簿公开"式政府，不约而同的是，增加政府的透明度也是中国服务型政府建设的目标之一。Martin 认为"文簿公开"

---

① Margetts, Helen, and Hala Yared, 2003. Incentivization of e-government: to accompany "Transforming performance of HM Customs and Excise through electronic service delivery." London: Stationery Office. For the UK National Audit Office, Session 2003–04 HC 1267, November 20. http://www.nao.gov.uk/publications/nao _ reports/02 – 03/02031267_acadmic_report.pdf (accessed August 25, 2005).

② Dunleavy, Patrick, Hala Yared, and Simon Bastow, 2003. *Government agility: The scope for improving public sector performance*. A report for AT Kearney by the London School of Economics Public Policy Group, August 5.

③ Polsby, Nelson, 1984. *Political innovation in America: The politics of policy initiation*. New Haven, CT: Yale University Press.

④ Dunleavy, Patrick, Hala Yared, and Simon Bastow, 2003. *Government agility: The scope for improving public sector performance*. A report for AT Kearney by the London School of Economics Public Policy Group, August 5.

式政府的发展意味着将韦伯提出的"文件保密"式政府转变为允许公民查看医疗档案、监控治疗程序或积极管理纳税账户的政府，采用整体政府、数据仓储及更高程度的自我行政。创建数据保护和信息自由体制对于说服公众舆论接受变革也是至关重要的。早在新公共管理浪潮之前，增加透明度就已成为西方国家政府的一个长期趋势。数字时代治理过程开辟了更为敏捷、以客户为中心的路径，擘画了公民或企业能够轻易跟踪和自我监控其申请或问题的新图景。完全"文簿公开"仍有待时日，但对于其如何在较小国家运作，甚至是私营部门某些部分的"文簿公开"式合作模式，依然存在合理的模板①。

综上所述，政府职能的转变及政府服务的再造早已成为各国有识领导者关注的重点。政府职能的转变是随着现代社会的发展政府获得持续合法性的重要趋势，只是在实施政府服务再造的过程中，各国的着力点不同、称谓不同，但政府以服务行政为理念、通过机构改革为民众提供更优质的公共服务的内核是一致的。这正是政府服务再造带来的益处，因为整个服务过程都以民众为导向，以服务结果为导向，旨在全面提升服务的绩效和服务的质量。

三、文献述评

目前，国内学术界对于服务型政府建设的研究沿着基于服务型政府概念、本质的分析到从政府角色定位的改变、政府职能的调整、创新政府治理模式等方面进行阐述的路径。不管政府的角色定位，还是政府的职能调整，或是相对于传统的政府治理模式上的创新，都表明了服务型政府建设的必要性。关于服务型政府建设的研究成果从开始的寥寥无几、形式单一，到现在的硕果累累、形式多样。服务型政府建设所涉及的学科也由开始的行政管理外延到宏观经济管理、可持续发展、经济体制改革、行政法及地方法制、财政与税收等。研究层次也从单一的面向政府政策和国内学术界，转变为兼顾面向大众的宣传。

服务型政府建设的理论和实践经历了从理论研究到实践探索再到理

---

① Martin Chuck，1999. Net *future*. New York：McGraw-Hill.

论与实践互动的过程。通过对关于服务型政府建设文献的研究可以感受到服务型政府学术话语体系的发展和变化，各地区兴起的试点改革也促使政府的实践模式和改革思路越发清晰，关于服务型政府建设的研究视角也逐渐多元。

总体而言，国内外学者以问题为导向，对服务型政府的知识基础、建设路径、建设经验和政府服务再造进行了较深的学理分析和价值论证，取得了不少成果，为本研究提供了重要参考。但是，大多数研究成果偏重辨析服务型政府的学理基础和实践特征，从知识学视角、以知识与行动互动的角度探讨当代中国服务型政府建设的系统研究仍有待进一步展开。研究成果主要存在以下问题。

一是国内学者倾向于运用国外的政府理论和实践研究我国服务型政府的概念及内涵，偏重国内服务型政府分时段的理论分析，相对忽视服务型政府建设的长时段实证分析与经验总结，缺少将国外政府理论与我国服务型政府的"本土特质"相结合，并立足于我国新时代的现实情境与改革战略，研究阐释我国服务型政府建设的知识学基础。

二是受学术背景、研究视野等方面的限制，国内学者对于服务型政府建设问题的研究大多聚焦在政治学、公共管理学等学科视域，这种较少学科的研究难以适应新时代服务型政府建设的复杂性、长期性和系统性等实践特征，难以从整体上分析和阐释新时代服务型政府建设。建设人民满意的服务型政府是一项复杂的系统工程。目前，对服务型政府建设的研究还缺乏跨学科的合作与交流，基本是"各自为政""各说各话"，未建立跨学科、跨领域的学术共同体。服务型政府的研究视角还不够多维，如缺乏知识学的视角、创新扩散的视角等，对当代中国服务型政府建设的研究尚需从多学科交叉融合角度研究服务型政府的体制变革和实现机制。

三是国内关于服务型政府的研究大多沿着基于服务型政府概念、本质的分析到从政府角色定位的改变、政府职能的调整、创新政府治理模式等方面进行阐述的路径，主流话语多用"适应性"一词。理论阐释多是从改革叙事方式发展出来的，多停留于转变政府职能、当代中国政府机构改革的适应性调整等主题的解释上，忽视了当代中国服务型政府建设也可以有自身发展和目标构建的事实，降低了关于服务型政府建设的知识求取层次。对当代中国服务型政府建设多集中于功能性阐释，缺乏规范性阐释。因此，需要通过历时考察我国服务型政府建设的经验，结合"放管服"改革、"最多跑一次"改革等典型案例研究，通过"从知识到行动"的视角考察以"服务"为核心价值的当代中国服务型政府建设历程，以期对当代中国服务型政府建设提供一种历史的、知识学视角的解释，在既有的适应性阐释和功能性阐释之外，发展出价值性阐释和规范性阐释。

四是国外相关研究侧重于从行政民主化、新公共服务等理论视角对公共服务思想进行阐释，探讨提升治理与公共行政水平，基于服务再造理念考察西方国家的政府机构改革和治理模式创新，对从知识与行动互动的分析视角的研究关注度不够，对中国服务型政府建设的国际贡献阐释不够。中国对建设服务型政府的"知识"探索与"行动"实践，既有适应性的一面，如适应市场经济的需要、适应公共需求多样化的需要等，同时也表现出对"服务"等价值的核心关注，有着面向未来进行前瞻性设计和建构的一面，主动求取和探索关于政府类型的新知识，打造融通中外的关于服务型政府的新概念、新范畴、新表述，构建服务型政府的中国话语和中国叙事体系，以中国理论阐释中国实践，担负一些事关民族国家和全人类的责任。这些也都尚需进行知识总结和知识扩散。

第四节　研究方案

一、总体研究理路：历史与逻辑的统一

改革开放后，当代中国面临着需要一个什么样的政府领导中国现代化建设的大问题，已有的政府知识无法满足社会转型与政府治理的需要，存在"知识鸿沟"（Knowledge Gap）。在问题导向下，在已有的关于政府的知识基础上，中国开启了探索新的政府知识的进程，同时也开

启了政府知识范型转换的历程。

本书在遵循这一基本历史事实的前提下，以"历史与逻辑相统一"的方法论作为研究的基本理路，旨在从理论上解释以下理论问题，即改革开放以来中国服务型政府建设的历史进程是如何体现"从知识到行动"这一基本逻辑的。在研究的总体设计上，一方面，本书按照历史发展的基本轨迹，考察了改革开放以来近半个世纪的中国服务型政府建设的实践行动，并将其分为四个历史阶段，以探析"服务型知识形态"与"服务型政府实践行动"之间的互动关系；另一方面，这一历史过程的研究旨在论证一个基本的逻辑，即中国服务型政府的建设过程是以服务型政府知识探索为起点的，并导向服务型政府建设的行动。

（一）"历史与逻辑相统一"的方法论概述

第一，历史与逻辑的统一是马克思主义文艺理论研究的方法论基础。历史的方法即叙述的方法，逻辑的方法即分析的方法，二者的统一即将各种矛盾的历史现象统一于科学的认识之中①。研究历史必须以科学的眼光，联系、发展、系统地把握历史过程和逻辑联系，抓住纷繁的历史现象背后的本质存在。要以整体眼光分析各种社会存在之间的关系，把握时空差异，而后才有可能得出接近真实的认识。

第二，历史与逻辑的统一是社会科学，尤其是历史学研究的基础方法。无论研究什么历史问题，其结论都是相对的，要自觉用新的史实检验之，不断反省，自我否定，在否定之否定中补充、完善、修正认识，使认识逐步接近真实，进而趋向一致。只有如此，才能避免见树不见林之弊，才能先进入历史，后走出历史，再跃居历史之上，背负青天往下看，努力将历史源流尽收眼底，视之为一个整体的有机过程，再做出科学的判断②。

（二）本书应用"历史与逻辑相统一"方法的依据与思路

本书的研究是对一个历史过程的理论考察，即旨在对"自改革开放

---

① 臧知非：《历史与逻辑的统一：中国古代社会形态研究的方法论思考》，《中国史研究》2016 年第 3 期。

② 臧知非：《历史与逻辑的统一：中国古代社会形态研究的方法论思考》，《中国史研究》2016 年第 3 期。

至新时代（1978—2023）"这一过程的"服务型政府建设"做一个历史考察，因此适合运用"历史与逻辑统一"的研究设计。

一方面，本研究遵循"历史与逻辑相统一"方法论中的第一条原则，即"历史的方法即叙述的方法"，以对这一历史过程进行分期叙述。这就形成了本书第二、第三、第四、第五章的主要内容。

另一方面，在对中国服务型政府建设的每一个发展阶段的考察中，本研究遵循"历史与逻辑相统一"方法论中的第二条原则，即"逻辑的方法即分析的方法"，重点是从理论上分析每个阶段"服务型政府的知识生产"与"服务型政府的建设行动"之间的互动关系。而从一个长的过程来看，中国服务型政府的建设的历史展开，是一个源于"服务型政府的知识生产"，并全面而深入地引发"服务型政府建设行动"的基本逻辑，即本书的主题——"从知识到行动"。

总之，本书所做的研究属于社会科学中的基础理论研究，整体偏向基础理论研究中的解释性研究，即探讨在中国服务型政府建设的历史进程中，不同的历史阶段服务型政府的知识与行动之间是如何互动的，以及从长的历史进程看服务型政府是如何从知识生成向实践行动转化的。换言之，本书旨在研究服务型政府知识形态是如何推动实践行动的，即在服务型政府建设的历史实践中，探寻它"由知识向行动"转变的基本逻辑。因此，本书是从知识与行动的视角讲述一个关于当代中国服务型政府建设的故事。

本研究选取知识与行动两个维度，采用历史与逻辑相结合的研究框架设计，研究框架如图 1-1 所示。

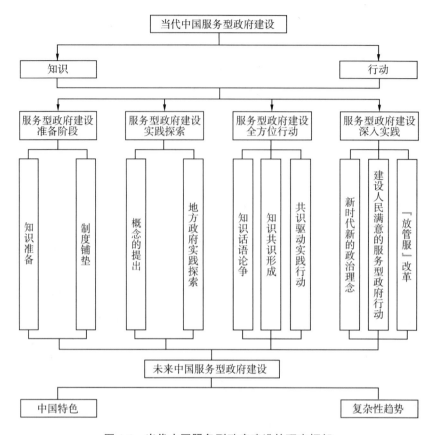

图 1-1　当代中国服务型政府建设的研究框架

本研究将分四个层次逐一展开：

第一，"当代中国服务型政府建设"是本书的研究对象，而本书的研究问题是当代中国服务型政府建设是如何从"知识生成"向"实践行动"转化的。

第二，"知识"与"行动"是本书选择的两个维度，即从知识与行动这两个维度考察自 1978 年以来近半个世纪的中国服务型政府建设的历史进程，揭示其基本的历史逻辑——"知识向行动"的转化。

第三，本书分四个阶段，即服务型政府的知识与行动的初步互动（1978—1990）、理论兴起推动地方探索（1990—2000）、知识共识驱动全方位行动（2000—2012）与新政治理念推进深入实践（2012 至今），并运用"分析的方法"研究每一个阶段服务型政府建设中知识与行动、理论与实践、宏观与微观之间的双向互动关系。

第四，展望了中国服务型政府建设的未来方向。

二、具体研究设计：知识社会学的视角

（一）遵循知识社会学"场域决定知识"的基本观点

服务型政府建设的深层动因是关于政府认知的变迁，即关于政府思想的变迁，而思想变迁的直接动因是"场域变迁"，即"场域决定知识"的观点。知识社会学是一种具有普遍意义的范式。因为无论想解释哪个国家、哪个时段的关于政府思想的变迁，都有必要放眼于"文本"之外，以考察场域如何塑造文本，以及文本反过来如何影响着民众、社会和政府。我们看到的"关于政府知识的变迁"往往是其中重要场域及其生产逻辑的变迁所塑造的，要改变某个国家的思想，或者思想被这个国家所改变，就一定要凭借场域性的变化①。这是知识社会学理论的基本观点。

20世纪三四十年代，卡尔·曼海姆发展出一种知识社会学，将特定的思维类型与其阶级基础相关联。他综合了马克思等人的成果并提出，任何思想均由历史—社会情境塑造，思想不能与思想者的行动和阶级分开②。卡尔·曼海姆指出，人们看世界时都是基于某种特别的视角，而后者又根植于他们的物质生活，因此他们生产出来的观念和知识只能是片面的。而知识社会学将彼此歧异的视角解读归拢起来，生产出一种更为综合、全面的对于整体社会的理解。在任何给定的节点上，意识形态的景观形貌及特定意识形态的内容都会在一定程度上由各种社会运动与其意识形态之间的关系所决定。

在知识社会学理论的发展进程中，第一代方法过于强调阶级决定论，对知识形成和传播的微观机制不甚了了。因此，从20世纪70年代

---

① 黄晨：《场域决定思想——当代中国政治思想变迁的知识社会学逻辑（1978—2000）》，《中国人民大学学报》2021年第35卷第2期。

② ［德］卡尔·曼海姆：《意识形态和乌托邦：知识社会学引论》，霍桂桓译，北京：中国人民大学出版社，2013年，第3-4页。

起，以福柯（M. Foucault）和布迪厄（P. Bourdieu）的理论为代表的第二代知识社会学渐成主流。一方面，福柯强调国家权力的影响，正如他写在《规训与惩罚》中的名言，"权力—知识造成了人文科学的历史可能性"①；另一方面，他们更关注具体场景对思想知识的塑造。如今的知识社会学研究，正在从知识的传播扩展到知识的生产，将知识分子看作多样化的群体，更关注微观的场域和小圈子②。"场域"是动态的、生成性的，突出的是客观现实的建构性质。它不仅包括客观差异，还包括这些差异和区隔的主观生成过程。以"场域决定知识"的视角观之，我们需要讲清楚，改革开放以来"中国服务型政府知识形成的全程"都经历了哪些不同的场域，依照这些不同的场域，我们可以将这一全过程分为不同的历史阶段进行具体的理论分析。

（二）中国服务型政府知识形成的具体场域分析

第一，要解释关于政府的认知变迁背后的逻辑，仅仅研究思想文本是不够的，还要引入知识社会学方法，考察场域对思想的影响。当代中国服务型政府建设的历史背后有着怎样的动因和逻辑，这个问题既是理解当代中国政府转型的关键，也是探索政治思想史研究范式的一个突破口。不同场域的分布和内在逻辑决定了当代中国政治思想的走向③，知识社会学范式有助于理解关于当代中国政府思想变迁的真实过程。

第二，对于"中国服务型政府知识生产场域"的理解，笔者认为主要包括三个场域，即地方政府场域、学术界场域及中央政府场域，如图 1-2 所示。因此，在本书中，笔者依据这三个场域在互动关系中的不同地位及互动方式，把中国服务型政府知识的生产过程分为三个阶段：第一个阶段，改革开放后到 20 世纪末，以地方政府场域为主。这一阶段，地方政府受思想解放下政治观念更新及对政府公共服务职能缺失反思等的影响，纷纷建立初级版的"一站式"服务机构，开启了早期服

---

① ［法］福柯：《规训与惩罚》，刘北成、杨远婴译，北京：生活·读书·新知三联书店，2003 年。

② 黄晨：《场域决定思想——当代中国政治思想变迁的知识社会学逻辑（1978—2000）》，《中国人民大学学报》2021 年第 35 卷第 2 期。

③ 黄晨：《场域决定思想——当代中国政治思想变迁的知识社会学逻辑（1978—2000）》，《中国人民大学学报》2021 年第 35 卷第 2 期。

务型政府建设的雏形，不断为服务型政府建设贡献着来自地方政府的经验知识。第二个阶段，"非典"危机前后至中共十八大之前，以学术界场域为主。服务型政府理论在学术界关于服务型政府的本质内涵的话语论争中得到丰富和发展，并形成了关于服务型政府的基本知识共识，部分知识共识被政治系统吸纳并制度化，服务型政府建设得以全方位开展。第三个阶段，中共十八大至今，以中央政府场域为主，围绕着"以人民为中心"的政治理念，中国政府理论话语得以创新，中国开启"建设人民满意的服务型政府"，并在"放管服"改革行动中进行落实。

图 1-2　服务型政府知识生产的场域

地方政府、学术界和中央政府是中国服务型政府知识创造的核心知识主体，三方合作互动是推动服务型政府知识创新与应用的重要因素，在将服务型政府从理念上升为共识再转化为制度设计及建设行动的过程中，各主体共同推动服务型政府知识创新螺旋式上升，促进服务型政府知识创新与知识应用目标的实现，在知识创造层面交互进行、功能互补与关系重叠，三者相互作用，共同推进当代中国服务型政府建设。

（三）依据知识社会学的"建构论"解释中国服务型政府建设"从知识到行动"的内在逻辑

布迪厄承袭了结构主义，注重发掘人类知识和思想背后的深层无意识的旨趣，但他认为思维结构并非先验的范畴，而是与经验和社会相链接的，是社会性地生成的，并随社会结构的变化而不断地调整和重构。布迪厄借鉴了现象学的方法。按照现象学的观点，人类与认知对象之间并非全然的主体和客体的关系，任何意义上的认知对象都不外在于认知主体，而是主体借由认知范畴和认知工具把握的一种"意向"。在梅洛-庞蒂看来，"客观世界"是我们置身于其间的世界，而我们的意识和认知活动是与这一世界共同生成的。主观范畴（认知和对象化活动）与客观范畴（社会世界）不可分割，二者是一种"本体论契合"的关系。布迪厄借鉴了这一论证，开始重新打造知识社会学的解释模式①。

关于社会，布迪厄没有简单地沿用"社会结构"的范畴，而是引入"场域"的概念对其进行理论性的描述。与涂尔干式的"社会事实"分析范式相比，场域能够更好地说明社会因素在个体思维图式生成过程中的具体作用，使社会对人类心智和认知的影响成为可描述的。他将结构主义的"图式"和"结构"概念予以经验化和历史化的处理，使知识成为"生成图式"和"建构性结构"，具备了同社会因素联结的条件。在布迪厄那里，建构知识图式的社会因素包括两个方面：场域中的特定形态和特定"位置"。一方面，作为围绕某项事业或目标组成的相对独立和特殊的关系复合体，场域将其预设（即特定的价值、目标及行为规范）置于个人的头脑中，使个体获得它灌输的"实践信念"。另一方面，布迪厄将场域的内在差异性纳入解释模型中：场域内各位置间的差别往往支配着观念的分野。布迪厄又强调，观念（知识）同场域及位置并非二元的关系，场域既是不同位置的集合体，也是不同观念的统一体。针对不同场域的考察（即针对不同知识类型的研究），观点的分殊是场域内部差异的表现②。布迪厄的知识社会学阐释模型如图 1-3 所示。

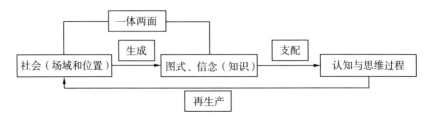

图1-3 知识社会学阐释模型

① 赵万里、赵超：《生成图式与反思理性：解析布迪厄的知识社会学理论》，《社会》2012 年第 32 卷第 2 期。
② 赵万里、赵超：《生成图式与反思理性：解析布迪厄的知识社会学理论》，《社会》2012 年第 32 卷第 2 期。

安东尼·吉登斯认为社会对我们有所塑造，我们也对自己和社会有所塑造。我们的活动既在塑造我们周围的社会世界的结构或其面貌，同时也在被社会世界塑造。我们生活的社会背景并不是一大堆完全随机的事件和行动，而是以各具特色的方式被赋予结构或模式的。我们的行事方式和我们彼此之间的关系，都有着确定的规律性。人类社会始终处在结构化的过程中。也就是说，每时每刻，它们都在被构筑社会的"一砖一瓦"——也就是你我这样的人——重新构造。社会结构也许显得坚不可摧或自来如此，但始终处在演变之中，而非坚如磐石①。

安东尼·吉登斯提出了另一种弥合"结构"和"行动"之间鸿沟的方式。吉登斯并不拒绝哲学，认为做社会科学必须留意哲学问题，如果做社会科学的人不直接将社会科学与哲学问题相关联，社会科学终将迷失。哲学争论有助于我们理解社会生活，不应被忽视。结构化理论认为，"结构"与"行动"必然是相互联系而不是彼此对立的。只有当人们做事情有规律可循，并且颇可预测，才能说社会、社区或群体具备"结构"。只有个体掌握了大量先于作为个体的他而存在的社会结构化的知识，"行动"才是有可能的②。

互动论者指出，人类行动者具有高度的认知能力。我们在行动中运用知识时，会赋予所运用的规则和习俗以力量和具体内容。结构化总是以这种"结构二重性"为前提，这意味着所有的社会行动都以结构的存在为前提，因为结构有赖于人类行为的规则化③。当社会更多地依靠从习俗和传统中获取的知识时，人们可以遵循既定的行事方式而无需太多反思。对于现代人而言，先辈们在生活中能够想当然接受那些都变成了容许开放决策的事情，这就产生了吉登斯所称的"反身性"，即不断

---

① ［英］安东尼·吉登斯、菲利普·萨顿：《社会学》，李康译，北京：北京大学出版社，2021 年。

② ［英］安东尼·吉登斯、菲利普·萨顿：《社会学》，李康译，北京：北京大学出版社，2021 年。

③ ［英］安东尼·吉登斯、菲利普·萨顿：《社会学》，李康译，北京：北京大学出版社，2021 年。

地反思我们的日常行动，并依照新的知识予以重新塑造①。

知识在本质上存在于一个社会扩散网络之中，任何一种知识均可以通过"干中学"来实现扩散。阿伦特认为，我们以言说和行动让自己切入人类世界②，并且"言谈使人成为一种政治存在"③。在福柯看来，话语、知识和权力三位一体：话语是载体、知识是表象、权力是实质，没有话语的生产就没有权力的实施④。从思想史方法论角度来看，事实与规范问题实际上涉及治理话语思维的缘起，或者说治理话语思维需要研究的就是事实与规范之间的真理与权力空间问题⑤。当代中国服务型政府建设的内在逻辑就是在福柯所说的"人—知识—权力"的关系中展开的，有怎样的"人—知识—权力"范型，就有怎样的治理话语。

受知识社会学"建构论"的启发，本研究采用"知识是人们在改造世界中所获得的认识和经验的总和"的界定，并且本书所谓的"知识"是一个广义的概念，即涵盖了关于服务型政府建设方面的话语、概念、理论及政治理念等。本研究尝试对中国服务型政府建设过程中政府形态的轨迹变迁提供一种以相关知识积累和跃升为核心自变量的解释。这种解释以知识社会学为视角切入和建构，以"政府是什么、为什么和怎么做、为谁做"为相关知识的核心要素，以学术界、地方政府和中央政府为知识生产和建设的主要场域，通过联系时代背景，以及描画中国服务型政府建设各行动主体的观念、动机、角色和行动来为解释框架填充机制和因果关系，以期揭示当代中国服务型政府建设"从知识到行动"的内在逻辑，如图1-4所示。

---

① ［英］安东尼·吉登斯、菲利普·萨顿：《社会学》，李康译，北京：北京大学出版社，2021年。

② ［美］汉娜·阿伦特：《人的境况》，王寅丽译，上海：上海人民出版社，2017年。

③ ［美］汉娜·阿伦特：《人的境况》，王寅丽译，上海：上海人民出版社，2017年。

④ 王蜜：《福柯的"话语权力"观及其对翻译的镜鉴》，《黑河学院学报》2012年第1期。

⑤ 孔繁斌：《公共性的再生产：多中心治理的合作机制建构》，南京：江苏人民出版社，2012年。

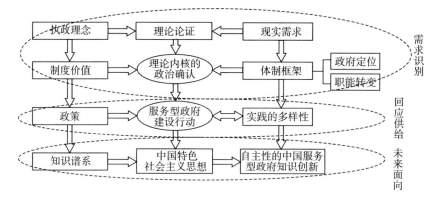

图1-4　中国服务型政府建设"从知识到行动"的内在逻辑

三、研究内容

当代中国服务型政府建设对于中国政界和学界来说都是一个"大事件"。虽然"服务型政府"的概念是在世纪之交提出的,但服务型政府建设的酝酿可以追溯到中国改革开放之初。在"解放思想、实事求是"被重新确认的影响下,中国学界和政界也开始了以问题为中心的知识生产方式和行动模式。服务型政府建设行动最早可以追溯到改革开放之初,一些地方政府为了更好地招商引资,在实践中更高效、更好地服务于企业和社会,纷纷建立"一站式"服务机构,如"外商投资服务中心""政府办事大厅"等。关于中国服务型政府的研究和建设,在这之后分别经历了涨潮、热潮、高潮期并进入了平稳发展期。

研究服务型政府建设的视角很多,但从知识到行动的视角,尤其是知识社会学的视角往往被忽略。本研究注重描述现实,解释"是什么"和"为什么"。当不可避免涉及"怎么办"的时候,则注重解释当下正在实施的政策和改革。本书重视制度和历史分析,也积极参与现实和政策讨论。本研究的主要目标是以从知识到行动为线索对服务型政府建设进行长时段的历时性考察,以期为当代中国服务型政府建设提供一种新的解释。因此,本研究的基本内容沿着服务型政府的知识化和服务型政府建设的行动两大块内容展开。

第一,服务型政府的知识化。从服务型政府作为一个研究领域兴起到学界出现服务型政府研究热潮、话语论争，在论争中渐渐形成知识集中。部分知识被政界吸纳，得到体制性认可（即知识政治化），触发了中央与地方各级政府的服务型政府建设行动。

第二，服务型政府建设的行动。"建设服务型政府"成为国家战略后，服务型政府建设行动得以全方位展开。随着建设行动的展开及形势的变化，学界再度进行话语创新，提出"建设人民满意的服务型政府"。"建设人民满意的服务型政府"在"放管服"改革行动中得以落实。

第三，服务型政府建设再讨论。在中国治理语境下，服务型政府建设还存在哪些问题？如何在完善关于服务型政府特殊知识的基础上推进中国服务型政府高质量建设行动？对于世界各国而言，在复杂治理情境下，如何选择进行服务型政府建设的道路？各国政府都面临哪些复杂治理情境？如何在构建能够应对复杂治理情境的服务型政府的共享知识的基础上，推动各国政府的服务型政府建设行动？这些问题可以总结为，在人类迈向后工业社会的过程中，如果服务型政府能够成为带领人类应对高度不确定性和高风险性的一种理想政府形态，它还需进行哪些知识更新和实践创新。

第四，在对当代中国服务型政府建设进行考察的同时，对当代中国政府改革进行阐释。虽然当代中国政府改革不同时期侧重点不同，但通过考察服务型政府的建设历程会发现，当代中国政府改革一直是围绕着建设服务型政府的目标展开的。虽然改革初期这个目标并未明晰，但政学两界一直都是有这个朦胧意识的。随着理论探讨和建设行动的不断深入，加上遇到合适的窗口期，这一目标日渐明晰，并持续引领当代中国政府的改革。

当代中国服务型政府建设既有适应性的一面，如适应市场经济的需要、适应公共需求多样化的需要等，同时也表现出对"服务"等核心价值的关注，有着面向未来进行前瞻性设计和建构的一面，如主动求取和探索关于政府类型的新知识，希望能够担负一些事关国家、民族乃至人类的责任。因此本研究拟通过从知识到行动的视角考察以"服务"为核心价值的当代中国服务型政府建设历程，以期对当代中国服务型政府建设进行历史的、多维的、全面的阐释，在既有的适应性阐释和功能性阐释之外，发展出价值性阐释和规范性阐释。

四、研究方法

知识性的叙事注重实证性的说明、描述和分析。适时的评估与反思是增加知识积累、完善和改进研究的有效方法①。王绍光曾展示了历时性政策研究的一个极大优点，即研究方法的开放性和灵活性。如果有新的行为主体、利害关系、意识形态或反馈信息加入研究中，政策过程分析就提供了一个发现和整合这些变化的相应研究框架，这种分析方法优于那些预先设定、过于精心构建的制度主义政治经济模型。分析政策过程可以使研究者灵敏地感知到正在发生的细微变化、超常规的运行机制、意想不到的各种互动及随机出现的不同结果，而不用设定"某项政策或制度改革后的最终状况是怎样"，同时也可以避免目的论的偏见②。具体而言，本书对服务型政府建设的研究采用了以下方法。

第一，知识政治学的方法。从知识政治学的角度来看，在任何社会中，知识要通过特定的渠道才能转换为一种政治性的文化资源。刘建军等受知识社会学的启发，曾尝试将知识体系引入政治学的研究视野之中。他们认为，如果历史政治学关注政治形态的流动与兴替，那么知识政治学关注的则是政治形态的凝结与沉淀，他们在知识类型的演进中解读政治形态在知识世界中的落成，认为任何政治形态的变迁都是通过对新的知识类型的政治确认为自身缔造存续的理由③。

受知识政治学的启发，本研究认为政府形态作为一种浓缩人类生活的高级范式，也是建立在一定的知识基础之上的。换言之，任何一种政府形态均有与其相适应的知识类型，知识决定着人们接纳一种政府形态的范围和程度。一种政府形态的形成和确立是与知识所构成的观念世界和判定能力密切联系在一起的。

---

① ［美］约瑟夫·熊彼特：《经济分析史：第一卷》，朱泱、孙鸿敞、李宏、陈锡龄译，北京：商务印书馆，2001年。

② 王绍光：《中国公共政策议程设置的模式》，《中国社会科学》2006年第5期。

③ 刘建军：《中国现代政治的成长：一项对政治知识基础的研究》，天津：天津人民出版社，2003年，第67页。

第二，话语分析的方法。在当代社会科学中有一种普遍现象，即社会实体（机构、组织、社会能动者等）通过社会进程被或已经被构建，而对这些过程的共同理解突出了话语的有效性，社会实体在某种意义上是话语影响的结果。所谓"话语"，实际上指的是一些非"实在"而有价值倾向性和权力支配性的说辞，它有建构知识和现实的能力。理查德·罗蒂把对知识的探求看作研究者共同体之中的持续对话。

在福柯的影响下，"话语"以各种方式在社会科学中被广泛使用。"话语"作为社会生活的成分，在一般意义上被用来表示语言，并与其他成分辩证地联系在一起。"话语"也被更具体地使用：不同的话语是对世界各个方面的不同的再现方式。关注有符号特征的社会问题，从社会问题开始，而非传统的"研究问题"，以符合这种方法的关键意图，产生能够导致解放性变革的知识①。用布迪厄的话来说，分类是"视界"和"划分"之间的关系：预先构建并被认为是理所当然的方法，用来划分世界的各个部分，不断产生世界的特定"视界"和看待世界的方式，并据此采取行动。不同的话语体现了不同的分类②。

"知识是由话语所提供的使用和适应的可能性确定的。"③ "话语并不只具有意义或真理，而且还具有历史……我们可以把一组属于同一个话语构成的陈述集合称作话语……我们可以确定这些有限陈述的一组存在条件……话语通体都是历史的。"④ 按照福柯关于"话语具有事件的特性"⑤ 的逻辑，关于服务型政府的话语论争具有当代中国政府改革的

---

① ［英］诺曼·费尔克劳：《话语分析：社会科学研究的文本分析方法》，赵芃译，北京：商务印书馆，2021年，第244页。

② ［英］诺曼·费尔克劳：《话语分析：社会科学研究的文本分析方法》，赵芃译，北京：商务印书馆，2021年，第248页。

③ ［法］米歇尔·福柯：《知识考古学》，谢强、马月译，北京：生活·读书·新知三联书店，1998年，第203页。

④ ［法］米歇尔·福柯：《词与物：人文科学考古学》，莫伟民译，上海：上海三联书店，2001年，第5页。

⑤ ［法］米歇尔·福柯：《词与物：人文科学考古学》，莫伟民译，上海：上海三联书店，2001年，第6页。

历史。为了引发变革，惯例化的过程表现为知识集中化的趋势①。伴随着服务型政府概念的提出，以及研究规模的兴起和学术知识的增长，关于服务型政府的知识集中化的趋势也开始显现。这种知识集中化首先表现为有代表性的服务型政府学术话语的出现。本研究主要是对涉及服务型政府建设的学术话语、政党话语和政府话语进行分析。

话语与社会实践的其他成分之间存在辩证关系——话语内化其他元素，并同时被他者内化，而没有不同成分的相互削减。它们是不同的，但不是离散的。如果我们从历史的角度来思考话语的辩证性，就社会变迁的过程而言，产生的问题是内部化过程发生的方式和条件。"知识驱动"等同于"话语驱动"，知识以话语的形式产生和流通，而话语在经济和社会中运作的过程正是话语的辩证性。话语包括事物的现在和过去，以及想象的再现，也就是事物可能、也许或应该如何被再现。从这个意义上说，从服务型政府的知识到服务型政府的话语再到服务型政府的建设行动是一种假设想象——一种对当代中国服务型政府建设的可能状态的推测。服务型政府建设课题在很大程度上是由话语引导和推动的。人们可能会看到，在推动社会变革方面，话语的作用有所增强，正如将当代经济特征化为"知识经济"或将当代社会特征化为"知识社会"或"信息社会"。在政府的变革中，"知识"或"信息"的显著性越大，语言和话语的显著性就越大——这就是"知识"被产生、分配和消费的形式。

第三，案例研究的方法。所谓案例研究，即对有代表性的服务型政府建设创新试点地区进行相应的重点个案分析研究及多案例的比较研究，关注其多样意义和这些意义偶然性的历史根源。政治生活是由很多不同行为体建构的，而行为体受到了历史的具体思想和价值观的启发。政治学家对能动性的忽视，可能使人认为政治和政策的来源仅限于中央及地方精英的策略和相互作用。但是其他行为体也可以反抗、转化并阻止精英议程。

案例研究可以启发对基层官僚和公民的不同传统和叙事给予关注。

① ［美］全钟燮：《公共行政的社会建构：解释和批判》，孙柏英、张钢、黎洁，等译，北京：北京大学出版社，2008年，第34页。

政策文化不仅是政治精英之间斗争的舞台，也是不同传统背景下拥有不同理想和观念的行为体间竞争的平台。精英之下的行为体可以通过运用当地传统和知识来开启新的政策创新。例如，地方政府可根据其对地方的忠诚来展开行动。当代中国服务型政府建设最早的行动就是一些地方政府为服务当地经济建设而纷纷成立"外商投资服务中心""政府办事大厅"等。在服务型政府建设过程中，地方政府融入了各地的传统和知识，不断探索创新。

第五节　创新与不足

一、创新之处

本研究契合当代中国治理实践，通过对服务型政府建设的纵向考察，探讨了服务型政府建设的知识基础、知识共识，特别是不同阶段的知识形态如何推动服务型政府建设，以及服务型政府的相关知识是如何扩散和如何推动服务型政府实践行动的。本研究从知识角度回答了服务型政府何去何从的问题，以期具有理论创新性和实践启发性。

第一，对当代中国服务型政府的知识建设进行长时段研究。本研究将服务型政府作为一个研究领域，从改革开放至今历时40多年的发展进程中，分阶段对服务型政府知识发展的不同特点进行了一个历史考察。一方面，回顾了中国服务型政府的知识建设，提出了新的政治理念的四个不同发展阶段；另一方面，讨论了中国服务型政府建设未来的两个面向，即如何保持中国特色与如何面对复杂的社会治理难题。

第二，引入知识学的视角来考察当代中国服务型政府建设。本研究主要从"知识与行动"互动的角度，探讨中国服务型政府建设是如何从"知识形态"向"实践行动"转变的，即探讨服务型政府"由知识向行动"转换的基本逻辑是什么。换言之，中国服务型政府建设是由民众、学者、地方政府和中央政府共同推动的，而推究深层的原因是以观念转变和价值选择为核心内容的"知识驱动"。

第三，从知识角度回答服务政府建设何去何从的问题。面对政治发展、开放社会及社会管理运行的挑战，探讨如何在完善关于服务型政府特殊知识的基础上推进中国服务型政府高质量建设行动，以及如何在构建能够应对复杂治理情境的服务型政府的共享知识的基础上推进各国政府的服务型政府建设行动。

二、不足之处

第一，本研究主要关注的是当代中国服务型政府建设过程中，关于服务型政府的知识生产如何影响服务型政府建设的问题，而对服务型政府建设行动对服务型政府知识生产的反哺的论述相对较少。

第二，服务型政府作为一项政府类型的知识创新，影响其知识生产与扩散的要素，除了服务型政府的相对优势、兼容性、复杂性、可试性和可观察性这五个创新认知属性外，还有诸如服务型政府的决策类型、沟通渠道的特性、社会体系的特性及推广人员的努力程度等变数。此外，服务型政府的知识扩散还会受到服务型政府知识的编码、抽象状况及共享语境等的影响，这些都是值得继续探讨的有意义的问题。

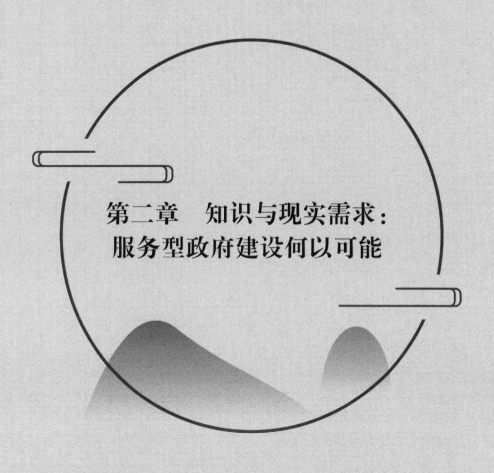

第二章　知识与现实需求：
服务型政府建设何以可能

第一节　思想解放与问题导向下的服务型政府知识准备

从科学哲学的角度来看，伊姆雷·拉卡托斯（Imre Lakatos）在《科学研究纲领方法论》的导言中写道："许多哲学家试图按照下面的说法来解决分界问题：如果足够多的人足够强烈地相信一个陈述，那么，这个陈述就构成了知识。"① 服务型政府的知识扩散就是从学术界到政界到民众，越来越多的人"强烈地相信"政府的主要职责在于服务而非管理，服务居于主导地位，管理居于从属地位，管理也是为了更好地服务。服务型政府的建设事实上是服务理念一步步深入人心、一步步取得政府核心理念地位的过程。服务型政府知识的扩散过程也是服务价值的创造过程，服务型政府的建设过程也是服务型政府理论知识与实践知识相互扩散、相互影响、相互建构的过程。

一、思想解放下的政治观念更新

解放思想就是要使人们从旧的教条、旧的思想中挣脱出来，提出与社会进步和时代要求相一致的新思想、新理论，并用这些新的思想和理论去指导社会的实践。"解放思想的内在逻辑可解构成历史逻辑和实践逻辑两个方面。"② 解放思想是无终点、无止境的，"实践、认识、再实践、再认识"也是个无限过程。无独有偶，思想解放在美国建国史中的作用也异曲同工。解放思想往往带来的是政治制度、经济规模和社会秩序的变革，这种变革又不断地为新的更彻底的思想解放进行着准备。思想观念的变革与社会政府的进步有着极其密切的关系。邓小平同志认为，思想观念的变化是中国全部改革事业的前提，因此，他把"解放思想"当作改革运动的首要任务，指出"不打破思想僵化，不大大解放

---

① ［英］伊姆雷·拉卡托斯：《科学研究纲领方法论》，欧阳绛、范建年译，北京：商务印书馆，1992 年，导言第 1 页。
② 刘晓春：《新时代倡导解放思想的内在逻辑、基本要求与现实指向》，《江南大学学报（人文社会科学版）》2019 年第 6 期。

干部和群众的思想，四个现代化就没有希望"①。

在进行真理标准大讨论时，邓小平反对"两个凡是"，重申实践是检验真理的唯一标准，恢复了实事求是的马克思主义思想路线。在真理标准大讨论取得初步胜利的基础上，中共中央于 1978 年 11 月 10 日至12 月 15 日在北京召开中央工作会议。邓小平在会上做了题为"解放思想，实事求是，团结一致向前看"的讲话。他对真理标准问题的讨论做了这样的评价："目前进行的关于实践是检验真理的唯一标准问题的讨论，实际上也是要不要解放思想的争论……从这个意义上说，关于真理标准问题的争论，的确是个思想路线问题，是个政治问题，是个关系到党和国家前途和命运的问题。"② 邓小平的这个重要讲话为即将召开的党的十一届三中全会定下了基调。他提纲挈领地抓住了历史转折中最根本的问题，鲜明地提出了党和国家继续前进的方向和指导思想，这实际上成为即将召开的具有伟大历史意义的十一届三中全会的主题报告③。十一届三中全会进一步批判"两个凡是"的指导方针，要求从以阶级斗争为纲转变为以经济建设为中心，从固守成规转变为实行改革，从封闭转变为对外开放，从而实现了新中国成立以来党的历史上的伟大转折。没有十一届三中全会，就没有我们后来的改革开放。

如果说十一届三中全会是第三次伟大的思想解放运动的起点，那么党的十三大和我国"社会主义初级阶段理论"的提出就是我们进一步解放思想的新起点，使从十一届三中全会开始的思想解放运动发展到一个新阶段。该阶段的第一个标志是思想解放取得新的理论成果。第二个标志是思想解放进入新的更深层次。党的十三大提出了对社会主义进行再认识的总主题，这是因为改革在深入和扩展。开头是农村改革，初战取得胜利，后来是城市改革，从以城市为中心的经济体制改革发展到政治、经济、科学、文化体制的改革，全面改革的布局已经展开。第三个

① 邓小平：《邓小平文选：第二卷》，北京：人民出版社，2001 年，第 2 页。
② 新华音像中心学习部：《思想解放史录》，海口：海南出版社，2003 年，第186 页。
③ 新华音像中心学习部：《思想解放史录》，海口：海南出版社，2003 年，第187 页。

标志是思想解放有了更明确的标准。"十三大报告把生产力标准提到了第一位，这是实践作为检验真理唯一标准的观点在社会主义建设和社会主义改革中的进一步具体化和深化，是历史唯物主义的生产力原则同辩证唯物主义的认识论原则的统一。"①

1979 年到 1990 年，邓小平先后多次在内部讲话中指出社会主义可以搞市场经济。但是"左"倾思潮利用一部分人头脑中的僵化意识，开始批判市场经济。邓小平在"南方谈话"中总结了中国改革开放的经验，旗帜鲜明地反击了"左"的思潮，批驳了"左"的谬论。邓小平结合创办特区的实践，进一步指出，那些起劲地鼓吹问一问姓"资"姓"社"的人，"连基本常识都没有"②。"南方谈话"关于市场经济和计划经济的精密论述，关于中国要警惕"右"但主要是防止"左"的新概括，关于社会主义的本质和"三个有利于"标准的理论等，都是围绕着"什么是社会主义，怎样建设社会主义"这个根本问题从理论上做出的新回答，是我国改革开放和现代化建设实践在理论上的重大突破③。

邓小平"南方谈话"是又一次思想大解放。以"南方谈话"为基础，经过党的十四大构建的邓小平理论，有了社会主义市场经济论等许多重要理论观点的提出，中国确确实实进入了以经济建设为中心的时代。改革开放后，中国社会发生了整体性的变化，在政治领域取得了许多重大的进步，例如："将保护人权的条款写进国家宪法，把'建立社会主义法治国家'确定为国家的政治发展目标。把'建设社会主义政治文明'当作国家的总体目标之一，积极推行政务公开，进行行政审批制度的重大变革，提出建立'服务政府'的目标，等等。"④ 思想的解放与观念的创新，有力地促进了现实政治的进步，也为当代中国服务型

---

① 龚育之：《思想解放的新起点》，长沙：湖南人民出版社，1988 年，第20 页。

② 新华音像中心学习部：《思想解放史录》，海口：海南出版社，2003 年，第199 页。

③ 新华音像中心学习部：《思想解放史录》，海口：海南出版社，2003 年，第200 页。

④ 俞可平：《思想解放与政治进步》，《理论动态》，2007 年第 20 期。

政府建设提供了深层次的思想动力与观念支撑。

二、对政府公共服务职能缺失的反思

20世纪90年代，伴随着公共部门的改革，这一时期新公共管理理论运动在取得一定的成就之后，也陆续遇到了不少挑战，新公共服务理论就是在这样的大背景下应运而生的。这一时期，在第三波民主化浪潮的带动下，政治民主化趋势明显。世界范围内，民主政治氛围发生了巨大的变化，民主化的观念和行为方式再一次深入人心。同时，人们又把目光聚焦在了如何保障公民权利及如何维护公共利益上。

在新公共服务理论家看来，政府与其公民的关系不同于企业与其顾客的关系。"顾客理论"对政府的启发意义是其在追求自身利益时所具有的自主选择权。新公共管理的真正理想是公民能够像顾客一样具有挑选的自主权利。新公共管理和新公共服务是一脉相承的，他们奔着共同的目标——具有更大的自主选择权的公民而去。新公共服务理论的兴起，表明人们放弃了一味地模仿顾客，而对公民角色本身进行深入探讨，认为公民要想具有像顾客般的自主选择权，就必须倡导完全相反于顾客的、奉献的价值观，必须重塑公民之间的信任和联系网络，使个体化的公民重新凝聚起来。而在这个过程中，政府应该发挥引导作用，只有公民具有了自主选择权，对公民的优质服务才成为可能。

过去的官僚主义所形成的组织架构的惯性使官员们忘记了这一点，而新公共服务就是在观念及组织架构上重申官员来源于社会、服务于社会、承担"职业公民"这一角色的本质。官员要关注的不仅仅是"顾客的需要"（即显见、短期、个体利益的需要），更要注意到"公民的需要"（即隐形、长远、集体性的需要）。官员的职责在于培养公民意识，引导公民拓宽公众参与，成为扩大公民自主权的顾问、促进者、协调人、辅导者。新公共服务理念已经将"公共服务"本身作为实现公共利益的重要基础，所以已经超越了传统公共行政和新公共管理对控制、效率等方面的强调。

三、以问题为中心的新型知识生产方式

观念的冲突不是灾难，而是一个机会，尤其是为以知识探索者的开放宇宙取代圣哲之封闭的精神世界提供了机会。有效解决公共问题是政府的责任，改革开放后，中国政府机构改革立足现实发展需要，而不是立足抽象理念；同经济体制改革相适应，越出政治体制改革范畴；坚持分权取向，从能力方面而不是从权力方面来提升政府治理水平①。中国政府改革持续向前推进，每一个阶段依据不同的经济社会背景，改革的侧重点、深度、广度也各不相同。服务型政府建设的酝酿阶段最重要的特征就是"破旧"与"立新"。与其他领域情况类似，破旧主要是因为新中国成立后我国的行政管理体制模式也高度借鉴了苏联模式。这种集中的、以计划指令和行政审批为主的行政管理体制模式以其特有的官僚科层制的效率与秩序维护功能，在我国国民经济的恢复和重建中确实发挥了积极的作用。对于当时新生的新中国政权来说，维护社会秩序和国家经济安全是最重要的。

随着时间的推移，以及社会主义建设的发展和中国经济、社会情境的变迁，按照计划经济要求设计的源于苏联的行政管理体制越来越表现出其僵化性和滞后性的一面，给社会、经济的发展带来了负面影响。具体而言，主要表现在以下方面：政府权力边界不清，以至于管理内容庞杂，且多以微观管理为主；管理范围宽泛，政治、经济、社会、文化事务无所不包；管理方式却是简单的，多是行政命令和行政审批。一方面是政府机构越来越庞大臃肿，另一方面是企业、社会深感受限太多，处处掣肘。于是，对政府该管什么、如何管，即对政府职能的重新认知、重新定位被提上了日程。在政府实践中渐渐达成的一种共识是，政府要合理划定与市场、社会的权力边界，政府应该管理的领域在于市场、社会需要，除了管理外，还应有服务的内容。

---

① 赵宇峰：《政府改革与国家治理：周期性政府机构改革的中国逻辑——基于对八次国务院机构改革方案的考察分析》，《复旦学报（社会科学版）》2020年第2期。

中国学者关于中国政府改革的研究和解释主要有两个层次，第一个层次是基于系统理论与行政生态理论，将中国政府改革看作回应环境需求的产物；第二个层次是从整个社会大系统的角度来对当代中国政府改革进行宏观描述与阐释。当代中国政府改革是回应外部治理环境及自身矛盾变化而进行的创新。改革开放 40 多年来，中国政府改革与创新的主要动因和契机是政府治理体系外在环境的变化和发展，包括意识形态和治国理政指导思想的变化、社会主要矛盾的变化与公民对美好生活的期待、社会网络和知识经济等①。中国政府改革的历程及其发展路径表明，经济社会发展需要和行政管理现代化要求是政府改革的动力和基础，政府改革正是在这两个因素共同作用下逐步深化，形成了自身特有的运行逻辑和推进方式②。

在探讨中国的行政改革该何去何从的过程中，还有一种思路是将研究重点置于公共行政组织改革方面，将改革视为改善和提高公共服务质量的最佳途径，以期克服、解决政府在履职过程中经常出现的形式主义、官僚主义、行政审批烦琐等问题③。学者们将转变政府职能作为政府改革的中枢，从多个层面出发不断进行突破。政府职能转变不是一个新问题，从实践层面上看，改革开放以来，政府改革的着力点一直是政府职能的转变。政府职能范式的更新反映出人们看待政府职能的视角的变迁，而在视角变迁中，行政生态环境、路径依赖及我国文化的中庸倾向与实用主义偏好等因素都起了重要作用④。要转变政府职能，就要将政府的各职能进行整合，而不是仅局限于管理职能，应从多个维度出发构建综合型政府工作服务体系。中国公共管理的话语生产要将真问题作为大问题讨论的前提和归宿，其中就包括服

---

① 张成福：《政府治理创新与政府治理的新典范：中国政府改革 40 年》，《国家行政学院学报》2018 年第 2 期。

② 潘小娟：《中国政府改革七十年回顾与思考》，《中国行政管理》2019 年第 10 期。

③ 谢新水：《从服务型政府到人民满意的服务型政府——一个话语路径的分析》，《探索》2008 年第 2 期。

④ 毛寿龙、景朝亮：《近三十年来我国政府职能转变的研究综述》，《天津行政学院学报》2014 年第 7 期。

务型政府建设问题①。

第二节　行政体制改革为服务型政府建设提供制度铺垫

市场经济的发展要求生产要素能够跨地域充分自由流动，这与新中国成立之初长期实行的高度集中的计划经济体制相冲突。可以说，中国早期服务型政府建设是从地方政府如何服务地方经济发展起步的。根据权责一致的原则，国家通过行政性分权改革、财政制度改革和干部人事制度改革，重塑地方政府在改革发展中的角色，为中国改革开放和经济发展的持续推进奠定了制度基础，也为早期中国服务型政府建设即服务于经济的政府建设进行了制度上的铺垫。

一、行政性分权改革调动地方政府积极性

分权是人类社会发展的必然产物，是人类社会在由农业社会步入工业社会，继而进入后工业社会的发展进程中产生并逐渐增强的要求②。行政分权的主要内容包括事务权、人事权和财政权，"财权"是人事权和事务权有效实施的基础和保障。从分权发展的历史进程看，分权包含三个维度的历史权力转移，一个是国家与社会的分权，一个是中央与地方的分权，一个是政府内部的横向分权③。就中央与地方的分权而言，毛泽东在著名的《论十大关系》中论述"中央和地方的关系"时就提到了这一点："我们的国家这样大，人口这样多，情况这样复杂，有中央和地方两个积极性，比只有一个积极性好得多，我们不能像苏联那

---

① 朱正威、吴佳：《从实践语汇到学术概念：中国公共管理研究的问题意识与自主性》，《中国行政管理》2020 年第 1 期。

② 杨淑萍：《行政分权视野下的地方责任政府构建》，北京：人民出版社，2008 年，第 45 页。

③ 杨淑萍：《行政分权视野下的地方责任政府构建》，北京：人民出版社，2008 年，第 46 页。

样，把什么都集中到中央，把地方卡得死死的，一点机动权也没有。"①

新中国成立初期，我国先后调整地方政府的层级设置和管理权限，把相当部分的地方政府权力收归中央，国家执行统一管理、统一调拨的计划经济管理体制，全国范围内的财力、物力、人力均由中央统一调拨、安排。地方政府的利益要求被抑制，地方政府实质上成为中央在地方的政策执行机构。在高度集权体制下，权力划分向上移，以中央政府为核心；责任划分向下移，中央政府承担的责任往往要通过地方政府来分担和履行；在利益划分上，又向上移。地方政府责、权、利相脱节的权力划分方式使地方政府的自主性空间不足、积极行政动力不足，造成消极行政的后果。这不仅有悖于马克思主义"单一制"中"地方自治"的构想，也不符合中国共产党"民主集中制"原则的基本精神，地方政府的积极性和主动性被压制。

党的十一届三中全会后，中央在规范国家权力运行的基础上向地方分权，将一些属于中央部委的行政管理权限和经济管理权限下放给地方，将许多原来属于中央直属的企业交给地方政府，实现国家权力的合理配置和有效运行。这是一种"源于经济体制改革的外因性权力变动"②，着眼于经济生活的内在机制，解决的是经济与政治的分化问题，主要调整的是政府与经济社会的关系，在此基础上进行行政系统内部的权力关系调整，即内因型权力关系变动，以规范政府系统内部的权力分配和运行，改变中央高度集权的管理体制。中央与地方的分权是有步骤、有计划、规范化的权力划分。这次权力下放是基于经济发展需求的，是政治体制主动适应所处环境的积极主动选择。

第一，依据经济发展的客观需要分权。改革开放之后，中央首先从经济体制改革入手，调整中央与地方的关系，下放的是经济管理的权限，使得地方政府逐渐获得了越来越多的自主决策的权力，如企业的管理权、对外贸易权、投资决策权、吸引外资的权力等。改变以往"一刀切"的做法，有步骤、有层次、因地制宜地依照不同区域经济发展的能

① 毛泽东：《论十大关系》，《文史哲》1976 年第 4 期。
② 杨小云：《新中国国家结构形式研究》，北京：中国社会科学出版社，2004年，第 11 页。

力和空间大小下放权力。如经济特区的成立，深圳、厦门、珠海和汕头成为经济改革和开放的试验区，享有一些别的地区没有的经济管理权力。计划单列市和沿海开放城市的建立，都代表了中央的权力进一步向地方下放和转移。这些分权化改革使地方政府从计划经济体制下被动的执行者变成积极的管理者，让地方政府成为改革红利的受益者和支持者，从而极大地调动了地方政府参与改革和发展的积极性。

第二，通过激励相容构建"有为政府"。激励相容原则要求明确地方的权力和责任，遵循权责一致的原则，达到事权与财权相统一。中央政府在向地方政府放权时，把权力和利益挂钩，事权和财权结合起来，通过"属地管理"和"地方竞争"有效地激发了地方官员的积极性和"有为政府"的构建。我国事权划分的一大特点是"属地管理"：一个地区谁主管谁负责，以行政区划为权责边界。这与计划经济从上到下、以中央部委为主调动资源的方式不同。属地管理兼顾了公共服务边界问题和信息优势问题，同时也给了地方政府很大的权力，有利于调动其积极性①。"属地管理"有利于地区性的政策试验和创新，因为毕竟是地方性试验，成功了可以总结和推广经验，失败了也可以将代价和风险限制在当地，而不致影响大局②。20世纪80年代开始的大规模地方分权，通过逐级发包的形式进一步赋予地方政府大量的自主权。地方政府权力扩大，通过行政和经济资源提供更好的投资环境，转化为地区经济发展的条件和动力。由此，"属地管理"和"地方竞争"就构成了政府间竞争的基本模式。

二、财政制度改革构建合理的央地政府间的财政关系

"国之庶政，非财不立，国不可一日而无政，则财不可一日而不周

---

① 兰小欢：《置身事内：中国政府与经济发展》，上海：上海人民出版社，2021年，第38页。
② 周黎安：《转型中的地方政府：官员激励与治理》（第二版），上海：格致出版社，2017年，第287页。

所用，故曰国无时而不需财。"①　亚当·斯密认为，公共财政是国家财富、社会福利和政治稳定的基石，其发展对于一个国家的繁荣至关重要。"财政乃庶政之母"，作为"国家治理的基础和重要支柱"，财政的重要性不言而喻。财政收入的来源、开支的组织与规划、税收政策的制定，都直接关系到国家的政治、经济和社会命运。20世纪后半叶以来，许多发展中国家采取不同形式的财政分权，将其视为一项能够提高公共部门效率、增加地方政府间提供公共服务时的竞争性及刺激经济增长的重要举措②。财政分权对于充分调动中央和地方两个积极性，构建中央和地方政府间转移支付尤为重要。

20世纪70年代至80年代初，中国农村的改革从家庭联产承包责任制开始，城市的改革则着眼于调整中央和地方的财政收支关系，通过分权、放权让利、财政包干，改"大锅饭"体制为"分灶吃饭"关系，使得地方政府成为财政收入的分享者，以此激励地方政府维护市场体系并积极发展经济。在以经济建设为中心的路线指引下，"传统的对地方政府的'说教行为'就转化成为'政治晋升锦标赛'或'标尺竞争'。政绩考核标准激励地方政府有发展本地经济的积极性，加上经济分权，中国逐步形成了'市场维持型的财政联邦主义'"③。"财政包干体制激励地方政府发展经济的积极性，并对财政支出的生产性偏好产生了一定的激励作用，成为促进中国经济20世纪80年代高速增长的一大动力。"④　然而地方政府过度重视经济增长也带来一些负面影响，如市场分割和区域间为争夺利益而展开的恶性竞争等⑤。在政府间的财政博弈中，地方政府为了实现自身利益，往往采取机会主义行为，如乱施税收

①　[英]亚当·斯密：《原富》（上），严复译，北京：商务印书馆，1981年，吴汝纶序第1页。
②　黄君洁：《财政分权、包容性增长与治理研究》，北京：中国社会科学出版社，2019年，第17页。
③　周焕：《财政分权对经济增长和居民健康的影响研究》，北京：科学技术文献出版社，2020年，第12页。
④　周焕：《财政分权对经济增长和居民健康的影响研究》，北京：科学技术文献出版社，2020年，第35页。
⑤　周焕：《财政分权对经济增长和居民健康的影响研究》，北京：科学技术文献出版社，2020年，第35页。

优惠、截留中央税收，进而影响中央政府的自身利益，造成中央与地方收入支出不匹配、财权事权不对等的状况。比如，1994 年之前，财政收入上，中央与地方的比例为 3：7，而财政支出的比例是倒过来的7：3，中央财政收入增长乏力，占全国财政收入的比重逐年下降，同时财政收入占国内生产总值的比重也呈现逐年下降的趋势①。

分税制改革有效缓解了中央财政困境，建立起较为稳定和规范的财政体制框架。分税制改革后，企业的大多数税收按隶属关系在所在地上缴，这自然会刺激地方政府招商引资。地方政府尤其青睐重资产的制造业，一是因为制造业投资规模大，对 GDP 的拉动作用明显；二是因为制造业增值税在生产环节征收，跟生产规模直接挂钩；三是因为制造业不仅可以吸纳从农业部门转移出的低技能劳动力，也可以带动第三产业发展，增加相关税收。地方政府则热衷于基础设施建设，因为基础设施建设既能扩展公共服务的范围，又能提高信息沟通效率，还可以方便人、财、物流通，增强各地对资源的竞争力，激励地方励精图治②。但是随着时代的发展，分税制财税体制的弊病日渐显露，造成地方政府财权和事权新的不匹配，其结果是出现了很多乱象：一些地方政府"花过头钱"，民生支出难以落实到位，土地财政导致房地产问题日积月累，"跑步前进"产生吏治腐败，随意借债导致债务飞速扩张。地方政府的债务问题根源不在收入不够，而在支出太多，因为地方政府承担了发展经济的任务，要扮演的角色太多。因此，债务问题不是简单的预算"软约束"的问题，也不是简单修改政府预算框架的问题，而是涉及政府角色的根本性问题。改革之道在于简政放权，从生产投资型政府向服务型政府逐步转型③。

---

① 周焕：《财政分权对经济增长和居民健康的影响研究》，北京：科学技术文献出版社，2020 年，第 35 页。

② 兰小欢：《置身事内：中国政府与经济发展》，上海：上海人民出版社，2021 年，第 39 页。

③ 周黎安：《转型中的地方政府：官员激励与治理》（第二版），上海：格致出版社，2017 年，第 114 页。

三、干部人事制度改革激活“政治企业家精神”

为政在人，在一定的政治体制下，提高政府的有效性关键在于用人。中国古代思想家历来强调，为政之本在于任贤。荀子说："尊圣者王，贵贤者霸，敬贤者存，慢贤者亡，古今一也。"通过使用人才，提高政府的决策水平和执行能力，是维持政治有效性的重要保障。干部人事对政治有效性的影响还表现在其对经济和社会发展具有直接而重大的制约作用。从经济方面看，吏治清廉可以直接降低政治管理的成本，提高行政效率，减轻人民负担，为社会生产提供更多的经济资源。吏治精廉还可减少政府和有关利益集团的寻租收益，促进企业通过创新而非政府支持获得收益，增强整个社会的创新能力[1]。

干部人事管理是我国政权建设体系的重要组成部分，干部人事制度改革是政府改革的核心内容，是经济领域之外所进行的最为活跃、最引人注目的改革领域之一。1962 年，邓小平提出党要管党，一管党员，二管干部。对执政党来说，最关键的是干部问题。1980 年，邓小平同志指出干部制度存在官僚主义、权力过分集中、家长制、干部领导职务终身制和形形色色的特权现象等主要弊端，提出"权力不宜过分集中"[2]。1981 年，《关于建国以来党的若干历史问题的决议》决定废除干部领导职务终身制，改变权力过分集中的情况，提出了干部队伍建设的"四化"方针——革命化、年轻化、知识化和专业化，大规模起用新人和年轻人，为突破体制束缚、创新改革思路注入了宝贵的魄力、勇气和热情。1983 年，全国组织工作座谈会提出要对党政领导干部从德、能、勤、绩四个方面进行年度考核，着重工作实绩。

1984 年 4 月，中共中央书记处进一步提出，干部管理由下管两级改为原则上下管一级，实行分层管理、层层负责的办法，给予下级特别

---

① 李建钟：《公共人事变革——干部人事制度改革论纲》，北京：中国人事出版社，2010 年，第 23 页。

② 邓小平：《邓小平文选（一九七五—一九八二年）》，北京：人民出版社，1983 年，第 280-302 页。

是企业、事业单位更多的用人自主权。干部管理权限的下放意味着地方政府控制力的巨大提升。由此，地方政府主政官员为了在激烈的经济竞争中胜出，往往以经济绩效提升为中心开展工作，主动追逐人才、资本和技术等关键性生产要素，积极优化管理流程，改进服务效率，增强服务意识和创新行为，消减政府部门的垄断权，完善基础设施和商业环境，吸引更多的外部投资。政府官员的政治企业家精神造就了中国经济的高速发展。当然，这种看似完美的增长机制也有其短板和不足，如区域合作进展缓慢，过于关注 GDP、财税和招商引资等"硬指标"，重经济指标、轻公共服务。一些地方政府基于地方利益考虑，把加快经济发展作为头等大事来抓，这本无可厚非，但随之而来的是"一切为经济发展让道"。供给社会公共服务和维护社会公共秩序等职能被经济职能遮蔽、经济发展一路绿灯的情况下，政府职能和角色的错位、缺位和越位现象并存。例如，对经济发展中出现的非法经营手段和不公正竞争行为采取放任或者包庇的态度；搞地方保护主义，地方经济割据和贸易壁垒阻碍着全国统一大市场的形成，制约着全国经济和社会和谐发展的进程。同时，地方社会可持续发展目标被忽略，造成经济发展与文化发展、社会发展严重不协调①。

第三节　服务型政府知识与行动的早期互动分析

当人们意识到因缺乏某项知识而导致竞争力减弱或者已有知识不能满足新的境况时，便产生知识裂缝和知识需求，需要通过学习或者新的知识创造来弥补知识裂缝。知识创造实质上是一个认知过程，是一组相关的心理活动，包括感觉、知觉、记忆、思维、推理、学习和问题解决等。20 世纪 80 年代初至 90 年代，中国由计划经济向市场经济转型，以及由此带来的一系列社会转型，使得原来的管制型或全能型政府模式不再适应新的经济模式和社会境况，于是中国开启了对新的政府知识的求

---

① 周黎安：《转型中的地方政府：官员激励与治理》（第二版），上海：格致出版社，2017 年，第 61 页。

取与创造。这种知识求取最明显的表现是学术界通过知识批判和知识猜想对政府知识的"破旧"与"立新"，这种"新"首先表现为"概念新"。人类知识（无论与实践结果相关还是与理论活动相关）与环境的"实践需要"联系在一起，任何一种知识均可以通过"干中学"实现扩散。卡尔·曼海姆强调社会知识——所有人类社会科学中的知识——的建构都是由具体历史情境决定的。约翰·杜威也认为，知识不是建立在某些前置实在的基础上的，相反，它来自人类活动。在知识和行动之间有着一种自然的联系。

一、知识界关于政府改善公共服务的理论呼吁

20世纪90年代，在冷战结束的时代背景下，面对和平与发展的双重课题，处于经济社会急剧转型期的中国，期望通过转变观念和大刀阔斧的体制改革以提升政府发展经济的能力，逐步改变落后的经济现状。这里的提升对象包括上到中央政府的整体领导力，下到各级政府发展经济的能力。与此伴生而来的是全新考验，促使政府从理念到行动都必须有所改变，也为早期服务型政府建设提供了知识准备和制度铺垫。

在中国，意识形态的变化通常是政治改革的先声。思想的解放与观念的创新有力地促进了现实政治的进步。从某种意义上说，中国的改革开放过程就是新旧思想观念的碰撞过程，是新的思想观念战胜旧的思想观念从而推动社会进步的过程。中国政府改革的事实充分证明，政府的进步与思想观念的变革有着极其密切的关系。自改革开放伊始至党的十四大确定我国经济体制改革的目标是建立社会主义市场经济体制，我国在社会、政治、法律领域的许多重要变革均直接源于意识形态观念的变迁。

服务型政府涉及市场经济体制和行政体制改革，以及与之密切相关的价值理念、政府职能和角色的转变。思想领域的变革为服务型政府建设提供了知识准备。改革开放伊始，中央政府就把党政分开作为改革的重要内容，甚至一度作为政治体制改革的突破口。党和国家开始适度分离，党不再替代政府作为直接的行政管理机关。党的活动被限制在国家法律范围之内，党组织和党的领导人也不能拥有超越法律的特权。

一些有责任感的理论工作者提出"社会主义政治文明"的概念，

重新提倡以人为本和人道主义的价值。他们开始呼吁人权，积极研究马克思主义的人权观，并介绍西方的人权理论。他们突破理论讨论的禁区和敏感区，讨论私有制和私有财产，私有经济更多地以"民营经济"的面貌出现于理论界，并深刻地影响了政府的经济政策。这些政治意识形态的重要变化，直接导致了现实政治的变革。比如，从以阶级斗争为纲转变为以经济建设为中心，把实践标准提到第一位，确立社会主义市场经济理论，保障公民权利与维护公共利益，提出有效解决公共问题是政府的责任、公共服务是实现公共利益的基础等论断，提出中国改革的"冲击—回应"说，论证了公共行政改革可以改善和提高公共服务质量。

中国学术界通过学术话语对管理型政府进行反思和知识批判并对服务型政府进行知识猜想，提出政府要改革以往的高度集中的计划经济体制，以经济建设为中心，通过市场经济大力发展生产力，促进共同富裕，政府的主要职责在于服务而非管理。中央政府和地方政府则通过行政体制改革，聚焦"权"（事权）、"钱"（财权）、"人"（干部）的匹配与协调，以实际行动为服务型政府的建设提供制度铺垫。

二、行政体制改革回应学界为政府服务铺路

1978 年 12 月党的十一届三中全会召开，标志着中国改革开放时代的到来。中国学术界关于政府新的认知与探讨包括以下几个方面：第一，政府的职能不限于统治，更重要的是发展经济；第二，保障公民权利与维护公共利益，有效解决公共问题是政府的责任；第三，公共服务是实现公共利益的基础；第四，需要改革行政体制来实现政府的服务职能。学术界的这些新知会同市场经济的快速发展所带来的冲击，共同推动中国行政体制改革朝有利于服务型政府建设的方向进发。

行动领域改革的推进为服务型政府改革做了制度铺垫。"优化官员绩效考评机制，合理引导地方政府规范有序的竞争。"[1] 改革开放后，

---

[1] 储德银、费冒盛：《地方政府竞争、支出行为调整与经济高质量发展》，《江南大学学报（人文社会科学版）》2021 年第 5 期。

中国通过一系列行政、人事、财政制度改革，赋予了地方政府区域经济改革与发展的重任，地方政府的工作重心也转向了如何更好地为发展地区经济服务。依据经济发展的客观需要，通过行政性分权改革调动地方政府积极性；以充分调动中央和地方两个积极性为目的，通过财政分权改革，构建中央和地方政府间的财政关系；以经济绩效提升为中心，改革干部人事制度，激活"政治企业家精神"。于是，各级地方政府开始探索政府本身应该如何改革和建设以更好地服务地方经济建设这一中心目标。改革开放以来，中央政府依据经济发展的客观需要，通过行政性分权改革，构建激励相容的"有为政府"。

地方政府要想在竞争中胜出，为发展经济提供更好的服务成为关键。于是，为经济发展服务成为地方政府改革与建设的目标所在。地方政府在实践中为了更高效、更好地服务于外商投资、企业和社会，纷纷建立初级版的"一站式"服务机构，如"外商投资服务中心""政府办事大厅"等，以期营造更优的投资环境，而更好地为外商和外资服务本质上是为推动本地经济发展服务。通过财政制度改革，以权责一致为原则调整中央和地方政府间的财政关系，调动中央和地方两个积极性，"增强了中央调控能力，促进了区域经济协调发展"，"增强了国家宏观调控能力，抑制了经济中盲目重复建设"，"强化了地方预算约束，调动了地方收入管理的积极性"①。

通过干部人事制度改革，激活干部干事创业的"政治企业家精神"②。实践中，地方政府之间围绕经济转型与发展的竞争契合了地方官员的绩效考核指标体系，成为干部人事管理的关键抓手。政府官员的敢于引领制度、政策和发展战略创新的政治企业家精神，造就了中国经济的高速发展，"在相当程度上实现了官员竞争、市场竞争与地区增长之间的激励兼容"③。改革开放以来，地方分权、财政分成和晋升竞争

---

① 周焕：《财政分权对经济增长和居民健康的影响研究》，北京：科学技术文献出版社，2020年，第40页。

② 周黎安：《转型中的地方政府：官员激励与治理》（第二版），上海：格致出版社，2017年，第342页。

③ 周黎安：《转型中的地方政府：官员激励与治理》（第二版），上海：格致出版社，2017年，第342页。

这三方面的改革不是孤立的改革，事实上它们相互支持、相互加强，构成了一个内在一致的地方政府治理的新系统。这些既是对学界提出的"有效解决公共问题是政府的责任""公共服务是实现公共利益的基础"等论断的实践回应，也为通过公共行政改革改善和提高公共服务质量、为中国早期服务于地方经济建设的服务型政府建设进行了制度上的铺垫。

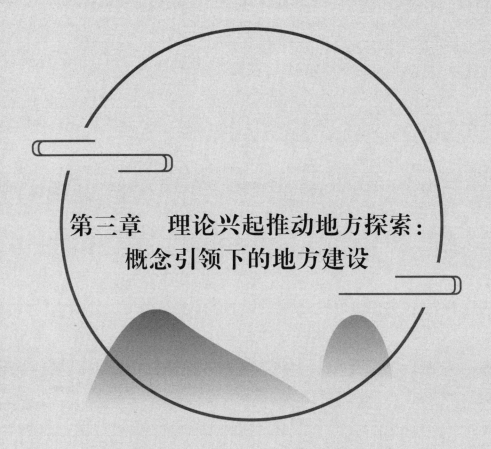

第三章　理论兴起推动地方探索：
　　概念引领下的地方建设

第一节　服务型政府研究的兴起

基于真理标准大讨论和改革开放后思想解放下的政治观念更新，以及对政府公共服务职能缺失的反思，还有以问题为中心的新型知识生产方式的重新确立，再加上改革开放后中国政府所进行的行政性分权改革、财政制度改革，以及党和政府的干部人事制度改革，这些汇总起来为当代中国服务型政府的知识创新和行动建设做了关键性的观念准备和制度铺垫，服务型政府理性知识的生产和起步建设也就成为水到渠成的事了。

一、"服务行政"的吸纳

服务型政府有关术语兴起于 20 世纪 80 年代中期，国内有学者认为，当时政府改革的指导思想是简政放权、政企分开，要使工业主管部门转移到适合社会主义商品经济和生产力发展要求、为基层和企业服务的轨道上来，成为"服务型"政府的职能部门①。这一阶段研讨的特点使学者们自发地认识到，由于经济模式的转换、社会的转型，之前的管制行政和权威行政已经不再适应新形势的发展要求，开始呼唤行政创新。至于是哪种创新，学者们吸纳了行政法研究中"服务行政"的概念，并以此概念为基点，建桩立柱，一步步向前推演。

1994 年至 1998 年，全国在"南方谈话"的激励下，全面实施行政管理体制改革，公共服务滞后的问题得到关注，学术界在反思"管制行政"和"权威行政"的基础上开始讨论"服务行政"。崔卓兰指出，由于市场经济的建立与发展，应该改变过去那种把人当作管理标的物的传统行政法理论，需要将政府的"管理"和"服务"融为一体，树立

---

① 王兴起、于永旭：《转轨变型服务企业——试谈政府工业主管部门的改革》，《理论学刊》1985 年第 3 期。

"管理即是服务"的思维模式①。陈泉生认为，现代行政法的主要内容应该是"服务"与"授益"，重心是"服务行政"，理论基础是"服务论"②。

张成福、党秀云认为，中国公共行政体系内部深层次的问题是"管制行政"与"服务行政"的冲突。中国行政现代化的目标取向就在于建立市场化或亲市场的政府行政，使公共行政由国家权力的载体过渡为为公众提供服务的实体③。马敬仁认为，在社会转型期，权威行政与党和国家所极力倡导的、正蓬勃生发但仍未确立的"服务行政"情结呈现出一种犬牙交错、相克相生的状态，而"服务行政"将是我国政府、企业和社会管理发展的必然趋势④。

二、"服务行政模式"的探讨

到1998年，中国改革开放已经进行了20年，出现了很多新情况、新难题。政府方面，管理功能与服务功能不相匹配，社会建设、公共服务滞后的问题凸显；国务院大刀阔斧地改革机构职能，但公共服务部门的职能未能显著强化。停留于服务行政概念的知识求取已不能满足关于政府知识的需要，新的知识创造势在必行。也是在这一年，学界对于新的政府知识的探索发生了质的飞跃，比较有代表性的是张康之发表的《行政道德的制度保障》一文，文中提出了"服务行政模式"建构的问题，认为社会主义的公共行政应当既不同于传统的统治行政模式，也不同于近代的管理行政模式，而是一个全新的服务行政模式⑤。

在服务行政模式中，为人民服务的宗旨不仅是一种行政观念，而且

---

① 崔卓兰：《行政法观念更新试论》，《吉林大学社会科学学报》1995年第5期。

② 陈泉生：《论现代行政法的理论基础》，《法制与社会发展》1995年第5期。

③ 张成福、党秀云：《中国公共行政的现代化——发展与改革》，《行政论坛》1995年第4期。

④ 马敬仁：《转型期的中国政府、企业与社会管理——中国管理情结解析》，《中国行政管理》1995年第1期。

⑤ 张康之：《行政道德的制度保障》，《浙江社会科学》1998年第4期。

是通过立法的形式被确立下来的一种制度，公共权力的运行机制不是一种自上而下的制约，而是一种自下而上的监督。它是建立在为社会服务的原则基础上的，管理是手段，服务是目的，从制度意义上阐释了服务行政模式建构。在服务行政模式中，权力的公共性质是不容破坏的，行政人员获得的行政授权只是为了更好地为人民服务①，这从价值意义上阐释了服务型行政模式建构。

学术界对于服务行政模式的知识求取渐渐扩散到地方政府实践层面，一些省市通过"干中学"开始了建设服务型政府的最初尝试，地方政府的建设经验又对学术探讨形成反哺，最终促使"服务型政府"的概念被学术界率先生产出来。

三、"服务型政府"概念的提出

因应中国行政改革，中国学者于世纪交替之际率先提出了"服务型政府"的概念。在这之后，中国政界、学界围绕服务型政府进行了持续的探索与深入的研究。对服务型政府的研究最早可回溯到 1998 年，此为服务型政府研究的初探阶段。学术界对新行政模式的知识求取，地方政府风起云涌的行政改革实践，使得学术界通过推理形成的理性知识与地方政府通过实践形成的经验知识互相扩散，互相作用，互相启发，促使一些紧密结合地方政府行政改革实践的学者最早提出"服务型政府"的概念②。

具体而言，这一概念是由浙江行政学院副教授徐邦友在发表于《浙江学刊》的一篇论文中明确提出的③。查阅中国知网，第一篇以"服务型政府"为标题的论文《深化行政审批制度改革建设服务型政府》是由大连市政府经济研究中心王永昌助理调研员发表于 2001 年 10 月的

① 张康之：《公正行政是公共行政的新起点》，《南京社会科学》1998 年第 9 期。

② 张康之：《我们为什么建设服务型政府》，《行政论坛》2012 年第 1 期。

③ 徐邦友：《社会变迁与政府行政模式转型》，《浙江学刊》1999 年第 5 期。此文明确提出"我们必定能创建一个与市场经济及现代民主政治相适应的有限服务型政府行政模式"。

《大连干部学刊》上的。该文结合大连市第九次党代会提出的发展社会主义市场经济要求、加快政府职能转变、深化行政审批制度的改革、建设"服务型"政府的精神，明确提出建设服务型政府。"服务型政府"这一概念自从世纪交替之际由与地方政府改革实践紧密联系的学者提出之后①，便迅速在中国政治学与行政学界引起新知识出现后的连锁反应，吸引大量学者参与到"服务型政府"的研究中，成为21世纪前十多年最为重要且充满议论的学术话语和核心概念之一。

服务型政府学术话语事关政府，只有上升为政治话语，才能具有高知识势能，突破停留在学术界作为理性知识的局限。地方政府风起云涌的行政改革实践经验，以及学术界理论研究的不断推进，共同推动着服务型政府的知识探索向执政党与中央政府高层扩散，并逐步明确提出了"建设服务型政府"这一目标。2002年党的十六大首次把公共服务归结为政府"四大职能"之一，江泽民在党的十六大报告中明确指出："要转变政府职能，逐步实现从管制政府向服务政府转变。"朱镕基在2002年政府工作报告中明确将政府职能归为四类，即"经济调控、市场监管、社会管理、公共服务"。2004年2月21日，时任国务院总理温家宝在中央党校省部级干部研究班结业仪式讲话中首次提出"服务型政府"这一概念。2006年10月，党的十六届六中全会强调要"建设服务型政府，强化社会管理和公共服务职能"，这是党的重要文件中首次明确提出建设服务型政府。

考察从"服务行政"到"服务行政模式"再到"服务型政府"概念的知识发展历程，会发现"服务型政府"的知识创造是学术界的知识求取与地方政府改革行动互相扩散的产物，使得关于服务型政府的知识求取与地方建设行动又引起最高决策层的关注和采纳，从而完成了"服务型政府"从地方政府的实践知识积累和学术话语提炼到政党话语顶层设计的知识演进逻辑，其中的关键一环是地方政府早期服务型政府建设行动。

---

① 张康之2000年也开始使用"服务型政府"概念。参见张康之：《限制政府规模的理念》，《行政论坛》2000年第4期。

第二节　地方性的服务型政府建设实践

知识与其产生的背景密切相关。服务型政府的经验知识是对服务型政府建设经验事实的知识转化，包括对政府改革情景信息的判断、行政洞察力和价值观的转变，以及前期政府改革经验的积累与继承。当代中国早期服务型政府建设扎根于中国政府改革的历史脉络和社会情境中，而社会情境最大的变化莫过于"建立社会主义市场经济"。

改革开放后，中国进入地方政府推动经济发展的模式，这种模式的优点是可以快速推进城市化和基础设施建设。"不能脱离政府谈论经济"是理解中国经济的基本出发点。这种"混合经济"体系，不是主流经济学教科书中所说的政府和市场的简单分工模式（即政府负责提供公共物品、市场主导其他资源配置），也不是简单的"政府搭台企业唱戏"模式，而是政府及其各类附属机构（国企、事业单位、大银行等）深度参与大多数生产和分配环节的模式。在中国，想脱离政府去了解经济，是不可能的。同样，脱离经济去谈服务型政府建设也是不符合客观现实的。毋庸讳言，中国早期服务型政府建设主要是服务于经济发展的。

一、地方服务型政府建设的局部开展

中国的许多重要改革都是由地方政府发起、推动或直接参与的，比如农村改革、经济特区、给私营企业戴"红帽子"、乡镇企业异军突起、土地有偿使用、国企改制等，其中一些改革尝试在早期与中央政策相抵触，遇到中央层面的阻力，但因为地方政府的大胆坚持和巧妙周旋才被认可，最后作为成功的改革经验在全国范围内推广。地方政府不止提供公共服务，也深度参与生产和分配①。现实世界没有黑白分明的"市场"和"政府"的分界，只有利益关系环环相扣的各种组合。我国经济改革的起点是计划经济，政府掌握着大量资源（土地、金融、国企

---

① 兰小欢：《置身事内：中国政府与经济发展》，上海：上海人民出版社，2021 年，第 44 页。

等），不可避免会介入实业投资。由于实业投资的连续性、复杂性和不可逆性，政府的介入必然也是深度的，与企业关系复杂而密切，不容易退出。

再穷的国家也有土地，土地本身并不值钱，值钱的是土地之上的经济活动。土地若只能用来种小麦，创造的价值便有限，可若能吸引工商企业和人才，价值想象的空间就会被打开，笨重的土地就会展现出无与伦比的优势。土地资本化是经济发展的奥秘之一，土地正是把有形资产转变成抽象资本，从而聚合跨越空间和时间的资源。提供地方性公共产品的地方政府在经济增长、财政资源和吸引外资方面的竞争会引发基础设施、行政服务、宜居环境等多方面的激烈竞争。

在二战后的经济发展早期，市场不完善甚至缺失，政府能力于是成了市场能力的补充或替代。经济落后的国家之所以落后，正是因为它缺乏先进国家完善的市场和高效的资源配置方式。这些本就是经济发展所需要达到的目标，而很难说是经济发展的前提。对落后国家而言，经济发展的关键在于能否在市场机制不完善的情况下找到其他可行的动员和调配资源的方式推动经济增长，在增长过程中获得更多资源和时间去建设和完善市场经济。比如说，发达国家有完善的资本市场和法律体系，可以把民间积累的大量财富引导到相对可靠的企业家手中，创造出更多财富。而在改革开放之初，我国资本市场和法律体系远远谈不上健全，民间财富也极为有限，社会风气也不信任甚至鄙视民营企业和个体户。这些条件都限制了当时推动经济发展的可行方式。

改革开放后，政府改革的内容以权力下放为重点，主要体现在扩大国有企业的自主权，农业的放权让利，以及实行中央与省、自治区两级财政新体制等领域[①]。伴随着关于政府观念的转变及服务型政府相关议题的探讨，具有服务型政府建设性质的实践相继出现。我国很多地方政府为了更好地为外商投资、企业和社会服务，在实践中提出了加强政府服务的要求，建立了"外商投资服务中心""政府办事大厅"等"一站式"服务机构，这可以说是最早的服务型政府建设行动。

北京市外商投资企业服务中心成立于 1988 年，是经北京市政府批

---

① 高小平、王立平：《服务型政府导论》，北京：人民出版社，2009 年，第 16 页。

准成立的、为北京境内外投资提供全方位专业服务的机构。上海市外商投资服务中心，是上海市人民政府为改善上海市的投资环境、方便境外投资人、促进对外开放、促进浦东开发于 1991 年 10 月组建的综合性服务机构，直接接受上海市外国投资工作委员会的领导。福建省外商投资服务中心也成立于 1991 年，是福建省人民政府为改善投资环境、促进外商去福建投资而设立的省级投资促进、投资服务专业机构。武汉外商投资服务中心经武汉市人民政府批准于 1992 年 8 月成立，隶属武汉市对外经济贸易委员会，其主要职能是为中外投资者提供各类综合性服务，包括投资咨询、项目代理、组织展销、举办培训班等。

考察这些早期的外商投资服务中心会发现，它们一般都具有丰富的社会资源和服务经验，汇聚了专业化的服务团队，通过向企业提供人事档案管理、人员招聘、人才引进、人才培训、外籍人士来华就业和居留服务，以及外资企业党/团组织建设、企业工会等多方面的专业服务，满足了企业在人力资源外包服务、人才派遣、企业注册设立等各个方面的服务需求，为各地方的外商投资企业、内资企业等投资者提供专业、细致、周到、全程的服务。这些外商投资服务中心都是地方政府批准设立的，属于政府部门，行政级别比较高，服务中心人员身份多为政府公务员。不同于其他经济管理部门，外商投资服务中心的核心理念是为经济、企业提供服务，而非管理。

二、地方政府服务型政府建设的持续扩展

从 20 世纪 90 年代中期到党的十六大召开是我国服务型政府建设的起步阶段，关于服务型政府的知识生产更多的是程序性知识和策略性知识。贯穿于服务型政府建设的主线就是对政府职能的重新认知，即政府从"管制"向"服务"的转变。与这一阶段前期服务型政府建设主要是在经济领域向外商和企业开展的单项的局部服务不同，这一阶段后期，在前期试点成功的基础上，政府机构的服务功能开始大大增强，由单项服务向全面服务扩展，并且找到了行政审批制度改革这个突破口。尤其是 2003 年《中华人民共和国行政许可法》的颁布实施，使得政府的改革创新有了高位阶部门法的支持，各地方政府纷纷开展管理创新和

服务创新，服务型政府建设在各地方政府的创新浪潮中被推向新的发展阶段。"行政审批服务中心""综合行政服务中心"纷纷建立，政府服务意识不断增强，服务方式有所创新，服务领域得到扩大①。服务型政府在各级政府以政府工作报告为主的政治话语中得到体制性认可。

（一）省、直辖市服务型政府建设行动起步较早

在省、直辖市这一级，上海市、北京市等不仅比较早地提出建设服务型政府，而且旗帜鲜明地把建设服务型政府作为政府工作的目标。之后，依据各自对服务型政府的理解，选择不同的建设重点，从不同的领域切入建设服务型政府。

上海市于 2001 年提出建立服务型政府的目标。上海在全国省和直辖市的经济发展中属于佼佼者，因此，其服务型政府建设重点放在了为企业、经济发展提供更好的服务上。上海市把建设服务型政府的努力方向定位为"高效、精干"，要求广大政府工作人员"树立管理就是服务的思想"。各区或通过加强效能检查工作，或通过网上办事等进一步提高政府办事效率，转变政府职能。与上海的经济中心地位有关，上海市服务型政府建设的工作重心放在了为中外各类企业提供良好的政府服务和安全维护的社会经济环境上。

在行政发包体制之下，国有企业不是一个纯粹的生产经营单位，而是承担了大量的政府职能，如创造就业机会、提供医疗服务和社会保障等。1978 年以后，我国开始从计划经济体制转向社会主义市场经济体制。在城市，单位的生产与生活功能开始分离，单位服务对于集体成员的保护作用发生了结构性变化，在此背景下，我国的社区服务全面兴起。上海市把政府服务重点放在亲民、便民的社区服务上，形成了独具特色的社区服务超市和社区"一门式"服务。

北京因其为全国政治中心，在服务型政府的建设上更多地关注政府信息公开和廉洁政府的建设。北京市政府把服务型政府建设作为自己的工作目标是在 2003 年召开的第十届全国人民代表大会第一次会议上，时任北京市委书记刘淇表示，使人民生活更幸福是政府工作的唯一标

①　高小平、王立平：《服务型政府导论》，北京：人民出版社，2009 年，绪论第 5 页。

准。为此，必须建设一个服务型政府。要把转变政府职能作为核心工作，坚决改革行政审批制度。同时，还要在信息公开、高效和廉洁等方面下功夫，要接受更广泛的监督，包括人大政协监督、舆论监督和群众监督。服务型政府应是更加透明、公开的政府，要利用现代电子政务技术来提高效率①。

（二）省辖市服务型政府建设行动灵活多样

相较于省、直辖市的大体量，省辖市的体量较小，更易感知环境的变化，在政府服务方式上更具创新性，开展服务型政府建设行动更具灵活多样性。

早在 2000 年，为适应即将加入 WTO 后的挑战，时任南京市主要领导就明确指示要把加入 WTO 与政府规则调整作为全市当年的重点课题进行专题研究。2001 年年初，南京市政府工作报告中提出"转变政府职能，建设服务型政府"的目标。在此基础上，南京市政府在 2002 年度的政府工作报告中第一次正式提出打造服务型政府的目标，将"切实加强服务型政府建设，主动适应加入 WTO 新形势"作为全市四大重点工作的首要任务来抓。2003 年，南京市政府颁布了《南京市政府关于推进服务型政府建设的实施意见》，提出了"一年构建框架，三年初步完成，五年形成规范"的总体安排，并确定了服务型政府建设的主要任务和具体措施。这一措施对于改进政府机关工作作风、打造南京市良好的软环境、提高城市竞争力具有极大的促进作用②。

成都市则把服务型政府建设目标设定为建设"规范化服务型政府"。为此，成都市政府在 2001 年年底正式委托四川大学课题组为其设计总体方案。在调研的基础上，2002 年 8 月成都市政府确定在市工商局、公安局和市政公用局开展试点、探索经验。之后，成都市在试点的基础上又于同年 10 月出台了《关于全面推进规范化服务型政府建设工作的意见》及八个配套文件，至此，成都市政府全面铺开规范化服务型

---

① 薛晖：《北京审议政府工作报告刘淇称建设服务型政府》，《北京晨报》2003 年 3 月 6 日。

② 高小平、王立平：《服务型政府导论》，北京：人民出版社，2009 年，第 28-29 页。

政府建设工作。根据四川新闻网 2003 年 11 月的报道，"成都是在全国范围内最早提出规范化服务型政府的城市"。另外，成都市还积极探索，把改进公共决策机制、优化政府服务流程及通过制定系统化的政府服务标准来提高服务品质作为改革的重点和切入点，用制度的形式对政府服务的内容予以明确①。与其他城市不同，成都市服务型政府建设方案的形成与实施一直贯穿着政府与学术界的积极互动，政学界互相听取意见，存在较为明显的理性知识与实践知识的相互构建、彼此补充和积极扩散。

广州市把服务型政府建设的重点放在了推进依法行政上。广州市在建立办事高效、运转协调、行为规范、公正透明的行政管理体制方面做了积极探索，进一步促进了依法行政。广州市政府一方面深化政府机构改革和行政审批制度改革，合理配置行政权力；另一方面大力推进政务公开，打造阳光政府。2003 年 1 月，广州市实施《政府信息公开规定》，这是我国地方政府制定的第一部全面、系统规范政府信息公开行为的政府规章，明确提出政府信息原则上都要公开。另外，广州市政府还扩大立法的公众参与度，提高行政机关工作人员依法行政的自觉性，规范行政机关及其公务员的行政行为，完善依法行政的财政保障机制等②。值得一提的是，广州还在这一时期开始探索使城市管理实现法治化、规范化的综合管理新体制，这为广州市政府提供更好的城市服务奠定了规范化的基础。

大连市的服务型政府建设实践一方面是推动行政审批制度改革取得实质性成效，大连行政审批服务中心对外办公；另一方面是大力进行机构改革，对政府工作部门、内设机构和行政编制等进行精简。

珠海市将"万人评政府"活动作为建设公共服务型政府的突破口，突出抓好窗口服务和现场服务。珠海市于 1999 年推出了"万人评政府"活动，自此每年由测评团向社会发放万份测评问卷，把对政绩的评判权

---

① 高小平、王立平：《服务型政府导论》，北京：人民出版社，2009 年，第 27 页。

② 陈锦德：《广州市推进依法行政建设服务型政府》，《中国行政管理》2004 年第 11 期。

交回老百姓手中。

相较于省、直辖市较为宏观、笼统的服务型政府建设目标和方案，省辖市这一级的服务型政府建设目标较为明确，措施也较为具体，往往结合当地政府其时改革情境设定服务型政府建设的主要努力方向，尝试各自的服务型政府建设突破口和着力点。服务型政府建设实践同样也扩散到了县级政府。

（三）县级服务型政府建设行动特色鲜明

服务型政府在各级政府的建设实践中，通过"干中学"的方式得到层层扩散。在各级地方政府建设服务型政府的行动中，县级服务型政府的建设格外重要。县级政府作为我国的基层治理单位，是中央政府与基层政府的交通点。县级政府虽然在单个体量上远远小于省、市级政府，但在总体数量上却极具规模。县级政府既不像省、市级政府那般距离民众生活较远，又不像乡镇政府那样仅具备有限的政府职能，它是具备完整政府职能的基层政府。县级政府服务型政府建设的成与败、好与坏直接关系着万千百姓所获得的政府服务和生活福祉。

与其他县级政府或复制省、市级政府建设服务型政府的路径，或直接执行省、市级政府对建设服务型政府的政策建议不同，县级政府建设服务型政府的行动多是特色鲜明的。例如，浙江台州温岭以公民参与为突破口建设县级服务型政府的路径选择就颇具特色。温岭市是浙江省的一个县级市，隶属台州市，毗邻温州市，凭借"民主恳谈"荣获"中国地方政府创新奖"的优胜奖。温岭市主要是通过民主恳谈的方式促进县级服务型政府建设的。温岭市的民主恳谈会雏形是温岭市于 1999 年开展的农业农村现代化教育。2004 年，温岭市出台了《关于"民主恳谈"的若干规定》。2005 年之后，民主恳谈会发展到"参与式预算"改革，温岭市成功地将民主恳谈会制度与人大制度相对接①。

总体看来，这一阶段的服务型政府建设最突出的方面是解决政府管制过多、服务不足的问题，而管制过多主要表现在行政审批方面。行政审批过多、审批条件不公开、程序不透明、程序烦琐和效率低下是我国

---

① 吴玉宗、古洪能、张鹏：《沿海经济发达地区县级服务型政府建设研究》，长春：吉林大学出版社，2014 年，第 94-95 页。

当年久治不愈的顽症。办个审批，跑几十个政府部门，盖几十个甚至上百个不同部门的章，花几个月、一年甚至更长时间，很多公民或企业都对此有切身的感受。服务型政府建设目标的提出，要求政府减少管制，转向更多地提供服务，审批制度改革是重要的方面，它与机构设置和职能转变紧密相连。这一阶段的服务型政府建设实践，各地政府都把重点放在转变政府职能上。

此外，政府在社会管理和公共服务方面职能的弱化或不足，也凸显出各级政府机构服务不足的问题。我国政府从本质上来说是为社会和公民服务的，但在达到服务的途径和方法的选择上，各级政府机构一直存在着"以管理代替服务，以'替民做主'代替'人民做主'"的问题。如果说新中国成立初期是一种临时性的选择，那么后来就变成了规则，管理成为理所当然，这也是提出服务型政府转变职能和管理方式的主要动因。政府职能的收缩为政府机构的改革和重组提供了条件。在转变政府职能的基础上，各地政府都增加了一些有利于为百姓服务的便民办事机构，政府的服务功能开始凸显出来。服务型政府建设最有代表性的是各地纷纷建立起了集中办理行政审批事项的政务大厅或行政服务中心。

"政务超市""行政服务中心""一站式服务""联合办公""套餐式服务"及"统一窗口"服务等新的政府服务方式不断涌现。从最基层的街道（社区）的政务超市、行政服务中心到区县政务中心，再到市政府职能部门的政务大厅、市政府的网上政务大厅等层面的面对面和不见面的线下、线上网上政府服务框架体系得以搭建。各地政务中心的设立既方便了群众，又提高了政府为老百姓办事的效率。特别是政务超市的建立，让老百姓不用在各个政府机构间奔跑劳累，也减少了政府部门中"踢皮球"的官僚主义作风。这样，政府职能也开始向为公民提供服务转化了。

虽然这一阶段对行政审批制度进行了改革，各级政府都建立了政府服务大厅、审批大厅等政府公开化机构，简化了审批项目、环节和程序，但行政审批上存在的问题依然不能忽视。更为重要的是，此阶段的服务型政府建设扩散还多停留在地方政府层面，这种通过"干中学"的服务型政府建设广度和深度都还不够。对于中国这样一个民主集中制的国家来说，地方政府建设服务型政府的路径创新若无来自党中央和中央政府的肯定与支持，若无中央对服务型政府建设重要性宣示，无论关于服务型政府的建设经验还是理性知识都难得到更深、更长久的推广。中国政府改革何去何从，服务型政府建设路向何方，最终取决于中央对于中国政府改革和服务型政府的认知。也就是说，服务型政府理念必须由学界和地方政府层面向中央扩散，服务型政府建设才有可能得到全面开展。

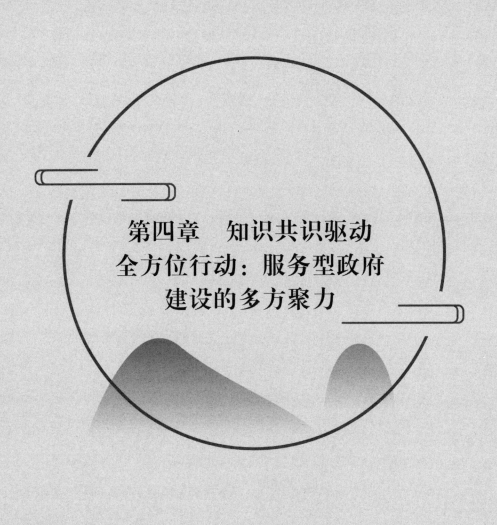

第四章　知识共识驱动
全方位行动：服务型政府
建设的多方聚力

第一节　服务型政府的话语论争

　　学者们在以知识批判、知识猜想、知识综合等方式对服务型政府知识增长做出贡献的同时，也在努力推动理性知识向实践领域扩散，以期将学术知识转化为建设行动。知识的本质是动态的，它的形成是一个认知的过程。认知的改变与更新又会带来新的知识生产与扩散。服务型政府知识扩散持续进行的根本动力在于服务型政府知识的动态生长。关于服务型政府的理性知识的生长尤为显著，参与服务型政府研究的学者之广、机构之多、探讨之深，这在中国关于政府议题的研究上都是不多见的。

　　任何现有的规则模式都存在缺点，不同的人对这些缺点的看法不同，因为他们的观点是通过对经验的解释构建的，而非从经验所得。当人们对治理缺点的看法和他们的既有信念相冲突时，随之而来的困境促使他们重新思考信念和形成这些信念的传统。人们在多样化的传统中是社会化的，因此就会产生关于缺点本身及应对方法上的政治较量。竞争者的存在促进其理论和政策的进步，这种竞争带来治理的改革。因此，任何改革都可以被理解成行为中的意义相互竞争的偶然结果。

　　新的规则模式会暴露出新缺点，带来新困境，并成为更具竞争性的主题以待进行改革①。分类是现象研究的一种方法论设计，包括对事务、事件等的"性质"和"实质"进行所有整体性判断的深思熟虑的努力。中国学术界对服务型政府重重叠叠的言说实践，伴随着知识的集中化，慢慢形成了三种典型的对服务型政府的不同认知，这些认知既是由所形成的服务型政府知识来确定的，又继续建构着服务型政府的知识，部分向实践领域扩散，转化为实践知识，引导着当代中国服务型政府建设。

---

　　① 王浦劬、臧雷振：《治理理论与实践：经典议题研究新解》，北京：中央编译出版社，2017 年，第 29 页。

一、社会治理转型时代的服务型政府

人们编造出来界定他们自身及其命运的故事脆弱不堪，当它们破裂时，需要讲述新的叙事（或故事）以寻找重返生活的意义①。在服务型政府研究大军中有一派跳出地方性叙事，把视线从中国转向全球，他们认为，大致从 20 世纪 80 年代开始，人类社会开启了全球化、后工业化的进程，这时的中国正在进行改革开放，希望实现工业化和现代化，但全球化把后工业化的问题带给了中国。社会转型要求相应的社会治理模式的转变，社会治理转型首先要考虑的则是作为社会治理最重要的主体——政府的转型。人们希望抓住这个历史机遇，在政府模式上进行前瞻式设计，进而由这个新型的政府带领中国实现"弯道超车"。这一派认为，服务型政府不是一种既有的政府形态，而是一种发展方向。

（一）人类社会正迈入后工业化进程

进入 20 世纪后半叶时，人们渐渐发现，人与人、人与物、人与信息的连接方式、协作方式都已悄然发生了质的改变，人们开始慢慢意识到，人类已经在迎接一个新的时代、新的社会形态的到来。相较于工业社会，人们把这个新的社会形态命名为后工业社会。工业社会的理论是以进化论、细胞学说、能量守恒与转换定律这三大自然科学理论为前提的，而后工业社会奠基于克隆技术、纳米技术和网络技术。这些技术深刻地改变了人类社会，进而也对人类社会已有的治理方式提出了挑战。

1. 克隆技术、纳米技术、网络技术：创造的技术

农业社会的技术是对自然界的直接利用，最高境界为"顺应自然"。一切都是自然孕育，顺乎自然，很少有人为的做作，中国人称之为"人性"。人性就是大自然赋予人类特有的共性。当然，这里面有特殊的差异性，叫作个别差异。社会的治理主要表现为实践天道。实践天道是有层次的：最下层，履行法定的义务，即要合法；更高层次的要求

---

① ［美］杰·D. 怀特：《公共行政研究的叙事基础》，胡辉华译，北京：中央编译出版社，2011 年，第 138 页。

是合乎情理，一切人伦日用如礼仪、礼器都是精神合理的表现，跟法律无关。工业社会的理论是以进化论、细胞学说、能量守恒与转换定律这三大自然科学理论为前提的。进化论强调"物竞天择"，工业社会亦是"适者生存"。细胞学说揭露了万事万物的本源是同一的，即都由细胞组成。细胞学说的意义就在于发现了同一性，而工业社会就是要追求同一性，因为只有找到同一性方可对人类事务进行抽象，然后用法律规范进行治理。如每个人的贫困不同，但反贫困是同一的。可以说，工业社会的治理是建立在同一性基础上的。

克隆技术、纳米技术、网络技术则是后工业社会诞生的标志。克隆技术不同于农业社会的自然生育技术和工业社会的试管婴儿技术（模仿的技术），其是创造的技术。纳米技术可以实现自由地组合原子团，即可以改变原子的排列方式，或者说改变物质的存在形态，这一切将会使得现在的许多生存方式不再有意义。网络技术意味着一个新的世界的诞生，即虚拟界。在这之前人类经历的是自然界和社会界，社会界又是从自然界产生的。自然界与社会界都是自然产生的，而虚拟界则是人创造的。网络改造了世界，也改造了人、人的行为方式及交往方式。网络技术是信息技术的一种，能量守恒但信息不守恒。例如，一个苹果给他人吃了，自己就没得吃，但一条信息发送给了他人，自己依然知悉。互联网是网络社会的元点，使得人在自然界、社会界、虚拟界中穿行。克隆技术、纳米技术、网络技术无法纳入工业社会的解释范畴，其属性都属于创造性的而非模仿性的。人类面临着一个崭新的时代。

2. 后工业化：走向后工业社会的进程

后工业化是指人类走向后工业社会的进程，而后工业化有着符号化、虚拟化、网络化、信息化、个性化、多元化、去中心化等特征。

新世界的开端不再是外部的引领，而是由前现代到现代。农耕社会的方法论为主体、客体二元对立，工业社会中简单的主体与简单的客体是不存在的，需从主体出发。夷平性使得主体获得某种程度的自由，人的存在空间被打开，打破了地域性，使得人对生活方式的选择有了更多的可能性。后工业化使得社会呈现出高度复杂性和高度不确定性的特征，这使得人类面临越来越多的社会问题，而且，这些社会问题往往具有新的性质和特征，既有的社会治理模式难以适应这种社会现实①。

原始图腾是理念符号，货币亦是符号，是商品价值的符号，是一般等价物，黑格尔称之为"中介"。货币是实物的符号，股票是货币的符号，是货币的再度符号化。符号化、再度符号化意味着人类进入一个全新的社会形态，工业社会时人对物的依赖转为人对符号的依赖。按照马克思的理论，价值量由生产商品的劳动量决定，价值决定价格，价格随供需而上下波动，但"炫耀型消费"超出了经济学分析的范畴。符号有自己的价值，价值不适用于衡量符号，符号正在体系化，不需要其他中介，超出了物质世界。虚拟现象在 20 世纪后期表现出来，自然界受规律支配，社会受法律规范，决定社会生活的是规范，法律是规范中的重要形式，现在需要考虑虚拟社会产生后如何进行治理的问题。

马克思接受了劳动价值论，后又发现剩余价值论。大卫·李嘉图认为，工人用"劳动"与资本家进行交换，但交换是"等价交换"，遇到逻辑问题。马克思发现资本家购买的只是"劳动力"，"劳动力"是可变资本，他揭示了剥削的秘密，即工作是把自己的一部分能力出卖给资本家。人的碎片化导致整个社会的碎片化，碎片化是 20 世纪后期思想家提出的，工业社会使完整的人解体了，无身份了，人开始以角色出现，人不断变换角色，每一个角色都不是完整的人。社会是同一化、标准化的，因此工业社会的治理表现为广泛的理性化。个性化呈现的是人碎片化后重新熔铸向完整的人回归，而个性化代表一个新时代的到来，是后工业社会的一个标志，如营销个性化、服务个性化，几乎一切领域都存在个性化趋势、个性化追求。个性化使完整的人重新出现，是解决碎片化的根本途径。每一个人的个性化即社会的多元化，多元化意味着差异的并存，这对社会的治理提出了挑战。农业社会是立体社会，等级金字塔社会，按照等级进行治理。近代社会在自由、平等观念下建立了一个平面社会，但人们在不同的位置，有的人处在中心，有的人处在边缘，中心和边缘之间存在势差。个性化、多元化是对中心—边缘结构的解构。

---

① 杨雪冬：《风险社会与秩序重建》，北京：社会科学文献出版社，2006 年，第 30 页。

网络化也是后工业化的一个特征，不只是技术网络，还有社会网络，与全球化相连，当全球变成一个网络时，需要在全球网络上看问题，不能孤立来看。信息出现在资源库中，信息化改变了人的生活与观念，信息化促进了人与物的流动性及社会的开放性。后工业化的另外一个现象是全球化，首先是经济全球化，全球化还是一个政治学问题、社会学问题。在后工业化、全球化过程中，要有观念的转变，即一切为了流动性——人的流动、物的流动、资金的流动，需要重新审视全球化中主权的问题，因为主权就意味着边界的封闭。

社会问题的增多及风险社会的来临，使得整个社会需要更多的社会治理力量加以应对。然而，政府如果为了增强自身的力量而不断扩大其规模，不仅会面临巨大的财政压力和出现内部管理问题，而且容易导致对社会的过度干预。而如果政府缺乏足够的力量进行社会治理，又会使社会问题无法得到充分解决，从而使政府自身的合法性受到威胁。因而，全球化、后工业化使得以政府为单一主体的治理模式陷入了困境。国家、市场抑或公民社会，都无法单独承担风险社会和全球化所带来的全方位的治理危机，因为它们本身也是麻烦及风险的制造者。而且，复杂性和不确定性也以社会构成的多元化的形式表现了出来，多元化对单一的公共产品的提供提出了挑战。在这种条件下，各国的社会治理都面临着较大的挑战。

（二）适应后工业社会的服务型政府

网络技术在传统社会中的嵌入和扩展，以及后现代哲学文化思潮强大的解构效应，使得人类走向后工业社会的迹象日益显著。对于政府而言，风险社会行政生态的存在使其陷入困境，而回应力的非均衡加剧了社会的危机。要摆脱回应性能力困境，应该重新审视官僚制的民主改革途径的局限性，看到单一中心治理结构下回应性只是政府的一个有限的作为空间①。

后工业文明的公共管理与之前的不同，对于后工业文明时期的管理主体来说，更为重要的是如何发挥主观能动性从而有效地进行服务。从

---

① 孔繁斌：《公共性的再生产：多中心治理的合作机制建构》，南京：江苏人民出版社，2012年，第59页。

人类社会治理的一般发展过程来看，如果说农耕时代社会治理的形式是统治型行政的话，那么工业时代到来后，社会治理就越来越倾向于采取管理型行政的形式。现在人类已经开始步入后工业社会的关口，今后人类社会治理的形式还要进一步转变为合作式的服务型行政①。

社会中出现了越来越多的非政府组织等社会自治力量，从而在一定程度上缓解了社会治理的压力。不过，就目前来看，许多人都把这些新出现的社会力量与传统社团相混淆，以至于总是去寻找控制它们的途径。实际上，在社会较为简单和确定时，控制往往是有效的，控制导向的社会治理也能够起到积极的作用。但是，一旦社会具有了高度复杂性和高度不确定性，控制不仅会失去效果，而且往往是有害的。所以，在后工业化的背景下，不能对这些社会自治力量做出过多的控制，而且对社会的控制从某种程度上说也会显得困难。更为重要的是，非政府组织等社会自治力量是不能同传统社团相混淆的。再比如市民社会的出现，市民社会是作为一种新的社会治理主体出现的，或者说，市民社会的出现意味着社会治理主体的多元化。因而，国家不应对市民社会进行控制，而是应当与之合作。

人类社会正在迈向后工业社会，同时中国既承担着工业化和现代化的任务，又面临着后工业化的问题，中国社会的转型为由农业社会、工业社会向后工业社会的混合转型，服务型政府模式不是具体的、个别的政府职能的重新定位，而是政府的根本性改变②。持此种理论的学者不同意"公共服务型政府"的提法，认为这样可能会对实践造成误导。他们观察到，发达资本主义国家之所以公共服务状况远优于其他国家，既有历史原因，也有世界结构的原因。基于世界的中心—边缘结构，发达国家处于世界的中心地带，因而可以使全世界的财富流向这些中心地带，并把危机不断地向边缘地带转移。像中国这样的后发展国家根本不具备这种优势，况且资本主义发达国家的公共服务改善也遭遇了不可突破的"天花板"，福利国家遭遇的财政赤字等问题越来越严重就是一例。

---

① 张康之：《论行政发展的历史脉络》，《四川大学学报（哲学社会科学版）》2006 年第 2 期。

② 张康之：《限制政府规模的理念》，《行政论坛》2000 年第 4 期。

在人类社会有效、合理和文明的运转体系中，随着历史—社会形态总体性的变迁，需要从政府功能实现的价值和途径方面而不是合法性方面进一步思考政府理论发展问题①。从政府哲学演化来看，服务型政府是实现公共性和合法性统一的政府治理模式，从割裂到统一，体现了社会治理内在规律的运动轨迹，也从理论上表明后工业社会时代社会治理的实践对政府的知识论基础给予了根基性的修正。如果对社会治理做出历史叙事，那么这一叙事无疑是对"公共性"的一份想象②。

基于人类社会从农业社会到工业社会再到后工业社会历史转型的宏大背景，张康之等借助历史逻辑主义方法，从"统治行政—管理行政—服务行政"的发展逻辑中发现了建设服务型政府的历史课题。因为中国是一个社会主义国家，中国共产党始终如一地坚持和倡导"为人民服务"的宗旨，行政人员是人民的"公仆"，因此服务型政府就其性质而言是"服务"，而不是"管制"。

（三）宏大叙事知识扩散并不容易

张康之一派基于"社会治理三部曲"总体框架下的服务型政府观，在对管理型政府进行知识批判的基础上，着眼于人类正迈向后工业社会的事实，对适应后工业社会的政府模式进行了大胆的知识猜想，理论视野宽广，理论目标宏大高远，其具有一种"开端启新"的知识美学光环，理论魅力独特。在政府应该遵循的众多价值中，此派把服务价值推向了前所未有的高度，认为服务价值应该居于主导地位，其他价值虽然重要，但是应该居于从属地位。他们强调，服务不再是宣传口号，而是需要政府切切实实遵循并落实的价值。在中国学术界苦苦探寻新的政府知识之际，此派基于其"开端启新"的知识抱负，对新的政府类型进行了大胆的知识猜想，其主张在我国学术界得到了广泛的扩散，产生了较大的知识影响。

但也正因其"开端启新"的知识抱负，面向后工业社会的政府模

---

① 孔繁斌：《公共性的再生产：多中心治理的合作机制建构》，南京：江苏人民出版社，2012年，第227页。

② 孔繁斌：《公共性的再生产：多中心治理的合作机制建构》，南京：江苏人民出版社，2012年，第231页。

式的知识创新，可以说是一场翻天覆地的政府革命。这一派也看到了服务型政府建设是一个长期且艰巨的系统工程，不同于渐进主义改革的思路，对自身理论知识创新的要求较高。在处理变化时，渐进主义设计者认为，让变化过于迅速是不明智的，因为快速变化带来的结果很大程度上可能被证明是出乎意料的。所以，短期的变化和问题解决被认为是人们期望的，而长期的变化却被认为是无益的甚至是相当危险的。基于上述原因，此派学术话语向政治话语的扩散并不理想。到目前为止，此派还多停留在知识猜想阶段，给出的具体且可行的实践方案也较少，向实践扩散不明显。摆在此派面前的重要课题可能是如何推进宏大的理论、原则性的构想向实践方案转化，以及如何将对服务型政府的知识想象转化为建设服务型政府的切实可行的方案或路径。

二、经济全球化背景下的服务型政府

与面向后工业社会希望建构宏大的服务型政府叙事知识不同，有一部分学者把服务型政府的知识生产起点锚定于经济全球化浪潮和中国加入世界贸易组织（WTO）的推动，以刘熙瑞教授为代表。

（一）加入 WTO 对中国政府的挑战

始自 20 世纪 70 年代末的改革开放，使中国的经济得到了很大的发展，但是由于经济全球化浪潮，贸易、投资、金融、生产等活动全球化，即生产要素在全球范围内寻求最佳配置的趋势，把中国经济裹挟其中，使中国经济对海外市场形成了较大的依赖。如果不拓宽国际市场，中国经济发展的空间将会非常狭窄，因此中国政府决定申请加入 WTO。市场经济的核心是各经济主体在法治原则下的公开、公平竞争。对于中国来说，就是要打破政府对经济社会的完全垄断，放松管制，让企业拥有经营自主权，让市场调节经济活动。在这种情况下，政府自然要率先发生变化，其最根本的变化就是顺应市场经济要求，在市场本位、社会本位的前提下，把管制理念转变为服务理念①。

---

① 刘熙瑞：《加入 WTO 与服务型政府建设》，《国家行政学院学报》2002 年第 1 期。

政府从干预经济的活动中抽身出来后，就会有更多的精力和时间投身到帮助企业进行法治建设、为企业提供公平的竞争环境等服务性事务中去。事实上，在中国正式加入 WTO 前，中国政府就开始了一系列先行动作。中国政府在 1999 年就开始大规模清理法律、法规，大规模削减行政审批事项。国务院多次召开精简行政审批的工作会议，布置了清理行政审批的具体工作，给各级政府提出了具体的目标和任务。中国政府就开始了从管制向提供公平、规范的管理和服务的转变。没有加入 WTO 的契机，中国政府变革和创新的步子不会这么大，也不会这么快，服务型政府的建设也不会成为各级政府的热门课题①。

（二）法治框架下的服务型政府

不同于社会治理转型下从马克思主义原典和老一辈领导人治国理政的思想中寻找服务型政府的核心理念服务型政府观，在经济全球化背景下思考服务型政府建设则把观察的坐标定位于中国被全球化裹挟。现代工业的规模经济效应很强，在国际市场上，由国界和政治因素造成的市场扭曲非常多，若资源不能流动和重组，市场竞争、优胜劣汰及比较优势等传统经济学推理的有效性都会受到挑战。若本国企业能以更低的成本生产（不一定非要有技术优势，能够拉低国际厂商的漫天要价也可以），政府就可以考虑扶持本国企业进入国际市场，这不仅能打破国际市场的扭曲和垄断，还可以降低国内下游产业的成本，促进其发展。

中国要加入 WTO，因此中国政府也必须去适应其规则，而其规则本身又是限制政府行为的。因此，支撑服务型政府这一全新模式的，是近现代产生和发展的诸多先进理论。这种服务型政府观也强调要超越统治型政府和管理型政府，最终是为了实现主权在民的理念。因此服务型政府的建构路径是遵从民意的要求，在法治的框架下，提供公正、优质、廉价、高效、方便的公共产品和服务，达到为民兴利、促进社会稳定发展的目的②。

---

① 吴玉宗：《服务型政府建设研究》，北京：经济日报出版社，2007 年，第56 页。

② 吴玉宗：《服务型政府建设研究》，北京：经济日报出版社，2007 年，第8 页。

（三）在政学两界的扩散

就扩散效果看，此派的观点契合了当时中国从计划经济向市场经济转型，人们迫切希望政府能迅速地从控制、干预、指导经济的角色，转为支持和方便生产性经济活动、提供足够的基础设施和社会管理资本、创造和维护一个竞争性的商业氛围、确保市场准入和公平性、保护劳工和消费者的利益，以及为公民提供卫生保健、安全和保险的角色的现实背景；也契合了理论界希望实现政治民主和经济自由的主流诉求。据中国知网学术文献网络出版库统计，刘熙瑞教授的论文《服务型政府——经济全球化背景下的中国政府改革的目标》被学界转引约 4 000 次，是关于服务型政府研究的论文中被引频次最高的，他这篇文章中关于服务型政府的定义被诸多学者直接采用或略加改动予以运用。此派观点之所以得到理论界热烈响应，主要是因为市场经济初建之时，自然的逻辑就是应当学习和借鉴市场经济成熟的西方工业社会治理模式中的"法治政府""责任政府""有限政府""民主政府"等。

在中国加入 WTO 前后，几乎所有的省级政府和较大的市级政府都邀请参加 WTO 谈判的专家和研究 WTO 的专家给自己的政府官员和企业家做应对加入 WTO 的专题报告。这些专家的思想和观点也深深地影响到地方政府的领导人。在经济发展的地方竞争和政绩竞争的推动下，各级领导进行政府管理的创新以迎接 WTO 时代的到来，地方政府也在创造条件以吸引投资和鼓励企业参与国际贸易活动。这个时期，地方政府虽然出台的实际措施还不多，更没有明确提出建设服务型政府的目标，但可以肯定的是，政府在 WTO 时代要为参加本地经济发展服务的思想已经萌生，如焦作市在 2000 年就提出了构建三级服务体系的措施。在理论知识的启发及地方政府间激烈竞争的压力下，各级地方政府已经开始一点点探索建设服务型政府的实践知识了。

这类观点在学术界讨论是热烈的，扩散效果也很明显，但向政治话语扩散效果不佳，停留在学术界和地方政府层面的服务型政府探索没能获得很高的知识势能。从知识扩散的角度来说，由于知识势能比较低，在当时，这些知识求取并没有得到广泛的扩散。虽然这类观点契合了中国由计划经济向市场经济转轨的时代背景，但其与基于社会治理转型下的服务型政府观一样，都强调服务型政府建设是一个从理念到制度的全面的、深刻的、系统的变革，而系统性变革往往牵涉既有利益格局突破困难、旧制度惯性作用等"解冻"难题，因此扩散难度较大。

三、公共需求变化下的公共服务型政府

在关于服务型政府的重重叠叠的言说中，还有一派既与面向后工业社会的服务型政府知识建构不同，也没有把服务型政府的知识生产起点锚定于经济全球化背景，而是认为应该把服务型政府作为对改革开放以后特别是20世纪90年代中后期以来形成的"发展型政府"或"经济建设型政府"的反思与超越，基于政府职能结构的视角，将服务型政府或公共服务型政府界定为履行公共服务职能或以履行公共服务职能为主的政府，这一派以迟福林教授和朱光磊教授为代表。

（一）社会矛盾的变化

这一派认为，我国经济发展水平还比较低，而且发展严重不平衡，存在着东西部差距、城乡差距等。我国仍是一个发展中大国，发展经济仍是政府的首要任务。在发展经济的过程中，我国既面临着资源与环境约束的突出矛盾，又面临着公共需求全面快速增长与公共服务不到位、公共产品严重短缺的突出矛盾，后一个突出矛盾主要表现在就业、公共医疗、义务教育、社会保障、公共安全等方面①。

2003年年初爆发的"非典"危机事件直接拷问了我国政府职能，即政府应该干什么。"非典"的爆发与应对表明了我国公共服务职能的缺位，公共卫生服务等公共产品的提供是政府服务的盲区。"非典"的爆发、环境和弱势群体问题的显性化，再加上全球化的压力，促使中国在21世纪初开始集中地考虑建设服务型政府的问题②。

（二）注重社会建设的公共服务型政府

朱光磊教授认为，政府"统治"职能、"管理"职能和"服务"职能之间并不矛盾，现代政府的管理本身就意味着一种服务，"服务"之

---

① 迟福林：《我国社会矛盾的变化与政府转型》，《人民论坛》2006年第2期。

② 朱光磊、于丹：《建设服务型政府是转变政府职能的新阶段——对中国政府转变职能过程的回顾与展望》，《政治学研究》2008年第6期。

中有"管理"。其明确地从政府具体职能结构角度来界定服务型政府①，强调在建设服务型政府的过程中，不同于西方的"小政府、大社会"理论或福利国家模式，中国政府应该选择"强政府、大社会"的职责模式②。赵晖教授认为，关照民生乃现代政府的治国理念，"现代公共行政须突出和强化政府的社会管理和公共服务，把关注民生、重视民生、保障民生作为政府的基本职能"③。当前，以改善民生为重点的社会建设包括优先发展教育、实施扩大就业的发展战略、深化收入分配制度改革、加快建立覆盖城乡居民的社会保障体系、建立基本医疗卫生制度及完善社会管理等任务④。

在当今民主行政实践中，提供公共服务无疑是公共治理活动的"终端"。可以说，公共治理从来没有像今天这样陷入一浪高过一浪的对公共服务的舆论包围中。不仅西方发达社会政府专门为公共部门的服务立法（如英国的《公民宪章》和美国的《国家绩效法》）以回应公众呼声，中国在地方治理实践中也采取了"万人评议""行政服务中心"等制度措施，满足社会及不同公民群体对公共服务的获取⑤。

（三）策略性知识获得较高知识势能

2003年6月，中国（海南）改革发展研究院就向社会和中央提出了"从经济建设型政府转向公共服务型政府"的建议，该院又先后在北京、海口召开了座谈会和国际研讨会，在此基础上提出了《加快建设公共服务型政府的若干建议（24条）》。迟福林撰文总结了政府要提供的三种基本性质的公共服务：经济性公共服务、社会性公共产品和公共

---

① 朱光磊、孙涛：《"规制——服务型"地方政府：定位、内涵与建设》，《中国人民大学学报》2005年第1期。

② 朱光磊、于丹：《建设服务型政府是转变政府职能的新阶段——对中国政府转变职能过程的回顾与展望》，《政治学研究》2008年第6期。

③ 赵晖：《公共行政转型：破解民生难题的路径解析》，《江海学刊》2010年第3期。

④ 郁建兴、石德金：《超越发展型国家与中国的国家转型》，《学术月刊》2008年第4期。

⑤ 孔繁斌：《公共性的再生产：多中心治理的合作机制建构》，南京：江苏人民出版社，2012年，第86页。

服务、制度性公共服务①。由于其有关公共服务型政府的主要观点就是以为政府工作提供政策建议的方式阐发的，所以这些观点向中国最高决策层的扩散明显，获得了较高的知识势能，引起了中国政治决策层和民众的广泛关注，在学界也产生了较强的知识影响力。许多专家学者纷纷发表文章，呼吁建设服务型政府。

这一派的服务型政府观与基于政府价值理念的服务型政府知识建构的不同之处在于，该派对转型期我国政府职能结构及其具体内容给予了更加具体明确的分析和阐述，既有陈述性知识的特征，更有策略性知识的性质，具有实践可操作性，尤其是契合了官方关于政府职能在于"经济调节、市场监管、社会管理和公共服务"的界定，着力点放在了政府"做什么"上，是一种温和的、不触及根本性政治问题的、渐进的政府改革方案，在政府决策和行政实践层面产生了比较广泛的话语影响。事实上，21 世纪初，特别是在 2003 年"非典"疫情之后，政府更加重视社会管理和公共服务，尤其是在关注和保障民生方面做了大量的工作。

当然，此种观点也受到了质疑，质疑者认为其只强调政府职能重点的调整，避而不谈政府与公民的基本关系，只讨论"做什么"而不明确政府对公民的服务关系，不能从根本上解决问题②，最终的结果只能是"头痛医头、脚痛医脚"，虽暂时缓解了症状，但未从根本上解决病灶，不能系统、全面、彻底地解决问题。

胡塞尔呼吁"回到事情本身"。但是对于"事情本身"，因为人们观察的角度不同，得到的认知也不同。每个科学研究领域都对其研究的复杂现实进行了一些简单化的假设，并形成研究范式来指导该领域的研究。但科学家们往往意识不到这些自己所遵循的假设的存在，即便这些假设对现实的影响很大，如研究什么、忽视什么、用何种方法等。所以一旦一个科学家采用了某种范式，就不可避免地会产生一些研究的盲点③。坚

<hr />

① 迟福林：《全面理解"公共服务型政府"的基本涵义》，《人民论坛》2006年第 3 期。

② 刘熙瑞、井敏：《服务型政府三种观点的澄清》，《人民论坛》2006 年第 3 期。

③ ［美］E. M. 罗杰斯：《创新的扩散》，唐兴通、郑常青、张延臣译，北京：电子工业出版社，2016 年，第 108 页。

持不同的地方性叙事的个人与群体之间会产生冲突，关于服务型政府研究的话语冲突也难以避免。也许正像一位观察者说的那样，创新就像一把牙刷，任何人都不喜欢借用别人的，至少他们都希望在原创新上按照自己的想法再加以装饰一番，以使其有别于其他人接受的创新①。

从理论之内部结构一致及足以解决自身领域内的问题这一意义上讲，每一个理论都可能"真"；答案之间的差别只意味着人们对同一经验材料做了不同使用，只意味着在人们所涉及的取之不尽的具体经验材料财富中，各人从在科学上对问题解答的角度选取了不同的要素和关系。大多数时间，这些冲突可以用某种程度的礼貌来处理。如果人们彼此倾听但各执己见，只要人们理解各自观点背后的立场和理由而无须实际赞同它们，就仍然达成了实践的话语。关于服务型政府不同的话语论争，也使得服务型政府在重重叠叠的言说中慢慢走向知识集中。上述三派服务型政府观虽然在概念名称及内涵上有差异，但有一点是一致的，那就是他们都认识到了当代中国经济社会正在经历大转型，这种转型必然要求政府做出变革去适应，继而领导中国政治、社会、经济领域的变革与转型。改革是我国政府的必然选择。

第二节　服务型政府知识共识的达成

"沟通理性"描绘了社会行为体通过沟通力图达成对现实的共同定义的特征，沟通理性的本质是基于批判地衡量各种观点来达成共识。在这种协调中，行为者被引导至"在具体、实际的情况中，能够达到一致意见的结果"这一途径中②。基本上每一种决策情境都是由某种价值观主导的。"简单"选择体现了基本可比、通约且兼容的价值；"一般"选择涉及几种可比且通约的价值观的混合；"艰难"选择的价值观则是

---

① ［美］E. M. 罗杰斯：《创新的扩散》，唐兴通、郑常青、张延臣译，北京：电子工业出版社，2016 年，第 194 页。

② 王浦劬、臧雷振：《治理理论与实践：经典议题研究新解》，北京：中央编译出版社，2017 年，第 210 页。

不可比较、不可通约、不可兼容的①。在对服务型政府的重重叠叠的言说中，对服务型政府的认知虽然还存在着诸多差异，但突出特征是对管制型政府的知识批判和对理想的服务型政府模式的知识猜想。话语论争不仅推动了服务型政府的知识增长，也推动了服务型政府的知识综合，并使知识慢慢走向集中，达成了一些基本学术共识。

一、服务型政府是当代中国政府改革的目标模式

在关于服务型政府的话语论争，以及由话语论争带来的知识扩散中，慢慢达成的一个基本且最重要的学术共识是，服务型政府是中国政府改革的目标模式，我们的所有政府改革都将朝向建设服务型政府而努力。这种共识的达成扎根于中国政治经济发展的历史脉络和社会深刻变迁的情境中。

服务型政府从知识创新的角度理解属于"模式创新"，即政府模式的创新。知识可分为知道是什么、为什么、怎么做和谁知道四类。服务型政府改革在目标确立以后，围绕着服务型政府是什么、怎么建设、谁建设等新一轮的知识积累与多级扩散进行。政策工具需要不断发展和变化，因为政府能力和市场条件也在不断发展和变化。20世纪90年代中期至21世纪初期，我国的基础设施不完善、法治环境不理想、资本市场和社会信用机制不健全，因此以信用级别高的地方政府和国企为主体、以土地为杠杆，可以撬动大量资源，加速投资进程，推动快速城市化和工业化。这种模式的成就有目共睹，但也会带来如下后果：与土地相关的腐败猖獗；城市化以"地"为本，忽略了"人"，民生支出不足，教育、医疗等公共服务供给滞后。在中国经济取得快速发展的同时，负面效应也在层层显现。资源的过度开发，环境退化，住房、教育与医疗成为民众新的"三座大山"，还有交通问题，以及政府官僚主义和腐败问题，这些问题催生了诸多改革，而政府职能变革率先展开。

民众对高质量生活的希冀，对社会服务快速增长的需求，已经不是

---

① 王浦劬、臧雷振：《治理理论与实践：经典议题研究新解》，北京：中央编译出版社，2017年，第207页。

管制型政府修修补补式的边际改革所能应对的。中国各个层次的政府需要采用新的思维框架来应对这些复杂的夹杂着政治、经济、社会等因素的新老问题。之前典型的管理改革措施对于新出现的困境既缺乏回应性，又无前瞻性。"事实—规范"问题既是理解治理话语的缘起，又是一种学术研究路径。在一个确定的治理模式下，社会治理面临的基本问题是如何为"事实和规范"的融合进行抉择，即在某一确定的公共问题面前，多元冲突的价值如何在社会规范约束下获得"重叠的共识"，形成治理中的集体行动，形成"治理裁量"的方案。因此，中国学界把目光聚焦在建设服务型政府上。

"中国不仅变成了一个产品国家，而且也是一个以服务为导向的国家。"① 服务型政府是对传统行政管理范式的革命性突破的认知，建设服务型政府是政府改革的基础性工程，从管制型政府到服务型政府的深刻转型，不是一般意义上的政府改革。严格意义上说，它是一场政府自身的深刻革命。它不仅是政府职能的深刻转变，也是政府结构、政府权力的革命性重组，更是政府理念的彻底更新，还是政府工作人员思想和行为的全新重塑。所以，建设服务型政府是意义重大、影响深远的事业，也是长久、艰巨和困难的过程。

二、服务是服务型政府的核心价值

政治共识通过价值识别体现，而不是通过一种理性的设计途径②。价值判断构成了所有常识性知识的核心。很难想象，研究公共行政而不提出有关个体自我实现、参与式民主、人性化组织和道德共同体的观念③。在农业社会统治型政府模式中，最为核心的价值是秩序，即借助统治权力维护等级秩序，在中国则表现为用纲常伦理进行包装，划定统

---

① [美] 全钟燮：《公共行政的社会建构：解释和批判》，孙柏英、张钢、黎洁，等译，北京：北京大学出版社，2008 年，序言第 1 页。

② [美] 全钟燮：《公共行政的社会建构：解释和批判》，孙柏英、张钢、黎洁，等译，北京：北京大学出版社，2008 年，第 72 页。

③ [美] 全钟燮：《公共行政的社会建构：解释和批判》，孙柏英、张钢、黎洁，等译，北京：北京大学出版社，2008 年，第 128 页。

治者与被统治者以及不同身份的人之间的等级关系。在工业社会管理型政府模式中，效率和公平是其核心价值，虽然在不同时期对于公平与效率孰先孰后有所争论，但二者依然优于秩序、服务等价值而处于核心地位。学者们所设想的服务型政府模式虽然也会顾及秩序、公平、效率等价值，但主次关系被颠倒过来，服务价值被提到前所未有的高度，是被优先考虑的第一位阶的价值，居于核心地位。

（一）服务型政府源于"为人民服务"的"服务"价值观

服务型政府理论是中国政治学者与行政学者做出的开创性学术探索，是与中国共产党的立党宗旨和执政理念密切联系在一起的，既是一种中国特色的政府理论，也是立足于人类治理文明发展趋势做出的历史性判断。这种政府构建思路将政治价值融于行政价值之中。"历史地看，服务型政府的思想是中国老一辈无产阶级革命家结合中国国情而不断发展形成的，为人民服务是中国共产党和中国政府的根本宗旨，从根本上说，服务型政府的思想源自于为人民服务的思想"①。尽管建设服务型政府是 20 世纪与 21 世纪交替之际提出的，然而服务型政府理应是共产党领导下政府的基本理念和施政原则。

党的十八大以来，建设服务型政府不仅没有弱化，反而不断被强化。党的十八大报告指出，"要按照建立中国特色社会主义行政体制目标，深入推进政企分开、政资分开、政事分开、政社分开，建设职能科学、结构优化、廉洁高效、人民满意的服务型政府"②。党的十九大报告也指出，"转变政府职能，深化简政放权，创新监管方式，增强政府公信力和执行力，建设人民满意的服务型政府"③。由此可见，自党的十八大以来，党对于建设服务型政府不仅意志坚定，而且方向明确。展

① 乔姗姗：《论践行群众路线与建设服务型政府的内在逻辑——基于中国的政治话语体系》，《理论月刊》2015 年第 2 期。

② 胡锦涛：《坚定不移沿着中国特色社会主义道路前进 为全面建成小康社会而奋斗——在中国共产党十八次全国代表大会上的报告》，北京：人民出版社，2012 年，第 23 页。

③ 习近平：《决胜全面建成小康社会 夺取新时代中国特色社会主义伟大胜利——在中国共产党第十九次全国代表大会上的报告》，北京：人民出版社，2017 年，第 39 页。

望未来，正如金耀基先生所言："我相信，再过百年后，回头看二十世纪的中国，将是一个西方制度'中国化'的世纪，也是中国制度'现代化'的世纪。"① 中国的服务型政府理论，将是吸纳西方政府理论又超越西方政府理论的可变革和可持续发展的理论。

服务之所以能在服务型政府所遵循的价值序列中被放到前所未有的高度，把建设服务型政府设定为当代中国政府改革的目标之所以能在学术界和政界取得高度共识，深层次的原因在于我国政府所秉承的基本政治理念。探讨中国政府所秉承的政治理念，必须回到中国场景中，回溯到中国政府自身的历史传统，以及中国共产党的政治结构中。"由于党对政府的领导，中国政府的形态和行动逻辑深受党的影响……'服务型政府'实际上有着自身的渊源和发生逻辑。它原本就是一个脱胎于共产党意识形态的政府角色定位。"② 中国共产党核心意识形态为"为人民服务"。

（二）"为人民服务"是马克思主义政党的内在要求

马克思在批判黑格尔哲学的过程中逐步确立了唯物史观，并以严格的事实为依据，通过着眼于资本主义社会现实并批判继承人类以往优秀文明成果，超越政治解放地提出了科学、完整的关于人类解放的思想。马克思通过对大量社会现实问题的分析，认识到政治矛盾归根到底是经济矛盾所导致的，人们在经济生活中的地位和态度决定了人们在政治生活中的地位和态度，国家则是"属于统治阶级的各个个人借以实现其共同利益的形式"③。后来恩格斯在《资本论》第一卷书评中说，工人大众要求利用资本主义生产创造出的财富和生产力来为全社会服务，以代替现在为一个垄断者阶级服务的现状④。

列宁将马克思主义的思想付诸革命实践，并且将马克思"为大多数

① 金耀基：《中国文明的现代转型》，广州：广东人民出版社，2016年，第76页。
② 朱正威、吴佳：《从实践语汇到学术概念：中国公共管理研究的问题意识与自主性》，《中国行政管理》2021年第2期。
③ 中共中央马克思恩格斯列宁斯大林著作编译局：《马克思恩格斯选集》第3卷，北京：人民出版社，1995年，第70页。
④ 中共中央马克思恩格斯列宁斯大林著作编译局：《马克思恩格斯文集》第3卷，北京：人民出版社，2009年，第87页。

人"的思想发展成为"为人民服务"的思想。列宁在进行党员教育的过程中，多次强调人民群众的拥护是革命胜利的关键。1905 年，列宁谈到无产阶级文艺为谁服务时，在《党的组织和党的出版物》中指出："工农政权办事首先考虑广大人民群众的利益。"①

（三）"为人民服务"是中国共产党立党立国的基本原则

中国共产党是以马克思主义为理论武装的政党。马克思主义政党中所蕴含的"为人民服务"的政治理念被中国共产党予以确立是经历了一个历史过程的。1939 年 2 月 20 日，毛泽东在给张闻天的信中谈到儒家旧道德"勇"时，指出那种"勇"只是"勇于压迫人民，勇于守卫封建制度，而不勇于为人民服务"②，在党内最早明确提出"为人民服务"这一命题。1945 年，毛泽东在中共七大开幕词中明确告诫全党，"我们应该谦虚，谨慎，戒骄，戒躁，全心全意地为中国人民服务"③。于是，"全心全意为人民服务"在中共七大第一次被写入党章并成为对党的各级组织和全体党员的根本政治要求。

新中国成立，中国共产党实现了由革命性政党向执政党的转化。与此相适应，"全心全意为人民服务"的思想不再仅限于对中国共产党各级党组织和党员的要求，而是扩大到对整个国家机关及其工作人员的内在要求。1957 年，毛泽东在《关于正确处理人民内部矛盾的问题》一文中指出，国家机关必须依靠人民群众，国家机关工作人员必须为人民服务。因此，新中国成立以后的每一部宪法中都会有关于"为人民服务"的论述。于是，新中国成立以后中国共产党的各级组织及各级国家机关无不以"为人民服务"为宗旨，以此宣誓立党立国的基本原则。

对毛泽东"为人民服务"思想的继承和发展，一直以来都是中国共产党的领导人及全党始终坚守和追求的目标。邓小平带领全党将党和国家的重心放在了经济建设上，实施改革开放，不断满足人民日益增长

---

① ［苏］列宁：《列宁全集》第 42 卷，北京：人民出版社，1987 年，第 176 页。

② 中央文献研究室：《毛泽东书信选集》，北京：中国人民解放军出版社，1989 年，第 123 页。

③ 毛泽东：《毛泽东选集》第 3 卷，北京：人民出版社，1991 年，第 1027 页。

的物质文化需求，将"为人民服务"的思想落到实处。江泽民的"为人民服务"思想体现在"三个代表"重要思想中，其中"代表最广大人民群众的根本利益"是对"为人民服务"思想的进一步延伸。胡锦涛在党的十七大报告中明确指出，"要坚持群众路线，真诚倾听群众呼声，真实反映群众愿望，真情关心群众疾苦，多为群众办好事、办实事，做到权为民所用、情为民所系、利为民所谋"①，突出了人民利益的至上性，并且在社会主义荣辱观中明确提出"以服务人民为荣、以背离人民为耻"，宣示了全心全意为人民服务的宗旨。

服务型政府这个概念的提出是中国学者的贡献，是与中国政府的行政改革联系在一起的，是对改革道路及其目标的战略性思考。与其说政府维护了管理，不如说政府实现了其应该实现的价值，尤其是"服务"这一核心价值，具有中国本土特色。穆尔建议公共管理者应当运用"策略三角"（Strategic Triangle），策略必须具有以下特点：以产生具有相当价值的事物为目标（亦即必须构成公共价值）；具有合法性及政策可持续性；具有可操作性及可管理性。这些需要"持续且具有价值追求的想象"②。服务成为服务型政府遵奉的核心价值，体现出一种价值观领导。

对于价值观领导的最好诠释来自伯恩斯的"转化性领导"。"转化性领导"指的是领导者与追随者之间关系的一种转化与互动，是对领导与权力、领导与道德原则的一种重新认识和理解。这样，双方目标都能得到提升，双方都得到了动员、激励和提高，领导才有能力把团体、组织乃至社会推向更高的目标。这种领导往往是在领导者和追随者通过相互提升达到更好的道德和动机层次而彼此接洽时出现的，领导者和追随者的关系发生了改变，不再是"交易性领导"中领导者与被领导者之间的有价物交换关系，而是得以保持一种更深、更持久的联系。行政人员以他们的行动来诠释服务型政府，从而服务型政府不再是抽象的概

---

① 胡锦涛：《高举中国特色社会主义伟大旗帜　为夺取全面建设小康社会新胜利而奋斗——在中国共产党第十七次全国代表大会上的报告》，北京：人民出版社，2007年，第33页。

② 王浦劬、臧雷振：《治理理论与实践：经典议题研究新解》，北京：中央编译出版社，2017年，第117页。

念，而是与具体的行动者相伴的、由人来诠释并施惠于人民的政府①。以"服务型政府"叙事为样本，超大国家治理话语与西方治理话语截然不同②。

三、服务型政府是政府模式的创新

大致在20世纪80年代初，西方国家为应对经济停滞与通货膨胀，以及政府本身的低效与高财政赤字，纷纷进入以市场化和私有化为主要特征的政府改革季，新公共管理理论为其主要理论指导。20世纪80年代末90年代初，东欧剧变、苏联解体，冷战的国际态势结束，美国的自由民主观念在全球攻城略地。然而，2008年全球金融危机爆发，之后欧洲爆发债务危机，美国爆发"占领华尔街"运动，显示西方政府长期奉行的边际改革策略陷入失灵境地，也终结了"自由民主意识形态取得最后胜利"的论断，寻求新的政府治理模式的需求再次摆在世人面前。

服务型政府作为一种理想的政府形态，以及中国实践建设中的行政管理模式，不同于西方零散的政府改革，是政府自身的深刻革命的成果，具有创新性。然而，开创一项新的政治制度绝非易事，想得到广泛的传播与认可，进而被采用，则难上加难，往往历经数十年，甚至更长时间，成果需用年代而不是年来衡量。决定创新扩散的变数有很多，创新的认知属性是最重要的变数之一。影响创新扩散的四大要素分别是创新、沟通渠道、时间和社会体系。这里我们重点探讨服务型政府的创新认知属性，因为根据扩散学者的研究，人们采用创新与否的一半原因可归结为创新的认知属性③。

---

① 田小龙：《在中国行政改革价值演变中认识服务型政府建设》，《安徽大学学报（哲学社会科学版）》2017年第2期。
② 程倩：《从宗旨到行动：服务型政府叙事的话语分析》，《浙江学刊》2020年第4期。
③ ［美］E. M. 罗杰斯：《创新的扩散》，唐兴通、郑常青、张延臣译，北京：电子工业出版社，2016年，第231页。

（一）相对优势

相对优势是指创新相比被其取代的现有观念或技术优越的程度。服务型政府的相对优势横向上是相对于同时期的西方典型的管理型政府而言的，纵向上则是相对于中国之前的管制型政府而言的。

西方典型的管理型政府的社会基础是一个由资本主义逻辑整合的西方现代社会，政府理论的基石为权力与权利的关系，内核为"委托——代理"理论，外显为"无代表不纳税"，以及权力制衡，社会的治理建立在刚性的规则、制度之上，呈现的是"'创制秩序——理性官僚制'的知识叙事"①。服务型政府的元逻辑为"群体秩序——合作制"②，建立在"集体行动"基础之上，外显为群体首位、"集体领导"、政府主导政治变迁。政府不仅政治动员能力强，还能够制定和实施具有前瞻性的、灵活多变的治理策略以应对"人事无穷而法律有限"的治理困境。西方管理型政府往往从市场交易的角度理解政府，将公民与政府的关系比拟为顾客对企业，导致公务员所应具有的面向全体公众的"公共责任"可能沦为一种面向少数富人的"职业道德"③，因而丧失公共性。

当代政府所奉行的无论是传统的政治统治理念还是当今主流的管理行政理念，既与变化迅速、信息化、个性化、多元化、符号化、虚拟化的社会不相适应，也不符合人类经历了两次世界大战后，在反思"社会达尔文主义"的基础上认识到合作优于竞争、人类应共生共在的历史潮流。服务型政府建设是一项既回应当下社会转型，又面向未来的战略性目标，它的内核是"服务理念"，这种理念不同于统治型政府的"政治统治理念"，也不同于管理型政府的"管理理念"。无论"政治统治理念"还是"管理理念"，都隐含着政府对社会的控制导向，而"服务理念"是对这种控制导向的颠覆。服务型政府的"服务理念"并不能被简单等同于管理型政府向社会提供公共服务的"形式化服务"，而是一

---

① 孔繁斌：《服务型政府在社会治理中的知识扩散》，《中国人民大学学报》2014 年第 2 期。

② 孔繁斌：《服务型政府在社会治理中的知识扩散》，《中国人民大学学报》2014 年第 2 期。

③ 丁煌、张雅勤：《公共性：西方行政学发展的重要价值取向》，《学海》2007 年第 4 期。

种建立在承认治理主体多元化基础上的"实质化服务"①。

新中国的成立基本解决了晚清以来中国面临的严重社会秩序问题，但不稳定因素仍然存在，国际环境也相对较为紧张，中国共产党不得不进一步整合社会。中国早期的行政管理体制模式借鉴苏联，政府职能的设计适应计划经济，政府权力边界不清，管理内容庞杂，突出特征是对社会经济的全面控制，政府是全能主义的管制型政府。在这种政府模式下，行政主体为行政首长和管理干部，强调的是行政本位和部门利益，奉行规则。这种政府模式对于快速恢复国民经济确实起到了积极作用，但也存在着管理的滞后性和僵化性问题。尤其是随着时代的变迁，中国政府的政治生态也大为改观。国际上，冷战结束，经济迈向全球化和市场化，政治则表现为多极化和民主化。国内，中国在 2001 年加入 WTO 后开始融入全球分工体系，2003 年"非典"疫情暴发，政府有效应对公共危机的能力受到拷问，民生问题凸显。中国经济实力高速增长的同时，城乡差别、东西部差距等社会撕裂性问题亟待解决。因此，转变政府职能、放松管制、加强服务成为中国政府的改革方向。在中国学界与政界不断探索与实践的基础上，这场政府改革的目标被确定为"建设服务型政府"，强调服务本位、社会本位、民众本位，鼓励创新。

（二）兼容性

兼容性是指创新和目前的价值体系、过去的经验及潜在采用者的需求相一致的程度。一项创新越具备兼容性则越容易被采用②。

中国特色社会主义下服务型政府建设的话语体系与中国共产党从建党之初就奉行的马克思主义思想相兼容，政府服务理论渊源为马克思主义的"公仆论"。毛泽东在党内最早明确提出"为人民服务"这一命题，党的七大把"为人民服务"写入党章，以此作为对全体党员和党的各级组织的根本政治要求。中国共产党成为执政党后，又把"全心全意为人民服务"扩大为对政府及其工作人员的内在要求，各级政府高悬

①　郑家昊：《引导型政府职能模式的兴起》，北京：中国社会科学出版社，2013 年，第 256 页。

②　［美］E. M. 罗杰斯：《创新的扩散》，唐兴通、郑常青、张延臣译，北京：电子工业出版社，2016 年，第 45 页。

"为人民服务"的匾额，以示治国理政的基本政治诉求。中国共产党历届领导人不断丰富其内涵。新时期，政府服务论与时俱进为"始终全心全意为人民服务，始终为人民利益和幸福而努力工作"。可见，"政府服务"理念正是因为与马克思主义思想兼容，才会在中国政府建设的实践中被一以贯之地落实与执行。

服务型政府锐意创新的精神和我国"改革开放"的观念兼容。能不能和现行的观念兼容，决定着创新被接受的快慢。改革开放以来，中国取得了巨大成就，从贫弱之国跃升为世界第二大经济体，成功的密钥恰在于"解放思想"。对内，中国政府厉行改革，经济领域中资源配置从纯计划向以市场为主转变，经济体制逐步与国际接轨；政治和社会领域中，从全能型的管制行政逐步走向民主与法治，并强调以德治国。对外，无论是中国加入 WTO 还是倡议"一带一路"，都展现了中国改革与合作的决心。40 多年的改革开放历程使得中国人民对变革、创新习以为常，当"建设服务型政府"的政府改革目标提出之后，其亲和力使得民众自然而然地接受并投入极大的热情自觉探索具体实践路径。另外，服务型政府建设还回应了公众日益增长的对公共服务的多样化需求，以及地方政府求新求变的强烈愿望。

（三）复杂性

复杂性是指理解和使用某项创新的相对难度。任何新想法都可以依据其复杂程度来区分。某些创新对采用者来说意义明晰，而有些则相反①。混沌理论表明任何系统的发展潜力最终和以随机性或"杂音"为代表的微观自由的存在相联系。混沌在自然界是普遍存在的，是一种非线性的表现。仔细考察一下，大部分现象是非线性的，这是一个应当引起我们对我们生活的世界比以往任何时候都要更加深入思考的发现②。

在服务型政府建设过程中，存在着核心概念不明、理论体系不完善等问题，如学术界至今仍存在建设"服务型政府"还是"公共服务型

---

① ［美］E. M. 罗杰斯：《创新的扩散》，唐兴通、郑常青、张延臣译，北京：电子工业出版社，2016 年，第 270 页。

② ［英］马克斯·H. 布瓦索：《信息空间——认知组织、制度和文化的一种框架》，王寅通译，上海：上海译文出版社，2000 年，第 17 页。

政府"的争论。理论研究缺少共识导致学术界无法形成合力，也延缓了服务型政府研究范式的生成。理论指导不足也导致了实践中地方政府对建设服务型政府简单化、片面化的理解。对服务型政府建设的复杂性、长期性认识不足，导致有些地方政府认为三年五载就可以建成服务型政府①。运动式的突击建设屡见不鲜，主要措施也局限于行政审批事项改革等技术性的行政行为上。

服务型政府是全新的政府模式，既面向现实又着眼于未来，不可能毕其功于一役。服务型政府建设受政府生态影响，关涉到政府的政治理念、决策模式、运行机制及传播扩散等全方位的创新，而不只是政府行为方式的改变。单就政府理念的转变、服务行政文化的形成而言，由于文化的惰性，就需要数代人坚持不懈地努力。相比地方政府，中国中央政府对服务型政府建设复杂性的认识较为理性，从未提出建成服务型政府的时间表，而是从"服务型政府"到"人民满意的服务型政府"再到"放管服"改革，通过服务价值社会化，一步步探索着服务型政府建设路径。

（四）可试性

可试性是指创新可以在有限的基础上被实验的程度②。人们会更容易地接受能够进行阶段性试验的创新。纳西姆·塔勒布认为，一个国家创新能力的高低不能简单归结为体制（市场或计划，民主或专制）原因，而是取决于这个国家能否为"最大限度的反复试验"提供机会。如果政策制定者愿意放手让基层去摸索创造，非民主国家内也能提供丰富的试验机会③。

改革开放极大地释放了我国民间和地方政府的潜能，尤其是地方政

---

① 南京在2003年《南京市政府关于推进服务型政府建设的实施意见》中做出"一年构建框架，三年初步完成，五年形成规范"的总体安排。重庆市政府也在2003年的《重庆市人民政府关于建设服务型政府的工作意见》中将总体目标定为"一年重点突破，三年基本到位，五年规范完善"。

② ［美］E. M. 罗杰斯：《创新的扩散》，唐兴通、郑常青、张延臣译，北京：电子工业出版社，2016年，第271页。

③ ［德］韩博天：《红天鹅——中国独特的治理和制度创新》，石磊译，北京：中信出版社，2018年，第107页。

府不断涌现的局部性、区域性政策创新，很多后来上升为国家政策并持续不断地推进国家治理转型。服务型政府的建设肇始于中国地方政府以行政实践主体身份为了更好地发展地方经济、为企业和外商服务，创造性地建立的"外商投资服务中心""政府办事大厅"等服务机构。由于这种减少行政审批、简化办事程序、建设政务服务中心、推行政务公开、强化政府工作人员服务意识的政策工具简单易行且卓有成效，因此很快在地方政府层面扩散开来。

服务型政府建设在地方政府层面改革和试验的成功，又促使其经历了一个自下而上的扩散过程，最高决策层将其采纳并对其进行再创新和顶层设计，赋予服务型政府新的诠释，吸收到国家政策中，推广到全国。在服务型政府扩散中所体现的这种"由点到面""自下而上"再"自上而下"的特殊的政策试验、扩散过程，对中国1978年以来经济社会的发展极为重要，因为"它为身处庞大复杂的行政管理体系内的行动主体提供了许多难以想象的机会"①。

（五）可观察性

可观察性是指创新成果被其他人看到的程度②。正如社会体系成员所觉察的那样，显而易见的创新成果很容易传播出去，而那些很难向他人描述或被人觉察的创新往往也很难传播开来。能量守恒但信息不守恒，信息具有流动性与共享性，当代世界，信息借助科技、传媒、市场三大强势力量，"在人类头顶笼罩了一层传播文化的网膜，造成了一种比实态真实还要强大的拟态真实"③。

民众、学者、传媒、地方政府及中央政府等多元社会主体间的互动使得"服务型政府"成为当今中国社会的一个主流话语，使得建设服务型政府具有明显的可见性。公众对政府"公共服务"的期待经过学者不断地言说，以及大众传媒的聚焦传播而逐渐成为一种"公共舆论"，一些地方政府率先进行政府服务的政策工具创新，以回应公众期

---

① ［德］韩博天：《红天鹅——中国独特的治理和制度创新》，石磊译，北京：中信出版社，2018年，第5页。

② ［美］E.M.罗杰斯：《创新的扩散》，唐兴通、郑常青、张延臣译，北京：电子工业出版社，2016年，第272页。

③ 肖云儒：《大众传媒与文艺新变》，《人民日报》2006年9月14日。

待和公共舆论。这里需要强调的是，中国执政党和中央政府对于服务型政府的认可、重视及号召是使服务型政府具有高度可见性的关键一环。

从行为主体的动力来分析，最早进行服务型政府实践探索的地方政府并没有足够的动力向外传播其建设经验，往往依靠媒体的报道或政策创新论坛（如中国"地方政府创新奖"）进行传播。然而，媒体的报道多粗描淡写不够深入，地方政府创新论坛则往往会忽略负面信息。与之相反，执政党和中央政府凭借超强的政治动员能力，通过引导主流媒体进行广泛、集中、深入的报道，举办高规格的经验交流会，对服务型政府的理念和建设经验进行推广，并号召更多地区学习仿效。最重要的是，还可以通过各级党校、行政学院将中央对服务型政府建设的决心通过培训的方式传递给广大党员和各级政府官员及工作人员，通过国家力量使"服务型政府"具有了高度的可观察性。

通过以上对服务型政府的五个创新认知属性的分析可以看出，服务型政府相对于西方典型的管理型政府和中国之前的管制型政府而言是具有优势的，又兼容了马克思主义思想和改革开放的观念。中国独特的"由点到面"的政策扩散机制给予地方政府在建设服务型政府上较大的可试空间，执政党和中央政府对服务型政府的认可、重视又赋予了服务型政府可观察性，这些都是有利于服务型政府传播的。

第三节　共识驱动服务型政府建设的多维度展开

高位势知识主体与低位势知识主体之间由于位势差而存在着自然的知识流动①。如果没有来自上级的支持，地方的创新往往无路可走，或至少走不远②。如果从"知识—权力—话语"的分析框架看，学术界在学术话语论争中取得的关于服务型政府的共识，以及各级地方政府通过

① 李莉：《基于网络嵌入性的核心企业知识扩散方式对知识获取绩效的影响研究》，博士学位论文，西安理工大学，2008年，第36页。
② ［德］韩博天：《红天鹅：中国独特的治理和制度创新》，石磊译，北京：中信出版社，2018年，第108页。

"干中学"摸索出的关于服务型政府的实践知识若无上级的保护和支持、中央政府的价值确认,地方政府的创新性政府改革实践就会因为缺少合法性和回旋余地而不了了之,引用农民的话就是"上面不喊了,中间不管了,下边就散了"。

一、从知识共识到政治共识

早期的服务型政府建设为服务型政府模式创新积累了实践经验基础上的实践知识。虽然各级地方政府相继提出了建设服务型政府的目标,出台了不少政策文件,采取了很多的措施,并在削减行政审批项目、简化政府工作程序和工作方法、实行政务公开、争取社会互动、建设电子政府方面都取得了比较多的成绩,但服务型政府建设要想自上而下全面铺展还缺少关键的一环,即中国党政高层的价值确认与选择。中国的服务型政府建设至少需要三方主体在三个场域的扩散,以及他们之间的互相扩散、互相建构。一是学术主体在学术知识场域的理论讨论与学术建构,二是地方政府在地方场域的实践探索与总结,三是国家政策制定者的价值确认与选择。在地方政府与学术界的经验知识与理性知识的多年相互扩散之后,服务型政府第一次被写入执政党的指导性文件,完成了中国党政高层对于服务型政府的价值确认,使得服务型政府的研究与建设进入一个大力推进及全面创新的阶段。

作为想象的话语也可能被灌输为新的存在方式,拥有新的"身份"[1]。用当前的术语来说,灌输是指人们开始"拥有"自己的话语,在其中定位自己,用新的话语来行动、思考、交谈和看待自己。灌输也有它的物质层面:话语不仅在风格、使用语言的方式上被辩证地灌输,而且在身体、姿态、手势、移动的方式等方面也被物质化。在当代社会科学中有一种普遍现象,社会实体(机构、组织、社会能动者等)通过社会进程被或已经被构建,而对这些过程的共同理解突出了话语的有

---

① [英]诺曼·费尔克劳:《话语分析:社会科学研究的文本分析方法》,赵芃译,北京:商务印书馆,2021年,第242页。

效性，社会实体在某种意义上是话语影响的结果①。一般而言，中国党政高层对于某种先期实验性的政府改革尝试的认可与价值吸纳，主要表现在诸如重要政治人物在公开场合的重要性宣示、重要政治活动或重大政治事件中的表述，以及重要的政治文献中的表述与记载。这些宣示、表述和记载最终汇聚为高层政治话语，引领并推动着服务型政府的知识生产和行动建设在各场域持续深入地进行。

（一）政治话语开始重视公共服务职能

中国党政高层对服务型政府的价值确认与目标选择不是一步到位的，而是经历了一个从"重视政府的公共服务职能"到明确提出"建设服务型政府"的认知过程。

政府不是企业，不能以经济效益为单一目标，而是要承担多重民生和社会服务职能。中国经济在高速增长过程中也积累了诸多经济社会问题，包括收入分配不公和贫富悬殊问题、"三农"问题、环境污染问题，以及基础教育、医疗卫生、社会保障和基本住房的政府投入不足问题。这些问题在本质上均与政府的职能缺位有关，可以理解为中国传统政府治理体制所面临的深层次问题。在工业化和城市化发展初期，经济增长是地方政府最重要的目标，与企业目标大体一致，可以共同推进经济发展。但随着经济的发展，政府需要承担更加多元的职能，将更多资源投入教育、医疗、社会保障等民生领域，改变与市场和企业的互动方式，由"生产型政府"向"服务型政府"转型。

虽然改革开放以来中国学术界一直在呼吁转变政府职能，党的十三大也做出了转变党和政府的职能的决策，但由于巨大的制度惯性及社会稳定性考量，使得政府职能转变的步伐异常缓慢。这种局面在中国加入WTO谈判的过程中得到改变。在加入WTO的谈判进入实质性阶段以后，为了争取进入WTO，中国加快了政府职能转变的步伐。加入WTO以后，政府改革的步伐明显加快，因为在加入WTO时有解除经济管制、开放国内市场等在时间表上的庄严承诺。2002年11月，党的十六大报告明确提出要完善公共服务职能，将公共服务作为政府的四大重要职能

---

① ［英］诺曼·费尔克劳：《话语分析：社会科学研究的文本分析方法》，赵芃译，北京：商务印书馆，2021年，第244页。

之一，对改革开放后政府职能从"全能型"向"服务型"转变起到重要的指导作用。

2003年春，"非典"疫情蔓延，给国家和人民造成了巨大损失，也暴露了中国在公共卫生方面的薄弱环节。农村医疗改革滞后受到公众的强烈批评，农村医疗改革被提上国家议事日程。以此为契机，党中央适时提出了科学发展的新理念，中央政府也认识到要更加注重政府的公共服务职能。党的十六届三中全会发布的《中共中央关于完善社会主义市场经济体制若干问题的决定》强调增强政府服务职能，政府职能从"全能型"转向"服务型"。

（二）服务型政府得到体制性认可

中央重大政策出台的背后，也要经过多轮的意见征求、协商、修改，否则很难落地。成功的政策背后是成功的协商和妥协，而不是机械的命令与执行，所以理解观念与利益冲突、理解协调和解决机制是理解政策的基础。在中国党政高层对增强政府公共服务职能达成广泛共识之后，加上前期学界对服务型政府的探讨，以及地方政府层面建设服务型政府的先期实践，对服务型政府的高层认可和顶层设计就变得顺理成章了。这种认可也经历了一个从国家领导人发出的号召到写入执政党的指导性文件再到执政党的重大报告予以明确的层层拔高的政治扩散过程。另外一条扩散路径则是由政府话语向政党话语扩散，政党话语对政府话语吸纳与提升。

党和国家领导人中最早提出"建设服务型政府"口号的是国务院原总理温家宝。2004年2月21日，温家宝总理在中央党校省部级领导干部"树立和落实科学发展观"专题研究班结业式上正式提出"建设服务型政府"的口号，引起媒体的广泛宣传扩散。结合之前国内学术界的讨论和地方上的率先实践，服务型政府的理论研究和实践探索因为有了党和国家领导人的号召而得以突破地方局部建设从而在全国范围内开展起来，服务型政府也成为我国政府改革实践中的重大主题和国内学术界的热点话题。中国行政管理学会迅速做出反应，在2004年召开了3次关于服务型政府的全国性研讨会。中国行政管理学会课题组在调查研究的基础上，于2005年10月28日在《人民日报》发表了《服务型政府：我国行政改革的目标选择》一文。服务型政府在实践领域的扩散则表现为通过改革和创新，建立与社会主义市场经济、民主政治及和谐社会全面适应的以服务型政府建设为中心的能起到引领助推作用的行政管理体制。

地方政府建设服务型政府的实践也扩散到中央人民政府。2005年年初，作为最高国家行政机关的国务院制定了《国务院工作规则》，该规则被认为是国务院要自己建设成为服务型政府的重要举措。2005年3月5日，温家宝总理在政府工作报告中再次明确提出要"努力建设服务型政府"。中央政府已经正式把建设服务型政府的目标具体化，对此的阐释是："创新政府管理方式，寓管理于服务之中，更好地为基层、企业和社会公众服务。整合行政资源，降低行政成本，提高行政效率和服务水平。"①

在学术界努力构建的关于服务型政府的理论知识与地方政府建设服务型政府的行动最终汇成一股向中央人民政府扩散的关于服务型政府的创新知识，并成功扩散到了政府话语。政府话语继续向执政党话语扩散，并在2006年得以进入执政党话语。2006年10月，中国共产党第十六届六中全会通过了《中共中央关于构建社会主义和谐社会若干重大问题的决定》，该决定进一步明确要求"建设服务型政府，强化社会管理与公共服务职能"，这是服务型政府第一次被写入执政党的指导性文件。该决定不仅明确要求"建设服务型政府"，而且把我国服务型政府建设的基本目标和主要任务加以细化，提到"把更多财政资金投向公共服务领域，加大财政在教育、卫生、文化、就业再就业服务、社会保障、生态环境、公共基础设施、社会治安等方面的投入"，形成了对我国应该构建何种模式、何种类型及何种内容的服务型政府的顶层设计。服务型政府的知识扩散也进入学术界、地方政府、中央政府及执政党等多主体相互扩散、相互建构的层面。

2007年10月15日，时任中共中央总书记胡锦涛在中国共产党第十七次全国代表大会的报告中提出"加快行政管理体制改革，建设服务型政府"。这是党的重大报告中第一次明确建设服务型政府的重要任务，标志着建设服务型政府作为我国行政改革的目标得以确立。在以人为本

---

① 高小平、王立平：《服务型政府导论》，北京：人民出版社，2009年，第43页。

的科学发展观的指引下，公共服务领域进一步扩大，"学有所教、劳有所得、病有所医、老有所养、住有所居"的提出标志着我国服务型政府建设步入新阶段。为了贯彻落实党的十七大的要求，2008年行政管理体制改革侧重强化政府的社会管理和公共服务职能，组建了环境保护部、住房和城乡建设部、人力资源和社会保障部等部门。

服务型政府建设目标还被纳入最高国家战略规划。2011年3月，"十二五"规划再次明确提出要"改善民生，建立健全基本公共服务体系"。事实上，早在"十五"计划中，中央政府领导就已提出政府"不再是资源配置的主要力量"，认为经济增长应建立在市场竞争的基础之上。此外，"十五"计划还把科技和人力资源视为中国赶超先进国家的决定性因素。参与制订"十五"计划的官员指出，这是20世纪90年代中期以来社会主义从短缺经济转为过剩经济的必然要求，计划体制必须从强调物质生产和实体增长转向更加广泛的以人为本的发展①。

马尔科姆·格拉德威尔2000年的著作《引爆点》通过引入单一引爆点的概念普及了有关规范级联的研究，他提出，有一种神奇时刻，一个想法、趋势或社会行为跨越一个阈值，引爆开始，影响力像野火一样蔓延。服务型政府正是在政府话语和执政党话语的反复言说及重要性宣示中，顶层设计有力开启，服务型政府知识系统获得了较高的知识势能，表现出巨大的知识力量和话语力量，成为向学界和政界强力扩散的"引爆点"。

二、服务型政府建设全方位的开展

最高层的政策制定者通过政府话语和执政党话语不仅为服务型政府建设的总目标、指导思想和主要任务进行了规划，也为各级政府继续服务型政府建设的创新行动提供了合法性和回旋余地。对于何为服务型政府建设，基于服务型政府是对"管制型政府"超越的判断，本研究认为如果政府对于经济、社会的治理工具的选择突破原来的管制路径而更

① ［德］韩博天：《红天鹅：中国独特的治理和制度创新》，石磊译，北京：中信出版社，2018年，第117页。

多地选择服务路径，政府在主要职能定位于服务经济发展的同时，更多的是以社会需要为导向提供更多的社会服务，这就是在建设服务型政府了。

服务型政府在取得了政府话语和政党话语的共同认可和顶层设计后，服务型政府建设上升为国家战略，为服务型政府知识系统提供了最高阶的知识势能，服务型政府建设由此进入大力推进、全面创新的阶段，多领域、多层次地开展起来。孙涛、张怡梦通过梳理改革开放40年来国家集中进行的历次机构改革的政策文本和历次机构改革的关键要素，即改革背景与动力、改革原则与目标、改革方案与内容、改革效果，总结出了历次政府机构改革围绕"精兵简政、转变职能、优化结构、提高效率"的逻辑主线，以深化职能转变为核心，机构改革和职能转变的关系经历了由"被动配合"到"主动作为"的转型，机构改革的演进趋势为绩效导向的服务型政府①。

（一）大幅度减少行政审批

经济发展需要不断动员土地、劳动、资本等资源并将其投入生产，满足社会需要。计划经济体制下可以动员资源，但难以满足社会需要，无法形成供需良性互动的循环，生产率水平也很低。我国的市场化改革始于满足社会需要，1981年党的十一届六中全会提出我国要解决的主要矛盾就是"人民日益增长的物质文化需要同落后的社会生产之间的矛盾"。在改革过程中，由于市场大多不够完善，法治也不够健全，私人部门很难克服各种协调困难和不确定性，政府和国企于是主导投资，深度介入了工业化和城市化的进程。这一模式的成就有目共睹，也推动了市场机制的建立和完善。但这种模式不能一成不变，过去的成功经验不见得能适应当下和未来的需要。政府能力不仅包括获取资源的能力，也包括随着经济发展而不断调整自身角色和作用方式的能力。当经济发展到一定阶段后，市场机制已经相对成熟，法治的基础设施已经建立，民间的各种市场主体已经积累了大量资源，市场经济的观念也已经深入人心，此时若仍将资源继续向政府和国企集中，效率就会大打折扣。投

---

① 孙涛、张怡梦：《从转变政府职能到绩效导向的服务型政府——基于改革开放以来机构改革文本的分析》，《南开学报（哲学社会科学版）》2018年第6期。

资、融资、生产都需要更加分散化的决策。市场化改革要想更进一步，"管制型政府"就需要逐步向"服务型政府"转型①。

服务型政府对管制型政府的超越，最基本的是要把政府的职能从以管制为主转向以服务为主。我国政府对经济社会的管制又多是通过行政审批进行的，因此服务型政府建设首先要清理行政审批。事实上，我国服务型政府建设的开端是由清理行政审批诱发的。2001年，中央成立了全国行政审批制度改革领导小组，开始部署为适应加入WTO后在法律、法规和行政规章方面与国际接轨的要求，对我国长期以来的行政审批制度进行改革。2001年10月，国务院召开了行政审批的电视电话会议，具体部署了行政审批制度改革的事宜，启动了第一轮行政审批改革，给企业和公民自由从事经济活动的更大空间，以保证市场在社会经济活动中发挥基础性配置社会资源的功能。2001年到2005年4月，国务院部门共取消和调整审批项目1 806项，占总数的50.1%。中央政府不断调整组织结构和转变政府职能，将大的部门分解成若干的小机构，或通过将职权下放给较低层的行政机关，使更贴近群众的基层政府更具弹性和灵活性，从而更有效地、符合实际地为民众服务②。

我们的政府长期习惯于依靠行政审批进行国家事务的管理，在大量削减行政审批事项以后，政府应该干什么、其职能是什么等关系到政府存在的合法性问题。于是，政府服务自然就成为各级政府为自己寻找到的合法性依据，同样也就自然提出了政府从管制到服务的转型问题。各级政府改革的思路都是循着建设服务型政府这个方向进行的。

经过多轮取消和调整行政审批项目改革，到2009年年底，总共取消和调整了国务院各部门的审批项目1 992项，地方各级政府则取消和调整了77 692项行政审批项目。2010年7月，国务院决定取消行政审批项目113项，71项行政审批项目下放管理层级，并要求各部门和地方政府继续深化行政审批制度改革，进一步减少行政审批项目，规范审

---

① 竹立家、杨萍、朱敏：《重塑政府："互联网+政务服务"行动路线图 实务篇》，北京：中信出版社，2016年，第298页。
② 竹立家、杨萍、朱敏：《重塑政府："互联网+政务服务"行动路线图 实务篇》，北京：中信出版社，2016年，第108页。

批流程，创新审批方式，健全行政审批制约监督机制①。

（二）构建基本公共服务体系

服务型政府建设突出了公共服务、社会管理等职能的重要性。在我国服务型政府的建设中，基本公共服务被放在重要的位置，提供基本公共服务已成为政府的主要职能之一，"2020年基本公共服务均等化总体实现"的目标也已确立。

在社会保障体系建设方面，2003年以后，以民生为导向的社会政策密集出台，构成了服务型政府建设的重要内容，如"新医改"方案、新型农村社会养老保险制度。政府加强了社会保障体系的建设，构建社会保障体系是用经济的手段来解决社会问题，达至国家治理的目的。公平、公正作为核心价值理念，总是与社会分化的趋势和市场作用的方向相反。30年来，中国出现了"两个奇迹"："经济发展奇迹"和"社保发展奇迹"。中国用了30年创造了社保发展的"中国奇迹"，为中国改革和发展保驾护航，为经济改革和社会发展发挥出托底的作用，为经济改革和社会发展发挥出促进的作用。这标志着服务型政府建设进入一个新阶段。

在教育政策上，最浓墨重彩的一笔应是从2008年9月1日正式实现城乡义务教育全部免费。"让所有的孩子都能上得起学，上好学"，是中国政府推进教育公平的坚定承诺。2006—2008年，政府坚定决心，加大投入，逐步完成了从农村到城市，从试点到推广，全面免除城乡义务教育学杂费的进程，迈出了具有里程碑意义的四大步。

医疗政策上，最为突出的是"新医改"意见的公布。2009年3月17日，中共中央、国务院向社会公布了关于深化医药卫生体制改革的意见。"新医改"实际上是从上世纪末启动的医改，到2009年的"二次出发"，关乎13亿人的切身利益。这一轮的医改以"建立基本医疗卫生服务制度，全面加强公共卫生服务体系、进一步完善医疗服务体系、加快建设医疗保障体系、建立覆盖城乡居民的基本医疗保障体系"为主要内容。方案中还强调了八个机制的建设工作，简称"一个目标、

---

① 吴玉宗、古洪能、张鹏：《沿海经济发达地区县级服务型政府建设研究》，长春：吉林大学出版社，2014年，第19-20页。

四梁八柱"。这一轮的医改涉及面比较广泛，政府也是雄心勃勃。光是2009—2011年，国家就投入13 800亿元，重申了政府在医疗卫生筹资和公共产品提供方面的主导作用。

住房政策上，大规模实施保障性安居工程。保障性安居工程包括四类：保障性住房建设、棚户区改造、农村危房改造和游牧民定居工程、城镇老旧小区改造工程。保障性安居工程作为重要战略部署，是转方式、调结构、惠民生的重大举措。2007年，国务院发布《关于解决城市低收入家庭住房困难的若干意见》，以此为开端，我国开始大规模建设保障性住房。值得一提的是，"十二五"期间全国城镇保障性安居工程建设任务3 600万套，是《国民经济和社会发展第十二个五年规划纲要》明确的约束性指标。

2000年以来，中国的五年规划包含了不同的预测性指标（即政府希望实现的目标）及严格执行的约束性指标。约束性指标用来规范政府行为（而不是干预企业决定），约束的对象不再是企业，而是各级政府部门。这种转变是因为制定规划的官员逐渐认识到，如果国家规划仅仅局限在1993年的教条上，作为"战略性、宏观性和政策性"的指导方针，国家规划将失去公信力和有效性。约束性指标在引进之初曾经遭到许多市场派官员和学者的批评，但是制定规划的官员成功地说服了决策者，并让规划专家委员会里的市场派经济学家最终也接受了他们的建议，这种做法在环境保护和土地利用方面是合理与合适的[1]。约束性指标的确立使得保障性安居工程建设得以大规模地开展。

（三）改革公共财政体制

要想把握政府的真实意图和动向，不能光读文件，还要看政府资金的流向和数量，所以财政从来不是一个纯粹的经济问题，而是国家治理的基础和重要支柱[2]。基本公共服务体系得以构建，社会安全网的搭建离不开公共财政强有力的支持。此阶段的服务型政府是对经济建设型政

---

① ［德］韩博天：《红天鹅：中国独特的治理和制度创新》，石磊译，北京：中信出版社，2018年，第118页。

② 兰小欢：《置身事内：中国政府与经济发展》，上海：上海人民出版社，2021年，第46页。

府的超越，当政府的价值目标以经济建设为中心时，政府的财政资金便大量投资于经济建设；当政府的最高价值目标转向服务民众、改善民生时，政府的财政资金就会更多地转向投资于公共产品供给和服务。服务型政府建设离不开公共财政体制改革提供的坚实基础。

20世纪90年代的财政改革及其他根本性改革（如国企改革和住房改革），激化了一些社会矛盾，在分税制改革后的头些年，地方政府在财政支出上向招商引资倾斜（如基础设施建设、企业补贴等）。20世纪90年代中后期，财政支出中"经济建设费"占40%，民生支出（教育、医疗、环保等）相对不足，"社会文教费"（科教文卫及社会保障）只占26%①。这是党的十六大提出"和谐社会"与"科学发展观"的时代背景。与"科学发展观"对应的"五个统筹"原则中，第一个就是"统筹城乡发展"。从2000年开始，农村税费改革拉开帷幕，制止基层政府乱摊派和乱收费，陆续取消了"三提五统"和"两工"等。2006年1月1日，农业税彻底废止，这是一件具有历史意义的大事，终结了农民缴纳了千年的"皇粮国税"。这些税费改革不仅提高了农民收入，也降低了城乡的贫富差距。能推行这些改革，得益于我国加入WTO之后飞速发展的工商业，使得国家财政不再依赖于农业税费。2000年至2007年，农业部门产值占GDP的比重从15%下降到10%，而全国税收总收入却增加了3.6倍（未扣除物价因素）②。

农业税费改革减轻了农民负担，但也让本就捉襟见肘的基层财政维持起来更加艰难，所以之后的改革就加大了上级的统筹和转移支付力度，把农村基本公共服务开支纳入国家公共财政保障范围，由中央和地方政府共同负担。比如，2006年开始实施的农村义务教育经费保障机制改革，截至2011年，中央财政一共安排了3 300亿元农村义务教育改革资金，为约1.3亿名农村义务教育阶段的学生免除了学杂费和教科书

---

① 郁建兴、高翔：《中国服务型政府建设的基本经验与未来》，《中国行政管理》2012年第8期。

② 竹立家、杨萍、朱敏：《重塑政府："互联网+政务服务"行动路线图 实务篇》，北京：中信出版社，2016年，第72页。

费①。再比如，2003 年开始的新型农村合作医疗制度（"新农合"）与 2009 年开始的新型农村社会养老保险制度（"新农保"）等，均有从中央到地方的各级财政资金参与。

党的十六大之后，中央强调将更多财政资金投向公共服务领域。2003 年，中央提出"科学发展观"，要求"统筹经济社会发展，统筹人与自然和谐发展"，更加重视民生支出。分税制改革后，地方政府手中能用来发展经济的资源受到了几方面的挤压，预算内财政支出从重点支持生产建设转向了重点支持公共服务和民生。从 2003 年开始，政府逐步增加了财政资金对公共服务和公共产品的支出，明显向民生支出倾斜。在 21 世纪初，全国开始推行"扩权强县"和"财政省直管县"改革。前者给县里下放一些和市里等同的权限，比如土地审批、证照发放等；后者则让县财政和省财政直接发生关系，绕开市财政，在财政收支权力上做到县市平级。这些改革增加了县一级的财政资源，有助于缩小城乡差距。

（四）加强政府公共服务职能

政府职能的转变必然倒逼政府机构进行改革，管制型的机构是无法履行服务职能的。部门化、分类化和专业化代表了今天众多公共部门的特征，但正是这些相互制衡、层层约束的组织机构和过多的流程控制点，让绝大多数公共部门办事效率低下、人浮于事、相互推诿，资源大量浪费，官僚主义泛滥，提高服务速度势在必行。许多行政机构长期以来都面临着一个问题，就是机构臃肿不堪，大量的时间都花费在各层级管理部门的沟通和磨合中，相互之间的钳制往往还会带来运行成本的增加，所以迫切需要一场结构和体制的变革。比如精简各级组织，重建由最高决策层到一线执行层的绿色通道，摆脱冗长且繁杂的公文拖累，去掉没必要的中间沟通环节和审批环节，提倡直接处理法。无论政府机构还是企业，当他们围绕客户、产品或过程进行组织时，目标是一致的，就是让工作人员和他们的工作朝着相同的方向努力，因为公民和管理者都想知道的是目标而不是工作量。政府机构改革一直是行政管理体制改

---

① 竹立家、杨萍、朱敏：《重塑政府："互联网+政务服务"行动路线图　实务篇》，北京：中信出版社，2016 年，第 73 页。

革的重要组成部分，也是服务型政府建设的关键环节。

　　改革开放以后至党的十八大之前，我国共进行了七次大规模的国务院机构改革。政府机构改革演进的路径总的趋势是从管制型的政府机构变革为服务型的政府机构。虽然 1982 年、1988 年、1998 年和 2003 年的改革的指导思想是效率主义，没有明确提出以服务为改革的指导思想，但在改革的过程中已经开始触摸到了服务的门槛。1982 年，为了提高政府工作效率，干部年轻化的政府机构改革开始实行。1988 年的政府机构改革的历史性贡献是首次提出了"转变政府职能是机构改革的关键"这一命题，此次改革为以后政府职能更多地向公共服务转变做了"转变政府职能"概念上的铺垫，为后期改革增加公共服务职能和公共服务部门在组织方面扫清了道路。

　　2003 年的政府机构改革是一个转折点。2003 年的政府机构改革以科学发展观为价值导向，以建设服务型政府为目的。如"发展计划委员会"更名为更具宏观调控特征和服务特征的"发展和改革委员会"，取消了其具有作为管制型政府机构根本特征的"计划"职能。国家计划生育委员会也进行了更名，增加了"人口"二字，为的是通过政府力量提高出生人口素质、不断完善流动人口管理服务体系，以及积极应对人口老龄化问题。对经济极具管制功能的经济贸易委员会则被直接取消了。另外，2003 年的政府机构改革还强化了政府的监管职能。当政府不再当"运动员"时，就可以把更多的精力和财力放在为社会、经济提供更多公共服务和创造良好的发展环境上。

　　2008 年的国务院机构改革是深化行政管理体制改革的重要组成部分。此次改革是为探索大部门体制、建设服务型政府而进行的政府机构改革。这次改革的亮点在于加强和整合了以改善民生为重点的社会管理和公共服务部门。如新组建了人力资源和社会保障部，除了更好地为实施人才强国战略服务外，该部门主要是在以促进就业、维护劳动关系稳定和完善社会保障体系为核心的社会管理和公共服务领域发挥政府的调控服务功能。另外，国家环境保护总局升格为"环境保护部"，表明党中央、国务院对环境保护工作的高度重视，昭示了我们国家发展和前进的方向，表明环保工作进入国家政治经济社会生活的主干线，为促进环境保护与经济的高度融合提供了高位阶的组织保证。新组建的住房和城乡建设部，其要承担的责任之一即保障城镇低收入家庭的住房，此外还有拟定住房保障相关政策并指导实施，会同有关部门做好中央有关廉租房资金安排，监督地方组织实施。

2013年国务院机构改革是以职能转变为核心，重点理顺职责关系，稳步推进大部门制改革，为全面建成小康社会提供制度保障而进行的政府机构改革。这次改革是在以往改革基础上进行的一次渐进整合式改革，表现为机构整合、职能整合、制度整合及技术整合四种改革战略。我国政府机构"上下对口"的科层制特征，使得各级地方政府在国务院机构改革的推动下纷纷进行了多轮与中央政府相对应的政府机构改革。除此之外，沿海经济发达地区的少数地方政府也进行了富有地方特色的政府机构改革。

2008年和2013年的改革表现出的机构整合、职能整合、制度整合、技术整合改革策略是为了达成服务型政府机构内部及机构间的合作与协调的功能。

推进政府机构改革、加强政府公共服务职能建设，与旨在通过服务型政府建设来提升全民共享的公共服务绩效机关效能建设同时进行，并成为服务型政府建设中组织建设的一部分。在效能建设的过程中，效能考核所依据的基本标准包括效率、满意度、服务质量、服务数量、回应、问责、廉洁、民主、参与、信任、透明、公平。至于如何进行效能建设，各省的主要举措包括：通过各种手段，比如首问负责制、限时办结制、责任追究制、政务公开、阳光政务、透明行政、行政审批项目简化和流程优化、行政服务中心、规范自由裁量权和行政执法，限制公共权力的滥用和误用；通过人力资源管理、信息技术管理、领导能力和组织体系等方面的革新，比如转变或改进工作作风、提升公务员队伍素质、加强行政队伍建设、提供信息技术支持（网站、信息化建设等）、建立效能办和效能投诉中心，加强政府能力建设；通过绩效评估与考核、民主与社会监督等问责和激励手段，确保政府职员都有参与和推动绩效改进的动力和压力。

（五）强化行政责任与服务意识

在变革组织过程中，将个体与变革过程联系起来是不可避免的，因为个体成员必须学习变革的意义，并成为变革的参与者。虽然这种学习过程未必需要借助个体职能的集权化和集中化来满足组织的需要，但是必须通过自愿和参与的方式才能实现。这也就暗示了没有组织成员积极地参与和贡献，有意义的组织变革是不可能发生的。诱惑的存在和自律的不足，也会带来治理主体公共责任履行的缺失，尤其是政府以"越轨者"而不是服务者为理念时，公共责任"博弈"就会在心理—行为的选择上表现为隐藏美德、贴标签、依赖奖惩、对抗、拉帮结派等①。

想要造就服务型政府有效的知识，需要许多知识体系。一方面，要在减少行政审批事项、进行机构改革，以及改革公共财政体制、构建基本公共服务体系这些事关政府组织结构与功能的措施上下功夫，使得政府职能从管制向服务转变。另一方面，政府中最巨大的学习资源是那些最贴近行动的人。无论制度还是战略，终究离不开人事关系。中国服务型政府建设离不开使政府运转起来的各级领导干部及政府工作人员，高层管理者还必须意识到，需要与那些为政府工作的民众合作，需要让这些人参与公共政策过程。这一存在于上层管理者和下属民众之间的持续互动和对话是公共组织发展的生命线，以创造视野更为广泛的社会知识体系②。

就顶层官僚职位的录用而言，国家之间存在区别。例如：美国模式似乎强调对掌权政府的忠诚性和政治回应性；英国模式强调高阶公务员的专业性；德国模式结合了忠诚性和专业性。在联邦官僚体系中，高层领导职位不再由职业的公务人员，而是由政治任命的官员担当，他们向某种政治利益负责，不向公众负责。这样的任命倾向于把行政管理当作高度工具化的东西。他们是引导政府开展公共管理活动外包运动的急先锋，在他们有关公共行政的概念中，他们所强调的是没有公众的公共行政。在非西方国家，其发展趋势是保证社会结构能够显示公众的存在。中国的服务型政府建设期望通过官僚内部强有力的管理，为公众提供更好的公共服务。从 2003 年"非典"事件开始，中央政府确立了行政责

---

① 孔繁斌：《公共性的再生产：多中心治理的合作机制建构》，南京：江苏人民出版社，2012 年，第 163 页。

② ［美］全钟燮：《公共行政的社会建构：解释和批判》，孙柏英、张钢、黎洁，等译，北京：北京大学出版社，2008 年，第 11 页。

任追究的制度。为了使问责制有规可依，国务院在 2004 年 4 月通过了《党政领导干部辞职暂行规定》，对"因公辞职""自愿辞职""引咎辞职""责令辞职"做了严格规范。成都市对"不在状态"的庸官进行整肃，撤销其领导职务。沈阳市建立了行政过错追究制。安阳市实行了首问责任制、限时办结制、失职追究制。湖州市建立了首问首办制，特别重要的是在上级问责的过程中引入了民意的要素，这是服务型政府建设的重要内容。

领导干部的行政责任可以更多地通过法律规定、制度建设来强化，但服务意识在属性上更接近于行政伦理与道德，因其不可测量性，为"不可计量任务"。在现实行政管理情境下，很难对服务意识做出有关规定并考核。公务员由于注意力有限，有时会因为"时间紧、任务重"等情境，出现"可计量任务"驱逐"不可计量任务"的情况，这也就不难理解暴力执法、野蛮执法的出现了。"现实"行政管理情境下的伦理和道德被认为是过时甚至是可笑的。时间压力、政治考量、底线要求、复杂性、来自主管的骚扰、顾客和公众的需求及媒体监督等使行政管理者仅采用权宜之计，或者如赫伯特·西蒙（Herbert Simon）所说的"令人满意的"行为。日常行政管理决策中对伦理的考虑，有时看来似乎是可悲或者愚蠢的。尽管在公共服务中，伦理具有复杂的天性，但是行政管理者永远也不可能逃脱行政管理的伦理，因他们对他们所服务的公众负有责任[①]。

政府提供的是服务还是管制，即服务型政府的建设关键的一环在于政策输出链条的末端，即广大政府工作人员。行政人员出于职业责任，以及创造与其他公民的必要联系的需要，需以信任为基础来关心公民并与公民进行互动。服务型政府建设基于服务价值观的领导，要求政府工作人员根据道德和信任而不是强制因素来处理公共事务。服务水平如何，服务质量怎么样，服务态度好与差，都取决于直接面向老百姓提供服务的政府工作人员。政府工作人员应该提供比管制型政府更高质量、态度更好及更人性化的服务，这是服务型政府建设的应有之义。但因为

---

① ［美］全钟燮：《公共行政的社会建构：解释和批判》，孙柏英、张钢、黎洁，等译，北京：北京大学出版社，2008 年，第 138 页。

"高质量、态度好、人性化"这些要求很难测量与界定，所以强化公务员的服务意识变得不具有可操作性。在建设服务型政府的过程中，转变公务员的思想观念、熔铸起公务员的服务精神极具考验。

一方面，通过制定《中华人民共和国公务员法》（2005 年）及各地方政府出台"国家行政机关及其公务员公共服务行为规范规定"等对公务员的服务行为和考核、惩戒制度等进行规范。通过赋予公民知情权及推行政府信息公开化，引导被服务者参与和监督服务型政府的建设。国务院修订了《国务院工作规则》，实行科学民主决策程序、推进依法行政、加强行政监督是国务院工作规则的重要内容和最突出的特点，其中特别突出的是强调了决策民主化的问题。一些地方政府大力提高公众在政府决策和绩效考核等方面的参与力度，特别注意听取和吸纳社会公众的意见与建议。比如青岛市政府就将民意作为官员政绩考核的指标之一。

另一方面，通过"干部培训"这一颇具中国政府特色的"软性"手段，对各级党政领导干部进行系统培训，并结合领导人的号召等，培育各级党政工作人员的服务意识。中国在公务员选拔、录用、晋升中坚持德才兼备的原则，在公务员培训中坚持技术培训和政治学习相结合。社会人类学家弗兰克·派克（Frank Pieke）在云南省委党校的一项田野调查中发现，"党校的干部培训不仅提高了党员干部学习党中央政策、会议、文件的能力，还提高了干部超越辖区范围的组织归属感"①。在中国法律规则不够健全而经济激励使用领域有限的状况下，党员的组织忠诚和思想承诺一定程度上对委托代理关系中自由裁量权的控制发挥着积极作用。尽管一定的法律和规则对于组织运行不可或缺，然而对规则的过分崇拜也是致命的自负。随着人类步入后工业社会，可预见、明确的规则在高度复杂性和高度不确定性的治理环境下还未完善，而组织忠诚和思想承诺为人的主动性的发挥提供了空间，这也为服务意识的培育提供了很好的组织文化氛围。

---

① Frank Pieke. "The production of rulers: Communist party schools and the transition to neo-socialism in contemporary China". *Social Anthropology*17, NO. 1（2009）: 25-39.

这一阶段由于国家政策决策层对服务型政府的认可，尤其是在党的十七大上，建设服务型政府作为我国行政体制改革的战略目标得以确立，从而在实践领域突破地方实践局限，扩散成为一场从上到下、从中央到地方的服务型政府全面建设行动，在政府职能转变、改革公共财政体制、加强公共服务部门、构建基本公共服务体系、强化行政责任与服务意识等关键领域展开建设活动。但对服务型政府的知识发掘、理论创新、实践建设并没有止步于此。新一届领导班子的履职，开始了对服务型政府建设新的认知和知识求取，并赋予其新的政治理念和新的政治抱负。

第五章　新政治理念
推进深入实践：服务型政府
建设的再升级

第一节　新时代政府理论话语的创新

为达到一个更有意识的、具有批判性的理性思维，一个自我省察过程是非常有必要的。自我省察能够促使行政管理者更具批判性、富有责任感和做出符合伦理的行为①。服务型政府的提出是适应我国经济转型和社会转型的产物，是对现实困境的一种回应。党的十八大之前，服务型政府建设表明学术界和政界对服务型政府的认知取得了较多的共识，对服务型政府的逻辑和框架的认知已然明确，但认知的深度还不够。随着行政管理体制改革的推进，服务型政府如何对行政体制关键问题进行破解，服务型政府建设怎样向前推进、如何融合发展成为完善服务型政府知识体系面临的重大理论问题与实践问题。

我国之所以能够旗帜鲜明地提出建设服务型政府，并将其作为一种新的政府类型进行知识上的求取，主要基于我国政府所秉承的基本政治理念"为人民服务"。"为人民服务"既是马克思主义政党的内在要求，也是中国共产党立党的基本原则，新时代则在"以人民为中心"的思想中得到升华。建基于"以人民为中心"的政治理念，政府理论话语得以创新，我国提出了"建设人民满意的服务型政府"的目标，服务型政府建设也开创出新的局面。

一、"以人民为中心"的政治理念

党的十八大以来，习近平总书记提出的"以人民为中心"的发展思想，从政治上确认了"主人"与"仆人"的关系，就是对党的初心的确认，要求各级党组织与党员干部坚持人民的主体地位，当好"人民公仆"，更好地为人民服务。

改革开放以来，一方面，工人、农民、知识分子等传统阶层依然存在；另一方面，新兴阶层不断涌现。我国随着社会阶层结构深刻变动，

---

① ［美］全钟燮：《公共行政的社会建构：解释和批判》，孙柏英、张钢、黎洁，等译，北京：北京大学出版社，2008 年，第 148 页。

出现了贫富差距扩大、利益分配矛盾明显等问题。在这种新形势下，能否把人民摆在中心地位，把人民的利益放在首位，成为执政党必须面对的一个重大现实问题。低收入人群想要提高收入，最直接的方式就是到经济发达城市打工，这些城市能为低技能工作（如快递或家政）的人员提供不错的收入。目前，我国人口流动依然受限，以地方政府投资为主推动城市化和经济发展的模式是重要因素之一。重土地轻人，民生支出不足，相关公共服务（教育、医疗、养老等）供给不足，不利于外来人口在城市中安家落户，不利于农村转移劳动力在城市中谋求更好的发展。

2012年11月15日，习近平总书记在十八届中央政治局常委同中外记者见面时明确宣布："人民对美好生活的向往，就是我们的奋斗目标。"党的十八大以来，以习近平同志为核心的党中央系统提出了"坚持以人民为中心的发展思想"，这个思想包含三个方面内容，即发展为了人民、发展依靠人民、发展成果由人民共享，分别回答了发展的根本目的、根本动力和根本价值问题，并明确指出"这是马克思主义政治经济学的根本立场"。党的十九大报告明确指出我们已经进入新时代，需要秉承"人民至上"的人民观，从人民群众中不断汲取智慧和力量，依靠人民群众再创新的历史辉煌。因此，党的十九大报告又把"坚持以人民为中心"上升至新时代坚持和发展中国特色社会主义基本方略的高度，其成为党的十八大以来以习近平同志为核心的党中央关于发展问题的重要创新性理论成果。"以人民为中心"思想强调发展的根本目的就是服务于人民，体现了发展主体与共享主体、发展目的与发展规律、发展价值论与发展方法论的统一，遵循了"依靠人民发展—发展服务人民"这一逻辑，体现出较强的务实性。

"以人民为中心"思想是对时代的回应。"以人民为中心"的思想形成于党的十八大以来的发展实践中，在党的十九大上成为指导习近平新时代中国特色社会主义建设的行动指南。2017年党的十九大报告指出，我国社会主要矛盾已经转化为人民日益增长的美好生活需要和不平衡不充分的发展之间的矛盾。这是自1981年党的十一届六中全会提出"我国所要解决的主要矛盾"以来，中央首次重新定义"主要矛盾"，说明中国共产党和中国政府的工作中心发生了根本变化。随着新时代社会主要矛盾的转化，人民群众在民主、法治、公平、正义、安全、环境等方面提出了更高的要求。收入差距不可能完全消除，但社会也无法承受过大的差距所带来的剧烈冲突，因此必须把不平等控制在一定的范围之内。"隧道效应"是形容隧道中两条车道一动一静时静的那条的焦虑和难耐，先富和后富就是一种"隧道效应"。并没有什么神秘的经济力量会自动减少收入不平等，"先富带动后富"也不会自然发生，而是需要政策的干预。不平等不断扩大会让社会付出沉重的代价，必须小心谨慎地对待。

随着公众政治素养的不断提高，个人在政治参与上有了更多诉求。目前，改革已经进入深水区，面临着种种潜在的危险和困难。因此要想突破瓶颈，着力解决好新时代的发展问题，必须充分调动人民群众的积极性，依靠人民群众的力量，促进政治、经济、文化、社会、生态的全方位发展，实现国家治理体系和治理能力的现代化。这就要求执政党做到"以人民为中心"，坚持人民的主体地位，立党为公、执政为民，保障和落实人民的各项权利，更好地维护人民的根本利益。

"以人民为中心"思想是"为人民服务"思想的升华，其所内含的政治意蕴为：主体是人民，人民是权力的主人，党员干部所拥有的权力是人民所赋予的，党员干部及各级党组织要时刻接受人民的监督，用人民所授予的权力全心全意为人民服务。2013年，习近平总书记在山东视察时曾引用一句古话："穿百姓之衣，吃百姓之饭，莫以百姓可欺，自己也是百姓。"这深刻揭示了干部与百姓之间的内在关系，即干部本身也是百姓，要在工作中避免"官老爷"作风，始终恪守执政为民的公仆精神。因此，"以人民为中心"是执政党对应该"怎样服务"这一问题做出的回应。

"以人民为中心"的思想对"服务"理念在实践中造成的行为偏差进行了回归和重塑。人民的事情由人民商量决定，在人民需要的领域，党和政府要积极补位，广泛调动人民群众参与政治生活。回应人民对服务的需求，在提高服务质量的同时，留出适当空间允许人民群众服务自身，不论是政策制定，还是社会治理等其他领域，都应允许并且调动人民参与其中。"初心和使命是现代使命型政党的兴党之魂，强党之基"①，党的十八大以来，习近平总书记提出"以人民为中心"的发展思想是对党的初心的确认，要求各级党组织与党员干部坚持人民的主体地位，当好"人民公仆"，更好地为人民服务。

作为中国共产党的唯一宗旨，"全心全意为人民服务"所内含的政治意蕴为：主体是党和政府，是党和政府行使权力，运用权力，全心全意为人民服务，而人民作为客体、接受者，享受这一服务。必须认识到，虽然"服务"能赢得群众的支持和拥护，但是"服务"是目的而非手段。如果"服务"演化为一种获得政治支持与政治领导权的交易，那么人民在享受服务时便没有任何主动性可言，人民所享受的服务只是附属品，人民的利益也可能随时成为政治的牺牲品。"服务"不应该是单向的授予—接受关系，而应该是双向互动交流模式，即需要什么样的"服务"、"服务"质量如何都应该由人民群众说了算，而不是由党和政府根据主观臆断来提供大包大揽的服务。

由此可见，"以人民为中心"是"为人民服务"思想的升华，突出强调了主客体关系的转化。党之于人民的"工具"性，具体体现为党的"公仆"性质，即在党和人民的关系上，人民是主人，共产党是勤务员，从而真正实现中国共产党的领导由"官本位"向"民本位"的实质性转变。党和政府在全心全意为人民服务的过程中，要把握好自己的角色定位，做好"人民的公仆"，同时要相信人民，"为人民服务"不是"为人民做主"。这就要求"为人民服务"不能一味强调"服务"的供给，不能流于形式上的为民办事，而是要更加注重人民作为服务接受者的内心体验感，即以人民的"需要"为转移、以人民的"意志"为转移，使得"为人民服务"在实践中呈现为一个双向的互动过程。与人民是国家的主人这一身份相呼应，尽管党的地位变化了，但党的干部是人民的公仆永远不能变。

---

① 令小雄、汪金国：《初心与使命及中国共产党自我革命的逻辑——从五四运动后的百年历史视域审思》，《江南大学学报（人文社会科学版）》2019年第6期。

二、"建设人民满意的服务型政府"话语的提出

中国共产党对政府的绝对领导是政治生活的主题。简单来说，党负责重大决策和人事任免，政府负责执行，但两者在组织上紧密交织、人员上高度重叠，很难严格区分。党对政府的领导，决定了服务型政府的知识依据在于中国共产党对人民政权性质的认知和治国理政的实践经验，服务型政府的知识创新也源自中国共产党对人民政权的性质认识的不断深化和治国理政实践的不断探索。

如果只关注政府或公共服务本身，忽视对"人民"和"社会"这一关键主体的考察，就可能忽视服务型政府建设的根本价值①。以土地为中心的城市化忽视了城市化的真正核心——人。地价要靠房价拉动，但房价要由老百姓买单，按揭要靠买房者的收入来还，所以土地资本化实质是个人收入的资本化。支撑房价和地价的是人的收入，忽略了人，忽略了城市化本该服务于人，本该为人创造更好的环境和更高的收入，城市化就入了歧途。1980 年，我国城镇常住人口比重不足两成，2019 年超过了六成。约短短 40 年，超过 6 亿人进了城，这是不折不扣的城市化奇迹。但按户籍论，2019 年的城镇户籍人口只占总人口的 44%，比常住人口占比少了 16 个百分点。也就是说，有超过 2 亿人虽然常住城镇，却没有当地户口，不能完全享受到应有的公共服务（如教育），因为这些服务的供给是按户籍人数来规划的。这种巨大的供需矛盾，让城市新移民没有归属感，难以在城市中安身立命，也让留守儿童、留守妇女、留守老人成为巨大的社会问题。近年来，一系列改革措施的出台，都是为了扭转这种现状，让城市化以人为本②。

"顶层设计"这一词在进入新世纪的中国理论界后逐渐兴起，至 2010 年 10 月中央出台关于"十二五"规划的建议，"顶层设计"正式

---

① 谢新水：《从服务型政府到人民满意的服务型政府——一个话语路径的分析》，《探索》2008 年第 2 期。

② 竹立家、杨萍、朱敏：《重塑政府："互联网+政务服务"行动路线图 实务篇》，北京：中信出版社，2016 年，第 173 页。

被决策层明确提出。"顶层设计"对于改革的持续深化是不可或缺的。当前中国政府改革正是通过政府再造和重塑加以实现的，而以政府改革为主题的行政体制改革是中国政治体制改革的切入点。为了落实和实践"以人民为中心"的政治理念，基于中国政府的非价值中立性质，党的十八大以来不仅没有弱化服务型政府建设，反而不断强化，并对服务型政府理论做出新的创新，提出"建设人民满意的服务型政府"。

党的十八大报告指出："要按照建立中国特色社会主义行政体制目标，深入推进政企分开、政资分开、政事分开、政社分开，建设职能科学、结构优化、廉洁高效、人民满意的服务型政府。"[①] 党的十九大报告指出："带领人民创造美好生活，是我们党始终不渝的奋斗目标。"为了实现党的执政目标，党的十九大报告同时指出了政府创新改革的方向即"转变政府职能，深化简政放权，创新监管方式，增强政府公信力和执行力，建设人民满意的服务型政府"[②]。将人民主体、人民利益、人民监督和人民满意等概念逐渐融入建设服务型政府的目标之中。

由于现代社会的复杂性，政府从过去"父母官""导师""掌舵者"的角色变成"引导者"，政府不再像过去一样具有指导整个社会的方法和知识，人类社会开始从物质时代向更加人性的时代转型，没有什么科学能够像自然科学掌握物质属性那样掌握人性。同时，在变革时期，民众对需要改革的社会弊端具有更深刻、更直接的感触，所以他们的意见可能是最具启发意义的。这种以人民满意为驱动的政府在很多方面优于官僚制政府，以人民满意为驱动的政府更负有责任，更具创新能力，能够产生更多的服务选择，并可以减少浪费，因为以"人民的满意"作为行为导向的政府能够更明确地表达对人的关注。来自人民满意的压力比之过去来自上级的压力更加明确而贴近实际，一个明察秋毫、洞察人心的"天才高官"，也很难比民众本身更了解自己，何况这样的"高

---

① 胡锦涛：《坚定不移沿着中国特色社会主义道路前进　为全面建成小康社会而奋斗——在中国共产党第十八次全国代表大会上的报告（2012年11月8日）》，北京：人民出版社，2012年，第23页。

② 习近平：《决胜全面建成小康社会　夺取新时代中国特色社会主义伟大胜利——在中国共产党第十九次全国代表大会上的报告（2017年10月8日）》，北京：人民出版社，2017年，第39页。

官"极为难得。人民满意压力下的政府也更加灵活，因此对所出现的问题能迅速提出一些创新而切实可行的解决方案。

三、建设人民满意的服务型政府行动

从"服务型政府"到"人民满意的服务型政府"是中国执政党对政府的人民性本质的深刻认知，并通过政治话语来充分彰显，也是政府改革价值的迭代变化。不论学界还是政界，将服务型政府作为一个口号经常挂在嘴边的情况比比皆是，但要想形成真正理解和接受服务型政府的精神实质并以实际行动去践行的文化还有很长的路要走，要解决的核心问题就在于反思和重构人民与政府之间的关系，服务型政府建设的关键路径还在于对"人民满意"的理解和实现。从这个意义上讲，对民众的省察是一种政府公务人员的美德，这是社会实践的基础。行政管理者的美德还包括其他一些更广泛的责任和品质，例如关注公共利益、尊重基于实践的行动、寻求替代性的问题解决办法、促进相互作用、促进倾听和对话等①。

（一）学习群众路线工作方法

唐朝以后，以科举为基础、具有统一意识形态的庞大官僚体系成为中国政治和社会稳定的支柱之一。科举选拔出的官僚，既为政治领导，也为道德表率，不仅是政治体制的核心，也是维护国家和社会统一的文化与意识形态载体。这一体系的三大特点延续至今：官员必须学习和贯彻统一的意识形态；官员由上级任命；地方主官需要在多地轮换任职②。在任何体制下，权力运作都受到两种约束：做事的能力及做事的意愿。前者取决于掌握的资源，后者取决于各方的积极性和主动性。

中国政府组织的一个显著特征是政府公务人员中共党员的高比例。仅就狭义政府而言，中国政府的组织特征与运作逻辑与韦伯官僚组织的

---

① ［美］全钟燮：《公共行政的社会建构：解释和批判》，孙柏英、张钢、黎洁，等译，北京：北京大学出版社，2008年，第157页。
② 兰小欢：《置身事内：中国政府与经济发展》，上海：上海人民出版社，2021年，第16页。

差异是根本性的，即中国政府并非价值中立的技术系统，而是存在一种不同的特质——组织成员的组织忠诚和思想承诺，原因在于中国政治的高度稳定性和持续性、政府公务人员中共党员的高比例，以及政治学习产生的政治整合作用。党员的组织忠诚和思想承诺一定程度上为委托代理关系中自由裁量权的控制发挥着积极作用，既为人的主动性的发挥提供了空间，也成为中国政府获得绩效的一项优势。

服务型政府的服务行政理念就是"政府乃民之公器"，因此为民服务、对民负责、受民监督就是理所当然的。服务型政府建设，就是要使政府行政按照这一理念来运作。这就是问题的关键。因此，要构建服务型的政府行政体制，政府机构改革就完全是次要的问题，怎样构建一种政府行政体制，使得政府行政能够真正为民服务、对民负责和受民监督才是真正重要的。所以构建服务型的政府行政体制就绝不仅仅是政府单方面的事情，而必须把民众紧密联系起来，把民众也包括在内，必须在"人民—政府"这一范式中来考虑问题①。

学习筑成了组织的变革之路。党的十八大明确提出，围绕保持党的先进性和纯洁性，在全党深入开展以为民、务实、清廉为主要内容的党的群众路线教育实践活动。从 2013 年下半年开始，按照党中央的部署，用了一年左右时间，在全党自上而下分批开展党的群众路线教育实践活动。我国政府组织的一个显著特征是政府公务人员中共党员的高比例，这次党的群众路线教育实践活动也是对广大政府工作人员进行的一次群众路线工作方法的教育。群众路线是我们党以马克思群众观点为指导对我国传统民本思想的继承与超越，它与我国服务型政府以人为本的理念是根本契合的，所以群众路线的工作方法也是广大政府公务人员提供政务服务的工作方法。

12345 市民服务热线是服务市民的重要平台和检验政府工作成效的重要窗口。类似 12345 的市长热线、区长热线在全国各地已基本普及。在深入推进党的群众路线教育实践活动过程中，浦东新区把 12345 作为倾听群众呼声、了解基层实情的重要载体，区委常委会积极带头示范，

---

① 吴玉宗、古洪能、张鹏：《沿海经济发达地区县级服务型政府建设研究》，长春：吉林大学出版社，2014 年，第 72-73 页。

区委领导轮流"坐堂"市民服务热线，"听民声、察民意、督办理、提效率"，使其成为贯彻党的群众路线、密切联系群众、改进工作作风的一项基本制度。

市民服务热线是中国特色的群众满意度调查，灵活多变，贴近实际，非常符合中国国情。群众满意度调查是为人民服务的执政理念的具体表现。事实上，政府服务工作中因为没能很好地考察民众真正的需求而导致服务效果差强人意的领域还有很多，而政府工作人员通过学习群众路线的工作方法，尤其是"从群众来"的工作方法，虚心向群众学习，向群众做调查工作，倾听群众呼声，对政府服务偏航现象予以纠正，就能真正了解群众对公共服务的真实需求，真切地使人民满意。

对人的强调和尊重，可以说是群众热线的一个重要目标。为人民服务的理念不再是一种美好的期许，而是有其厚实的经济基础的现实可能。践行为人民服务的理念，尊重公共服务的理想，是摆在每一位公务员面前的课题。传统的政府管理的科层理性阻碍了政府与民众之间形成一种广泛、有效、紧密、实时的交流。这使得政府总是慢半拍，跟不上民众满意的节拍。群众热线可以说就是构建了这样一个联系平台，这一中国共产党的传统法宝对新时期政府改革仍具有符合时代的现实意义。

（二）发展全过程人民民主

世界正经历着一场深刻变革，其中就包括政府怎样看待自己的重新定位、摆脱自上而下的集权管理方式、放弃原有政府占绝对支配地位的观念等。在政府改革理论中，如何处理好官僚制与民主的关系，如何通过民主行政模式去消解官僚制组织运转中的负面问题，一直是各国行政管理领域学者关注的理论议题。民主理念发展为一种制度形式，是当代世界政治的一项重要特征。根据西方代议制民主政治的逻辑，当每一个公民在选举投票中都被赋予同一化的权利时，人们就能在当家作主的过程中获得平等与自由的感知，民主追求的精髓就可以实现，至少以卢梭为代表的学者认为如此。

在民主理念的现实化过程中，一些核心的要素发生了置换：首先，

"由人民来治理"转为"由人民批准治理"①。不同的政治家依据自身的施政纲领争夺代理权，代表"人民的意志"的政治家将顺理成章地赢得民意、代理事务。其次，"公意"达成的过程被置换为选举机制。卢梭论述的"公意"达成的过程被简化为选民投票决出政治代理人的过程②，平等、人民主权等理念被约化为公民在选举过程中同一化的普选权，即"一人一票"。最后是民主概念的重塑。在新的理解中，民主政治并不一定意味着人民的统治，这种古典价值理念被视为具有欺骗性的、无法落实的虚妄概念。相反，民主的形式程序则被看作达到一种现实可行的、相对正确的民主的契机。这样一来，民主的实质定义与形式定义被抽离开来，民主被理解为一种通过投票活动来表达民意、挑选民意代表和政治家的程序和方法，是一种技术性的手段。

随着西方民主政治实践逐渐显现其形式化弊端，基于形式民主生产出来的西方政府也正在失去对整个社会的控制。当前，西方公民的政治冷漠，以及愈演愈烈的社会抗议、社会运动，诸如2011年美国声势浩大的"占领华尔街"运动与2018年的法国"黄马甲"运动，都让社会陷入极度的危机与动荡中，从而推动学者们开始重新思考民主的本质问题。针对西方民主制度本质上的缺陷，托克维尔曾预言，"拥有一定自主权的多元社会将是保障自由和民主的最后也是最强大的屏障"③，博克斯提出的"规模原则"也从实践层面讨论了公民参与的政治益处。这基本概括了后期民主理论的转型思路。随后，区别于精英民主对公民的排斥，参与式民主、协商式民主及社会主义民主等反思性的民主理论都倡导在民主程序中融入公民自由，以挽救西方民主的制度危机。不过囿于参与可能引发的低效率、高成本等问题，学者思考和设计参与治理时，多数情况下只把可参与的行政事务局限在较小范围甚至是封闭的讨论圈内，例如社区、村庄、小型城镇等。

---

① ［美］约瑟夫·熊彼特：《资本主义、社会主义与民主》，吴良健译，北京：商务印书馆，1999年，第364页。

② 郇雷：《协商民主对票决民主的改造和完善》，《上海师范大学学报（哲学社会科学版）》2016年第05期。

③ 潘小军：《从托克维尔到哈贝马斯：探寻法治的社会基础》，《法学论坛》2005年第3期。

在反思西方代议制民主政治实践的基础上，扬弃西方协商民主、参与民主等批判性民主理论，结合人民主权的制度基点及我国群众路线的资源特征，我国成功发展出了具有中国话语特色的协商民主实践。在长期的探索与实践中，作为民主理念现实化的另外一条路径，中国特色社会主义协商民主的独特优势逐渐显现①。在中国，社会主义协商民主倡导必须树立一种命运共同体的观念②，实现以"个人权利为中心"的社会基点向"为了人的共生共在"的社会基点的转型，我国以公有制经济为核心的经济建设和相应的法律制度等措施为其提供了制度保障。此时，个人与他者、个人与社会之间是共生共在、相互依存的关系，这种命运共同体的观念强调个人与整体的利益彼此关联③。由此诞生出的民主权利与民主制度才会排除个体性和排他性的权利意识，在公共意识和公共责任的基础上展开协商与合作。

从组织变革角度看，一个重要的假设是，源自主体和主体间承诺的行动能为更好地理解、解决问题提供各种各样的可能性。协商或商议理论的兴起是当代民主理论中最引人注目的现象，同时也起到了为社会治理多中心模式提供认知途径的作用。超越利维坦的集权和无政府的弥散化之两难，商议理论无疑展示了一种新的可能性。协商，也就是坦诚和理性的沟通，被广泛奉为成功参与的标志和必要成分。协商的质量，尤其是当参与者的利益和观点不同时，既取决于个体及其所代表利益的有技巧的宣传倡导，也取决于冲突解决策略和干预措施的有效性。协同治理是对政策执行失败，以及监管的高成本和政治化的反应。这可以更积极地认为知识和制度能力的增长也引发向协同治理发展的趋势。由于知识变得越来越专业化和分散化，制度基础建设变得更加复杂且相互依存，于是对协作的需求增加了。

因此，完善民主协商制度，建设人人有责、人人尽责、人人享有的社会治理共同体，成为探索建设人民满意的服务型政府的重要路径。

---

① 房宁：《我国社会主义民主政治的特有形式和独特优势》，《人民日报》2018 年 11 月 25 日第 5 版。

② 赵学琳：《人类命运共同体的文化理念》，《探索》2019 年第 2 期。

③ 林宇晖：《人类命运共同体中社会风险的辩证审视》，《江南大学学报（人文社会科学版）》2023 年第 1 期。

"全过程人民民主实现了以'个人权利为中心'的社会基点向以'为了人的共生共在'的社会基点的转型"①。2019 年 11 月，习近平总书记在上海长宁区虹桥街道古北市民中心考察时指出，我们走的是一条中国特色社会主义政治发展道路，人民民主是一种全过程民主，所有的重大立法决策都是依照程序、经过民主酝酿，以及通过科学决策、民主决策产生的。在庆祝中国共产党成立 100 周年大会上的讲话中习近平总书记再次指出，"践行以人民为中心的发展思想，发展全过程人民民主"。

从政治美德来讲，最重要的是公民质疑权威、倾听不同意见及参与公开话语的能力②。对于行政管理者来说，倾听民众的要求同样很重要，并且要根据这些要求的价值公平地对待这些事务。具有公民精神的行政管理者能够促进使个体愿望能得到讨论的公共话语体系的形成。只有当民主治理能够有效地应用省察、反思知识时，它才具有价值。社交媒体和其他技术平台让权力和行动的民主化成为可能，而且这种民主化的程度史无前例。确保网络上有可以循环流动的能量，最恰当的形容是信息的"碰撞"。一个只通过正式的或常规的通信集合连接起来的由个人或组织组成的网络是没有生命的，它的活力源于贯穿整个网络的能量流，这种流动以思想、情感或消息的形式出现。社会物理学要求社交性，政府公务人员应持续与网络中的其他成员互动。

在政策制定上，由于大部门的分解，职权亦被下放，这导致权力的协调性集中，也就是说，基层具有更大的话语权。而中央的顶层设计改变了过去闭门造车的状况，在政策制定过程中发挥着协调总结的作用。表面上看，中央制定政策的权力受到基层的牵制，但基层的政策一旦制定出来，就具有更大的执行力，因为政策来自基层，具有实际的操作性和更大的正确性，因而更具权威性。过去的中央部委在政策制定上具有更大的自主性，基层在政策制定上缺乏话语权，但一般情况下是政令难以通行，或者在地方上被层层修改。中央事实上是一种虚假的权威、表

---

① 杨妍：《全过程人民民主对西方代议制民主的超越——基于民主理念的实质性超越》，《江南大学学报（人文社会科学版）》2023 年第 5 期。

② 王浦劬、臧雷振：《治理理论与实践：经典议题研究新解》，北京：中央编译出版社，2017 年，第 155 页。

面的集权，而只有当基层、民众在政策制定上具有更大的话语权时，中央协调更广泛的各方面意见制定出来的政策才更加具有执行的权威和力度。也就是说，权力的下放与权力的集中并不总是矛盾的，而做到这一点就是以"人民满意"作为指导政策制定方方面面的根本标准。

全过程人民民主是与人民满意的服务型政府相适配的一种制度形式，其核心机理是广泛的民主协商，是将治理过程嵌入协商民主中。在中国特色实践中的协商民主并非作为选举民主的补充而存在的，社会主义协商民主与选举民主能够化解根源上的冲突，共同组成内容更广泛、层次更丰富的人民当家作主①。在具体实践中，人民通过人民代表大会制度直接、定期地行使民主选举和民主监督等权利，协商民主从微观上对选举民主进行补充完善，二者在实践中相得益彰，共同构成了公民参与公共事务的重要机制②。例如，我国基层党组织和政府部门不断创新社会治理方式，近年来"村级民主协商群言堂""民主恳谈会""五议决策法"等协商治理创新项目遍地开花，各式各样基层公共事务的协商平台不断涌现。通过基层协商民主的实践，人民群众实实在在地成为社会主义协商民主的重要参与主体，使得"人民当家作主"不再仅仅是一句口号③。

（三）创新政府履职模式

政府职能转变是当代中国政府改革的主要目标，也是建设人民满意的服务型政府的关键路径。改革开放以来的政府职能转变，服务于中国特色社会主义建设的根本任务，主要表现为政府职能体系的拓展和政府职能履行方式的创新④。

现实世界中没有定义，只有现象，只有环环相扣的权责关系。1994

---

① 董学宾：《习近平总书记关于政治建党的重要论述的鲜明特征》，《学习论坛》2019 年第 1 期。

② 申建林、蒋田鹏：《中国民主政治发展的"协商"与"选举"之辩——兼评"协商民主优先论"》，《武汉大学学报（哲学社会科学版）》，2014 年第 1 期。

③ 汪家焰：《中国特色社会主义协商民主的发展历程与逻辑探究》，《河南社会科学》2019 年第 3 期。

④ 孔繁斌、郑家昊：《建设人民满意的服务型政府——中国共产党对行政体制理论的创新探索》，《中国行政管理》2021 年第 7 期。

年之前，我国工业和基础设施比较薄弱，小规模的乡镇企业可以迅速切入本地市场，满足本地需求，而农村土地改革也解放了大量农村劳动力，他们可以从事非农工作，为乡镇企业崛起创造了条件。到了20世纪90年代中后期，工业品出口开始加速。2001年，中国加入世界贸易组织和国际竞争体系之后，工业企业必须扩大规模，利用规模效应来增强竞争力，同时需要靠近港口以降低出口运输成本。因此制造业开始加速向沿海地区集聚，大量工人也随之迁徙。如今，我国虽已成为"世界工厂"，但产业升级要求制造业企业不断转型，充分利用包括金融、科技、物流等要素在内的生产和销售网络，所以各项产业仍然集聚在沿海或一些中心大城市。

让更多人进入城市，尤其是大城市，逻辑上的好处是清楚的，但在现实中尚有很多争议，反对者主要是担心人口涌入会造成住房、教育、医疗、治安等资源紧张。劳动力的自由流动意味着有人来也有人走，若拥挤带来的价值超过收益，自会有人离开。至于教育、医疗等公共服务，缓解压力的根本之道是增加供给，而不是限制需求。这种集聚促进了当地服务业飞速发展，吸纳了从农村及中小城市转移出来的新增劳动力。这些新一代移民已经适应了城市生活，很多"农二代"已经不具备从事农业生产所需的技能，更希望定居在城市。

政府需要以人为本，创新履职方式，为人们提供必要的住房、教育、医疗等公共资源。2011年7月，在中共广东省委十届九次全会上，时任省委书记汪洋指出，在加快转型升级、建设幸福广东的新阶段，全面加强社会建设，创新社会管理，是新时期当好坚持改革开放、推动科学发展、促进社会和谐排头兵的重大历史使命。同时，会议通过的《中共广东省委、广东省人民政府关于加强社会建设的决定》提出，创新社会服务管理，建立社会管理综合信息服务体系，建设以人口、法人、信用、地理信息为重点的公共基础数据库，促进跨部门、跨区域业务协同和公共服务一体化。

我国政府职能体系不断适应中国特色社会主义的发展要求，在人民满意的服务型政府建设过程中，政府把更多的注意力和资源投入民生属性的职能上，继续推进政府职能向维护公平正义、提供优质公共服务、创造良好发展环境的根本转变。土地改革之外，国家在"人"的城镇化和户籍制度等方面也推出了一系列改革。2013 年，首次中央城镇化会议召开，明确提出"以人为本，推进以人为核心的城镇化"。2014年，"两会"报告中首次把人口落户城镇作为政府工作目标，之后开始改革户籍制度，并逐步按照常住人口（而非户籍人口）规模来规划公共服务供给，包括义务教育、就业服务、基本养老、基本医疗卫生、住房保障等。

以政府在公共服务职能上的拓展为例，各级政府从国家《"十三五"推进基本公共服务均等化规划》出发，结合国家关于"2020 年基本公共服务体系更加完善，体制机制更加健全，基本公共服务均等化总体实现"的总目标，紧扣基本社会服务供给数量不充分、供给需求结构匹配度低及区域城乡服务供给发展不均衡的主要问题，将基本社会服务的总体发展目标设定为：实现基本公共服务在城乡区域及人群间的均等化，同时基本公共服务可及性和可得性得到显著提高，贫困地区实现基本社会服务达到国家"十三五"基本公共服务领域的主要发展指标，形成基本社会服务的新型管理体制和运行机制①。

治理不仅仅与通过旧有的、垂直的"指令与控制"或新兴的、科层网络的结构使公共机构贯彻价值、政策和治理手段选择的民选代表有关，更重要的是公共管理者、公民和利益攸关方塑造、实施与执行政策的过程。建设人民满意的服务型政府除了需要政府拓展民生属性职能外，还需要政府创新履职方式，以提高治理能力和治理效能。中国行政体制尝试了纵向贯通、横向协同的政府合作履职模式②。中央在选人用人上注重基层工作经历，可以说，这是扩大基层话语权的一种中国特色，不拘一格降人才，使基层看到更多晋升的渠道。政府提供的渠道越丰富，表明政府提供高质量服务的意愿越强。可靠、快速反应且具有保障和关怀性地履行服务职责是民众期望的高质量服务质量标准。

政府合作履职的创新的组织基础是融党的领导和政府职能优化于一

---

① 林闽钢：《走向社会服务国家：全球视野与中国改革》，北京：中国社会科学出版社，2020 年，第 289-290 页。

② 孔繁斌、郑家昊：《建设人民满意的服务型政府——中国共产党对行政体制理论的创新探索》，《中国行政管理》2021 年第 7 期。

体的第八次机构改革。2018 年，我国开启了改革开放以来第八次机构改革。前七次机构改革以适应经济改革需求、推进行政管理有序运行为主线，第八次机构改革通过对党的领导地位的加强，将机构改革提升到新的高度，即将党的领导和政府职能优化紧密结合，进一步凸显"以人民为中心"的价值理性，意味着我国的机构改革已经超越工具理性范畴，进而推动了我国政府运行系统的变革。新修订的党章明确指出党是领导一切的，新修改的宪法也把"党的领导"明确写入宪法正文之中。2019 年 1 月 31 日发布的《关于加强党的政治建设的意见》明确指出了国家机关政治属性，认为行政机关本质上是政治机关，要在党的领导下依法实施经济社会管理活动。因此，我国无论中央政府还是地方政府，都必须接受中国共产党的领导，都必须以服务人民为最高政治准则，这就是中国政府的特质。政府机构改革与党的机构改革，能够更好地助推人民满意的服务型政府建设。

第二节　服务型政府建设的全新推进模式

建设人民满意的服务型政府这一理念的提出，是党的十八大在总结多年来推进服务型政府建设经验的基础上，将人民满意作为新时代服务型政府建设的价值取向，明确地将"人民满意"作为服务型政府建设的核心指向和动力源泉加以强调，是纲领性的、原则性的。如何建设、如何落实人民满意的服务型政府，则是需要中央政府和各级地方政府在建设行动中发挥智慧、不断创新的。

一、"放管服"改革的提出

推进人民满意的服务型政府建设，必然要求把保障和改善民生作为做好政府工作的出发点和落脚点，以精简效能、权责一致为原则，全面正确履行政府职能。如今，始于沿海、最后蔓延至内地的经济下行现象引发全国的关注，在全球经济明显减速、国内面临诸多挑战的背景下，面对中美贸易摩擦等一系列风险挑战，中国经济能否保持平稳较快的发展，是摆在各级政府面前的当务之急。这就要求政府改进管理方式，更好地为经济发展服务，为社会公众服务，管理体现在服务之中，与服务统一起来。"放管服"改革成为实现人民满意的服务型政府目标的全新推进模式①。

简政放权、放管结合、优化服务不是一开始就被完整地提出来的，而是逐步完善的。最开始主要强调简政放权。2014 年，时任国务院总理李克强在《政府工作报告》中提出"进一步简政放权"。在简政放权发展到一定阶段后，事中事后监管就成了一个突出问题，因此补上了"放管结合"。在 2015 年的《政府工作报告》中，李克强再次提出"加大简政放权、放管结合改革力度"。简政放权和放管结合都是手段，行政改革的真正目的和价值在于优化服务，真正让老百姓受益。故 2016 年的《政府工作报告》把优化服务的目标完整地提了出来，表述为"推动简政放权、放管结合、优化服务改革向纵深发展"。2016 年 5 月 9 日，李克强在全国推进简政放权、放管结合、优化服务改革电视电话会议上指出："'放管服'改革实质是政府自我革命。"这是"'放管服'改革"一词第一次被提出来。紧接着，2016 年 5 月 23 日国务院下发了《国务院关于印发 2016 年推进简政放权放管结合优化服务改革工作要点的通知》（国发〔2016〕第 30 号）。至此，人民满意的服务型政府建设具化为推进各级政府简政放权、放管结合、优化服务改革工作的行动路径。"放管服"改革内容的不断充实完善从一个侧面说明了党和政府对服务型政府建设的认知一直是一个动态的、开放的过程，在已有的理论认知和建设经验总结的基础上，不断地对服务型政府产生新的理解，进而探索新的行动路径。"简政放权、放管结合、优化服务"被循序渐进地提出，也反映了"放管服"改革本身的复杂性和艰难性。

新一轮的"放管服"改革着重彰显优化服务这一行动目标。今天，民众不仅需求体现出多样化特征，对公共服务质量的要求也日益提高。不管是简政放权还是放管结合，最终的落脚点都是优化服务。改革成效

① 孔繁斌、郑家昊：《建设人民满意的服务型政府——中国共产党对行政体制理论的创新探索》，《中国行政管理》2021 年第 7 期。

不再是计算精简了多少个机构，而是落脚于市场主体和群众的幸福感、获得感的提升，这就将政府组织内部的改造与现实更好的服务贯通起来①。"放管服"改革结合了以民众需求为导向的新理念与数字政府治理的新形态，推动建立一种"回应性简政"，形成政府组织"简约化革命"的新起点。相对于再整合主题狭隘的、联合治理的变革，基于需求的整体主义改革力求简化并改变机构及其委托人之间的整体关系。去除不必要的环节、合规成本、审查和形式，创建大规模的、更具包容性的管理集团与过程的"点对点"再造相关。"放管服"改革还强调了要创建对社会环境各种变化做出迅速、灵活响应的"敏捷"的服务型政府。

二、"放管服"改革行动

与探索阶段的服务型政府建设的区域创新、由点到面的平行扩散不同，在建设人民满意的服务型政府创新话语引领下的"放管服"改革诱发的是一场自上而下的实践扩散。党中央提出建设人民满意的服务型政府的目标，国务院负责制定工作要点和组织落实。这场改革由中央政府发动，各级地方政府落实执行的过程也伴随着政策的创新扩散。在扩散过程中，既有基于政策学习产生的政策趋同现象，也有地方政府结合各自不同的情境而采取的多种政策形式，在一定程度上进行了政策再生产。

国务院的顶层设计尤以《国务院关于印发 2016 年推进简政放权放管结合优化服务改革工作要点的通知》（国发〔2016〕第 30 号）为典型。在这份通知里，国务院共做出了"持续简政放权，进一步激发市场活力和社会创造力；加强监管创新，促进社会公平正义；优化政府服务，提高办事效率"三大块部署，并给出了涉及继续深化行政审批改革等 15 个方面的具体改革内容。为了保障落实到位，这份通知还规定了具体的牵头部委和分工负责的部门。依据这份通知，各级地方政府纷纷结合本地实际情况，出台了相关的推进"放管服"改革的方案。

---

① 孔繁斌、郑家昊：《建设人民满意的服务型政府——中国共产党对行政体制理论的创新探索》，《中国行政管理》2021 年第 7 期。

（一）持续简政放权

中国的改革经历很少具有整体配套的特征，更多的是一个分期分批的改革过程，这种改革方式的好处不在于统一性，而在于开放性，意料之外的、试验性的政策解决方案一旦出现就被立刻抓住①。"简政放权、放管结合、优化服务"不是一开始就完整地提出来的，而是逐步完善的。

简政放权主要是继续深化行政审批改革。行政审批制度改革一直是服务型政府建设的重要内容，早在 2001 年我国就启动了行政审批制度改革，但前期改革在取得良好成效的同时，也存在权力边减边增、审批流程不够合理、群众满意度不高等问题。过去，政府强调审批，是各类社会经济活动的最终决策者，这是由于政府在社会管理、经济发展等各方面处于绝对的优势地位。政府与社会的关系是师徒、父子的关系，政府要为社会把关。但今天，国家进步的主要动力来自社会的活力，政府指导社会转变为政府与社会的相互学习，政府相对于社会不再享有过去那种绝对的优势地位。这也是新一届政府强调下放审批权的根本所在。因此，政府需要进一步转变治理理念，以壮士断腕的改革勇气，将改革不断深化。为此，国务院给出的工作要点是"继续加大放权力度，把该放的权力放出去，能取消的要尽量取消，直接放给市场和社会"。各级地方政府纷纷结合本地情况，出台细则，贯彻落实。

以南京市为例，首先是江苏省人民政府结合江苏省"不见面审批（服务）"改革实际，下发了《江苏省人民政府办公厅关于印发进一步推进"互联网+政务服务"深化"不见面审批（服务）"改革工作方案的通知》（苏政办发〔2018〕96 号）。南京市为了贯彻落实国家和江苏省有关行政审批制度改革的决策部署，把行政审批制度改革放在全市综合改革的首要位置，结合南京实际，综合施策、多方联动、系统推进，切实改变政府职能，着力构建具有南京特点的行政审批服务体制机制。在新一轮行政审批制度改革中，南京市根据新形势、新要求，坚持市场导向、问题导向、法治导向、服务导向，抓住清理、精简、下放、规范、严控、监管等关键环节，确定了建立行政审批事项清单、大力精

---

① ［德］韩博天：《红天鹅：中国独特的治理和制度创新》，石磊译，北京：中信出版集团，2018 年，第 103 页。

简工商登记、"前置审批"事项、实行投资项目"并联审批"、出台政府购买服务政策、建立行业事业性收费清单、推进诚信体系建设等6个方面共计23项具体改革任务，实行挂图作战，逐项、逐部门抓落实，取得了一定的成果。

在建立行政审批事项清单这一项，南京市通过部门自查、组织普查核对，对市级56家政府机关与直属单位的行政许可项目、非行政许可审批项目、初审项目等进行全面调查，形成市级部门行政审批事项清单194项，全部为行政许可事项，占部门上报的全部审批事项的18.6%；非许可审批事项全部取消。对政府现有行政权力进行事项全面梳理清理，建立行政权力清单，初步梳理出行政权力事项涉及8类总计4 173项。通过承接国家和省取消下放的行政审批事项，南京市厘清行政审批事项，2018年共703项非行政许可审批不再保留。

早期的行政审批改革主要解决"一长四多"的问题，即审批时间长、盖章多、收费多、材料多、中介服务多，因此各级政府纷纷建立政务中心或政府办事大厅，实行"一门式"服务，初步解决了办事群众"多地跑"的问题，但单纯的物理整合无法从根本上解决审批中的问题。行政服务中心是政府的派出机构，对外并不具备行政主体资格，对内缺乏行政协调监督权，更像是"收发室"。以往政府改革更多以部门为主体推进，更加侧重部门权力的梳理、清理与简化，但始终没有落实围绕民众的实际需求来实现行政流程的重构。改革周期结束后，行政权力依旧会分散在各职能部门之中，民众仍然需要根据自身实际的办事需求前往各职能部门。

在新一轮的"放管服"改革中，行政审批改革继续深化。如海门市成立了"行政审批局"，该市的行政审批在体制上实现了由"分散、重复"型旧模式向"集中、高效"型新模式的华丽转身[①]。再如浙江省"最多跑一次"的改革，在整体性政府理念之下，浙江省要求各部门打破"山头主义"，以"一件事"为核心重新整合自身与其他部门之间的行政权力与流程，确保民众只需找到牵头办事机构，就能一次性办成政

---

① 张利萍：《深入推进"放管服"改革 加快基层服务型政府建设进程》，《领导科学论坛》2019年第5期。

务服务的各具体事项。

（二）加强监管创新

在这方面，国务院给出的工作要点为"实施公正监管、推进综合监管、探索审慎监管以及促进各类市场主体公平竞争"。考察各级地方政府在这方面的具体落实则是把重点放在了建立权责清单上，进行信用监管，健全以"双随机、一公开"为抓手、以综合执法为支撑、以线上线下制度链为保障的严格有效监管机制，确保事中事后监管。行政检查权集中下移到街道，将分散在街道的执法力量集中下沉，明确区政府各部门行政处罚权力清单，明确街道行政检查权力清单，有效破解街（镇）"看得到、管不了"，以及区级部门"管得了、看不到"等问题。

南京市在加强信用监管方面依托"智慧南京"开发了"联合信用奖惩支持系统"和"联合信用插件系统"，把信用奖惩嵌入各职能部门的业务办理系统，参与线上信用联合奖惩的单位达 625 家，有效形成了"一处受罚、处处受限"的信用监管局面。在积极推行综合执法改革方面，积极构建"1+5+X"权力运行监管体系，在投资管理、市场公平、食药品安全、安全生产、环境保护 5 个重点领域分别制定了专项事中事后监管办法，其他审批部门对许可事项逐项制定事中事后监管措施，在实施运行中，还对每一项监管措施进行跟踪了解、检查落实，切实减少监管空白和盲点。

2016 年，中央开始强调"庸政懒政怠政，也是一种腐败"，要破除"为官不为"，强调建立健全容错机制，宽容干部在改革创新中的失误和错误。改革开放 40 多年来，社会财富飞速增长，腐败现象在所难免。美国在 19 世纪末 20 世纪初的所谓"镀金年代"中，各种腐败现象非常猖獗，经济腐化政治，政治又反过来腐化经济，形成了所谓的"系统性腐败"，之后经过了数十年的政治和法治建设，才逐步改善。从经济发展的角度看，我国的腐败现象有两个显著特点。第一，腐败与经济高速增长长期并存。这与"腐败危害经济"这一过度简单化的主流观念冲突，以腐败为由唱空中国经济的预测屡屡落空。第二，随着改革的深入，政府和市场间的关系在不断变化，腐败形式也在不断变化。20 世纪 80 年代的腐败案件大多与价格双轨制下的"官倒"和各种"投机倒把"有关；20 世纪 90 年代的腐败案件则多与国企改革和国有资产流失有关；21世纪以来，与土地开发相关的腐败案件成了主流。从长期来看，反腐败是国家治理能力建设的一部分，除了专门针对腐败的制度建设之外，更为根本的措施还是简政放权、转化政府角色、创新监管方式。

（三）优化政务服务

不论公共服务还是企业服务，其目标都是提高服务对象的满意度。在这方面，国务院给出的工作要点是"提高'双创'服务效率，提高公共服务供给效率，提高政务服务效率，加快推动形成更有吸引力的国际化、法治化、便利化营商环境"。地方政府的措施则多为行政审批标准化、审批服务便民化、全面推进"一门式、一网式"政务服务模式，完善网上服务办事大厅建设，以及进一步转变政府职能、提高政务服务效能，打造最优营商环境，更好地服务于企业发展，激发市场活力和创新动力。

优化政务服务一方面有效解决了基本公共服务配置的公平正义问题。标准化建设着力为弱势群体和外来人口服务，制定标准促进了基本公共服务均等化。推动服务重心向基层下移，面向个人的服务事项原则上全部下沉至街道、社区办理。在医疗、教育、就业和社会保险等领域，试点推进部分公共服务事项的同城通办、就近办理、一证通办。

优化政务服务另一方面促进了当地营商环境的优化，企业和外来投资者直接受益。权力运行过程和办事流程一目了然，增加了政府行为的可预见性，改善了营商软环境，便利了投资者和企业办事，助推了经济社会发展，促进了政府管理公开化，规范了权力运行，提高了办事效率，有利于树立政府的良好形象，实现部分行政管理过程的全程可回溯，有效减少行政管理和执法中的冲突。

在中国经济发展过程中，政府和私人部门合力进入很多复杂的、传统上没有比较优势的行业，但经过多年发展，其产品如今在国际上已经有了比较优势。从2000年到2018年，我国出口商品的复杂程度从世界第39位上升到第18位。这不仅反映了我国技术能力和基础设施等硬件质量的提升，也反映了营商环境和法治环境等软件质量的提升。因为复杂的产品和产业链涉及诸多交易主体和复杂商业关系，投资和交易金额往往巨大，所以对合同的制订和执行、营商环境的稳定性、合作伙伴间的信任关系等都有很高要求。各国产品的复杂程度与本国的法治和营商环境直接相关。而按照世界银行公布的"营商环境便利度"排名，我国已从 2010 年的世界第 89 位上升至 2020 年的第 31 位。

国外学术界对于营商环境的研究主要在营商环境评价领域，世界银行最早系统研究"营商环境"，并在 2001 年成立营商环境小组，开始构建营商环境指标体系。2003 年以来，世界银行每年发布全球营商环境年度报告，目前含开办企业、办理施工许可、获得电力、登记财产、纳税等 10 项一级指标、41 项二级指标，为评价各国和地区营商环境竞争力提供重要参考。营商环境包括影响企业活动的社会要素、经济要素、政治要素和法律要素等，是一项涉及经济社会改革和对外开放众多领域的系统工程。营商环境贯穿于企业整个生命周期，直接影响着企业的经营状态，进而对区域内的经济结构、产业结构、就业结构、社会发展等产生重要影响，最终决定一个国家或地区招商引资的数量和质量。

我国各级政府积极推动营商环境建设，使得我国营商环境总体建设水平不断上升。以南京市为例，近年来在优化营商环境这一政策目标指引下，南京市委、市政府对标世界银行营商环境指标体系，于 2018 年 9 月 3 日发布《南京市优化营商环境 100 条》（宁委发〔2018〕31 号），这是我国地方政府层面采取的较具系统性的优化营商环境举措。《南京市优化营商环境 100 条》以世界银行关于营商环境的指标体系为基础，在一级指标上增加了"全程兜底服务"这一一级指标，共有一级指标 11 项；在二级指标上对 41 项二级指标予以细化，并且在"全程兜底服务"这一一级指标下设置了 5 项二级指标，使得二级指标总数达到 100 条。"像园丁一样去领导"，园丁式领导者不指挥，而是创造一个可以让植物茁壮成长的环境。同时，园丁式领导者要做到提前准备、小心维护，让植物能够在同一时间自我生长。播种很重要，但小心维护、田间管理让领导者变得更有效率①。

改革开放以来，尤其是自贸区建设以来，我国政界与学界经历了由"投资环境"到"营商环境"的话语转换。作为经济大省，近年来江苏省各级政府高度重视营商环境建设。《2019 年中国城市营商环境指数评

---

① 竹立家、杨萍、朱敏：《重塑政府："互联网+政务服务"行动路线图 实务篇》，北京：中信出版社，2016 年，第 170 页。

价报告》中，南京市位列全国大中城市第五位。江苏自贸试验区获批建设为进一步优化营商环境提供了良好的契机。南京自贸片区恪守治理现代化理念，对标营商环境指标体系，在充分利用现代科学技术的基础上，实现政府管理体制与运行机制创新，产出更多制度创新成果，从而为自贸区建设提供制度保障，成为我国政府进行"放管服"改革过程中涌现出的典型。

三、"放管服"改革的特点

（一）改革发动的顶层化

服务型政府建设进入"放管服"改革阶段后，改革路径发生了很大改变。我国早期的服务型政府建设最初是地方政府酝酿和发动的。改革开放初期，地方政府为了增强本地区的竞争力，为了更好地招商引资、服务经济发展，纷纷建立"外商投资服务中心""政府办事大厅"等初级"一站式"服务机构。随着地方政府实践的卓有成效，加上中国加入 WTO 和应对"非典"等大事件，中国服务型政府建设迎来了政策窗口期，地方政府率先实践的政府服务理念被中国高层吸纳并引入顶层设计，国家政策决策层进而提出建设服务型政府的总目标，政策形成的路径是"自下而上"的。之后，中央政府以其强大的政治动员能力推动着服务型政府建设不断向前。

随着中国政府改革进入深水区，面对新环境、新问题，政府改革该何去何从，服务型政府建设又将朝向哪个方向发展，这些事关全局的问题，就不是地方政府基于一时一地所能回答的了。于是中央政府审时度势，提出"放管服"改革，并连续发布相关政策文件对各级政府进行引导，不同于之前"自下而上"的改革路径，这次的改革路径是"自上而下"的。

服务型政府建设是转型升级式的改革，不是修复式的改革。中国政府依据现实的发展基础、谋求更大的发展，中央政府必然是最重要的领导者、推动者。与"自下而上"的改革行动路径相比，由中央政府首倡的"放管服"改革，以其较高的政治势能，加快了其在全国范围内自上而下、由点及面的辐射推广开来的进程，使其得以快速地在各省

（自治区、直辖市）落地、实行与扩散。自上而下的垂直层级扩散模式，其背后的机理在于现行政治体制下的政府行政行为具有明显的层级化和集权化特点，在"中央—省—市"三级政府结构中，具有刚性的"自上而下"的制度场域特征，上级政府掌握了资源配置的决定权，对下级政府具有较强的制约力。中央政府政策话语的输出及政策信号的释放因为行政权力命令与服从的关系，往往会使各级地方政府直接通过政策落实和政策执行等方式，使得"放管服"改革得以迅速扩散。

（二）改革技术基础的信息化

当今信息技术和相关组织变革的效率提高，是由向全数字化运行的转变所带来的。这并不是对传统行政和商业过程的补充，而是真正的变革，它正向这样的情况发展——机构在"成为它的网站"①。依托中国信息化的发展，各级政府渐渐实现跨机关政府整合服务。以国家政务服务平台为例，国家政务服务平台由国务院办公厅主办，为民众提供进入平台的方式达六种之多，如可以通过电脑浏览器直接检索"国家政务服务平台"进行访问，也可以在各大手机移动端市场搜索"国家政务服务"下载国家政务服务移动端 APP 等。

国家政务平台提供统一的身份认证、证照、事项、用户、搜索服务，实现"一次登录，全国漫游"。支撑跨地区跨部门电子证照互认共享，解决办事中需要重复提交纸质证照等问题，为群众办事减证明、减材料、减跑动提供有力支撑。为企业和群众建立专属的个人空间，实现用户证照、办件、投诉、评价等信息的一网汇聚。便于精准定位用户需办理的事项服务，实现全国范围内政务服务资源的"一键查找"。

民众还可以在国家政务平台统一投诉建议，即统一受理和处理全国用户与政务服务工作相关的实名与匿名投诉和建议。如环境保护治理，在很长一段时间内，上级虽然重视环境质量，但下级担心环保对经济发展的负面影响，上下级间的激励不相容，导致政策推行不力，环境质量恶化。但随着技术进步，中央可以直接控制污染企业。还有"统一好差评"，即让群众对各地方部门提供办事服务的满意度进行在线评价。

---

① 王浦劬、臧雷振：《治理理论与实践：经典议题研究新解》，北京：中央编译出版社，2017 年，第 401 页。

服务内容涉及切换各地方热门服务，不仅告诉大家事项哪里办、怎么办，还能网上办、掌上办；查职业资格、查学历学位、查出入境记录、查信用信息、查残疾人补贴申请、查交通违章；注册登录，就能知道自己有多少证、在办哪些事；只要实名登录，查教师证、查普通话成绩、查学历学位证书、查英语四六级成绩……全部一键搞定；从残疾人证件的申请、查询，到等级变更和注销，再到残疾人两项补贴的申请和查询，足不出户体验线上办理；不管是对地方还是国务院部门，不管是匿名还是实名，只要有意见，就可以在这里提交，从收集转办再到回复评价，流程都完全透明。

在地方政府层面，得益于国家信息化发展，各级地方政府也纷纷上线政务服务网，提供"一网通办"服务，提出"网上随时办、大厅就近办、无差别受理、同标准办理"，详细列出政务服务清单、收费清单、中介清单等。中国信息化、网络化的进一步发展，使得"互联网+政务服务"模式得以形成和推广，再加上之前已经建立和推广的线下实体的地方服务大厅、行政审批中心，中国各级政府为民众提供服务的方式发生了很大的改变。面向社会需求和公共问题，服务社会和民众的整体性政府正在慢慢呈现。

（三）微观操作的精细化

不同于早期服务型政府建设多在机构改革、政府职能转变等大的政策议题上下功夫，此次"放管服"改革表现出精细化的一面，表现出政府改革和服务型政府建设上的"绣花"功夫。

在政府改革目标方面，不同于以往的只专注于政府自身的、大的、宏观的改革议题，此次改革更多地关注民众需求的满足。在政府自身的改革目标设置上，主要集中在机制创新、放管服、服务型政府、简政放权、效率、行政效能等方面；在民众需求目标上，集中在便民、公信力、满意度、方便等方面。从改革的侧重点来看，改革目标越来越侧重于民众需求，逐步体现出以民众为中心的改革方向和建设人民满意的服务型政府的价值诉求。

在政策工具的使用上，更加注重政策工具的组合运用，工具类型日趋全面和完善。所采用的政策工具既包括之前诸如政府信息公开、政府业务流程再造这些传统政策工具的升级，也包括新创的政府技术平台提升与整合、政府督查和政府服务模式创新等新开发的政策工具。具体而言，此次改革运用的政策工具有事项清单、共享、精简流程、公开、督查、办事指南、集成服务、网上办、咨询、举报平台、信用、培训、标准化、异地办理、评估、综合受理、个性化服务、限时办结等。此次"放管服"改革政策工具运用方面的一大亮点在于互联网技术的运用。行政审批部门依托政务服务网和数据共享，实行一套标准、一网通办、一站服务，为群众提供人性化、个性化的服务，极大地提高了政府行政效能和群众满意度。在政府业务流程再造方面，此次改革限制了行政部门的自由裁量权，使办事流程更加规范和标准化。

对政府提供服务部门的区分和关键概念的置换，也体现出服务型政府建设越来越趋向于精细化。如对政务服务中心和便民服务中心的区分，由于二者的服务对象不同，因此二者的发展定位也不同。政务服务中心主要负责一些服务企业发展的生产经营活动审批、投资审批、资质资格许可认定，以及社会管理领域的审批；便民服务中心则主要负责了方便老百姓办事的政务服务类事项。

再比如在政府改革话语里"营商环境"对"投资环境"的置换。"投资"主要限于企业的经营行为，"营商"则涵盖了更加宽泛意义的基础建设、企业运营、法治保障等要素。因此从"投资环境"到"营商环境"的转换，体现出政府对其职能更为精准的自我定位。事实上，新时代的中国正在发生一场伟大变革，立足中国改革实践构建中国话语体系是时代的强烈呼唤。

第三节　基于数字治理的回应性简政

中国服务型政府建设面临着诸多障碍，最主要的在于中国政府改革面临的核心问题，即以政府中心主义为主要特征的公共治理模式。将"科层制"概念应用于复杂的人类组织时，会出现不少问题①。中国政

---

① ［美］全钟燮：《公共行政的社会建构：解释和批判》，孙柏英、张钢、黎洁，等译，北京：北京大学出版社，2008年，第4页。

府在服务型政府建设中政府本位的治理逻辑与服务者的角色存在严重的紧张关系①。中国地方政府间的府际竞争，使得一些地方政府率先开始对服务型政府建设的反思进程，其批判性设问成为进一步探索改进服务型政府建设可能性的开始。

一、数字治理的兴起

新公共管理最为夸张的后果是英国铁路行业的多向零散化：20 世纪 90 年代末英国曾经存在三家独立监管部门。监管的现代化和基本网络的简化，能阻止在高度割据的政策领域中产生多重管理团队。基于需求的整体主义有六个组成部分，都远远超出联合治理过程的传统界限。基于需要的整体主义，包括从新公共管理对业务过程管理的强调，转向注重真正基于公民的、服务的或需求的组织基础。其影响贯穿相关公共部门的网络——指导新宏观结构、新精密重组、对管理风格和信息系统的过程和根本变革的重估，以及灵活应对潜在问题的新模式。

数字时代的治理与之前新公共管理最为不同之处在于其将政府再整合到更有凝聚力的公共部门当中。"后新公共管理"（post-NPM）体制的特点正在形成。一系列以网络和信息技术为中心的变化，是当前及之后变化浪潮的关键，因此我们关注再整合（reintegration）、基于需求的整体主义（needs-based holism）和数字化变革等主题。包含这些新转变在内的整个运动朝着数字时代治理发展，后者则包括了将功能再整合到政府领域、采用整体主义和需求导向型结构，以及推动管理过程的数字化。在一系列密切相关的技术、组织、文化和社会的广泛影响下，数字时代治理为开创自我维持的变化提供了独特机会，数字政府建设可以实现整体智治，"数据飞轮效应是数字政府建设实现整体智治的关键机制"②。

---

① 郁建兴，等：《"最多跑一次"改革：浙江经验，中国方案》，北京：中国人民大学出版社，2019 年，第 22 页。

② 王英、魏姝、吴少微：《"数据飞轮效应"：数字政府建设实现整体智治的内在机理》，《中国行政管理》2023 年第 6 期。

现代信息技术的发展，以及它覆盖的范围和方便快捷通畅的传播渠道，很大程度上增加了我们选择的空间。人们希望生活变得随心所欲，希望整个社会产品和服务能迎合自己的口味和风格，实现从日常的吃穿住行到精神层面的各种满足。公民选择机会的大幅增加在很大程度上影响着政府机构的运行。数字治理是以公民需求为基础的政府治理，它简化了政府管理的流程和形式，关注的是公民需求，并能积极灵活地做出应对。

二、新时代服务型政府建设实践创新的典型

只有了解基本事实和经过，才能评判结果。服务型政府建设的理论模型和统计数据不是讲道理的唯一形式，也不一定是最优形式，具体的案例故事常常比抽象的道理更有力量、启发更大。案例常常包含被模型忽视的大量重要信息，服务型政府建设的典型案例亦是如此。社会建构途径声称，社会知识广泛分布在组织、社区和世界上的每个地方。社会知识反映的社会（或组织）环境大多是动荡、多样和不断变化的，社会知识是对现实进行社会建构的基础①。服务型政府建设的成功很重要的一点在于政府通过改革既能适应现实的环境，又能回应民众的需求，为此，服务型政府建设的知识求取不仅要关注良好的理念和恰当的实现路径，还要找到有效的政策工具。在这方面，始于浙江、燎原于中国的"最多跑一次"改革因其致力于"以群众感受的'小变化'造就政府运行的'大变革'"而颇具典型性②。

（一）"最多跑一次"改革缘起

变革来自反思式行动。自 1992 年开始，浙江省各级政府从重构纵向政府间的行政权力、创新行政审批的工作机制、规范职能部门的权力行使等不同的视角切入，较为有效地回应了不同时期经济社会发展的客

---

① ［美］全钟燮：《公共行政的社会建构：解释和批判》，孙柏英、张钢、黎洁，等译，北京：北京大学出版社，2008 年，第 45 页。

② 车俊：《坚持以人民为中心的发展思想　将"最多跑一次"改革进行到底》，《求是》2017 年第 20 期。

观需要。不过，这些改革仍然有着较强的政府中心主义特征，与民众的异质性沟通不足导致对社会需求的回应性不够，改革成果较难转化为民众获得感。2016 年年底，浙江省领导提出了"最多跑一次"改革的倡议，要求树立"以人民为中心"的改革新理念，以群众感受倒逼政府改革。与中国之前的政府改革类似，"最多跑一次"改革也是一场由高层顶层设计开启的政府改革，只不过此次是地方高层。如果说此前浙江省服务型政府建设中的行政审批制度改革的各个阶段都是聚焦于某个环节的专门改革，那么"最多跑一次"改革则是从结果倒推的系统再造①。

快速的转变和及时的服务无论对政府机关还是对商业组织来说都越来越重要。保持工作持续流动不仅能减少顾客等候的时间，而且能充分利用工作人员的时间和组织的资源，提升工作效率。通常服务机构中的工作人员要花 30% 或更多的时间来做重复的工作，这样既浪费时间，又增加了成本，且使其工作重心无法集中在顾客身上。

"最多跑一次"是指"群众和企业到政府办理'一件事情'，在申请材料齐全、符合法定受理条件时，从政府部门受理申请到做出办理决定、形成办理结果的全过程一次上门或零上门"②。以前，行政服务中心尽管较好地回应了民众关于优化政务服务质量、提高政务服务效率的诉求，但始终没有能够彻底清理大量不必要的、重复的行政审批事项。已有规则往往含混不清或有着不同的解释，政府的行为从程序上看也许是正确的，但是结果显然是有严重缺陷的。自我省察能够促使行政管理者更具批判性、富有责任感和做出符合伦理的行为。

一站式服务提供有多种形式，包括一站式商店（同地协作职员提供多重行政服务）、一站式窗口（其中只有客户界面是综合性的）及网络综合服务（客户透明度与跨业务融合主要是电子的）。其推动力就是政府机构主动将不同领域的服务供应相结合，以解决"领导机构"问题

① 郁建兴，等：《"最多跑一次"改革：浙江经验，中国方案》，北京：中国人民大学出版社，2019 年，第 49 页。

② 郁建兴，等：《"最多跑一次"改革：浙江经验，中国方案》，北京：中国人民大学出版社，2019 年，第 48 页。

和重复问题，并减少新公共管理全盛时期公民和企业的高认知负担及遵从成本。互动和"只询问一次"的信息索取，是一站式供应的等效策略。政府机构对"探测器"机制和对"效应器"的需要是相同的，所以公共部门的信息索取业务与服务交付一样重要。互动机制会自动地促使机构人员和体系更为整体地看待人们的需求及偏好。"只询问一次"方法与政府的承诺有关，即再次利用已收集到的信息。

始于浙江、燎原于中国的"最多跑一次"改革秉承"以人民为中心"的发展思想，以理念革新为先导，以民众的获得感和满意度为目标和宗旨，通过创新体制机制、广泛运用新技术等方式，有效改变了政府中心主义的治理逻辑①。通过提升开放性交流、拓展社会关系和参与，开始更好地从政治和经济角度来理解问题，包括可能性和限制性。以社会性为基础的变革策略使行政管理者扮演了促进推动者的角色。

（二）政府的自我革命

当下中国的改革发展，政府改革肯定不是全部，但政府改革是突破口②。"最多跑一次"改革撬动"治权"革命，重塑政府内部治理结构，是一场深刻的政府自我革命，大大推进了政府治理现代化。

1. "最多跑一次"改革体现"以人民为中心"的发展思路

政府部门各自为政、办事人员"跑断腿"的政务模式，一方面让群众怨声载道，另一方面也给不法分子以可乘之机。今天，绝大多数民主社会中的组织都不像卡夫卡所描述的那样。然而，大型组织的成员和顾客正在日益感到边缘化和非人性化，组织功能的有效性大大依赖于组织成员的学习能力。当组织成员深思熟虑，重新考虑和建构现存的程序、步骤和任务，创造其工作场所新的内涵时，学习在以民主方式设计组织的时候就成为一个有意识的创造过程。

"平衡性回应"是一种解决问题的方法，例如，进行回应性的决策制定，这就意味着"寻求关怀和道德取向，而不是工具性和决策规

---

① 郁建兴，等：《"最多跑一次"改革：浙江经验，中国方案》，北京：中国人民大学出版社，2019年，第24页。

② 郁建兴，等：《"最多跑一次"改革：浙江经验，中国方案》，北京：中国人民大学出版社，2019年，第18-19页。

则取向"①。浙江省"最多跑一次"的改革经验表明，政府可以通过赋权民众，为不敏感的大型组织构建一个直观、可测量的结果指标，由此倒逼各级政府实质性地推动政府治理现代化。以往的政府改革大多从政府自身逻辑出发，改革的动议者、执行者、评价者，是政府，也仅是政府。"最多跑一次"的主语是民众，核心也是民众②。移动互联网技术的发展，一方面为智慧政府的构建提供了新的方式，另一方面也对政府治理提出了新的更高的要求。以市民、个体工商户和企业办事人员的实际需求为出发点，倒逼各级政府及其职能部门推进、深化"放管服"改革，是浙江省"最多跑一次"改革的核心理念。

理解连通性的力量如何发挥作用很关键，它不是可以强加结果的力量。网络不会被指挥和控制，尽管它们可以被管理和精心安排。多个参与者组成的整体要比各个部分的总和更重要——管弦乐队因指挥家的想法和每个音乐家的不同才华而演奏出不同的乐章，指挥是一种唤起，而不是强加的力量。网络世界的领导力也是如此。用于网络领导力的词语具有启发性：最常见的形容是音乐而不是军事。领导者常常被形容为"像指挥乐队一样"指挥一个网络，它最初的意思是领导者需要找出哪种乐器适合演奏那段乐曲，思考如何把不同的乐器组织在一起。创新网络组织是一个具备"编配能力"的中枢，可以把各种内部和外部网络参与者的资源和能力整合在一起。

在实践中，浙江省各级政府建立了一系列旨在识别并回应民众需求的机制：发挥一线窗口部门的信息优势，发现在实践中需要继续优化的政务服务事项；建立了面向市民、个体工商户和企业办事人员等办事主体的反馈机制，查漏补缺，帮助行政服务中心发现改革中尚未涉及的重要内容。通过在行政过程中引入多种形式的"回应机制"，浙江省较好地建立了识别民众实际办事需求的工作机制③。

---

① ［美］全钟燮：《公共行政的社会建构：解释和批判》，孙柏英、张钢、黎洁，等译，北京：北京大学出版社，2008年，第49页。

② 郁建兴，等：《"最多跑一次"改革：浙江经验，中国方案》，北京：中国人民大学出版社，2019年，第25页。

③ 郁建兴，等：《"最多跑一次"改革：浙江经验，中国方案》，北京：中国人民大学出版社，2019年，第57页。

2. 探索整体性政府的实现路径

埃里奇·詹斯奇解释了三种类型的系统的使用过程，这三种类型的系统分别是机械系统、适应性系统和创造性系统，它们以自我组织行为和与环境互动的模式存在。机械系统有着刚性的组织结构，拒绝内在的变化；适应性系统用弹性的组织形式适应环境的变化；创造性系统根据其内部意欲改变自己环境而产生的信息来变革组织的结构。可见，组织的结构是更加复杂、更加多样化的①。政府不是铁板一块，如何将权力分散的政府体制与高度分散的市民、个体工商户和企业办事人员连接起来，是各级政府及其职能部门面临的一大挑战。

以往，行政服务中心的出现缩短了民众在部门之间奔波的物理空间距离，但民众仍然需要在多个部门间反复办事。在一些情况下，由于行政流程中存在互为前置等条件，民众不仅需要反复提供性质相似的各类材料，还可能被困在多个部门之间举步维艰。为了解决这些问题，浙江省在"最多跑一次"改革中明确提出了整体性政府的改革理念，强调政府作为一个整体组织的责任，要求以民众只跑一次为目标，以部门间的协调来代替民众在部门间的奔波②。为了推进以"一件事"为载体的行政流程重构，参与者就需要发展出一种通过变革它们要达到什么目标的全新理解。浙江省机构编制委员会办公室（省跑改办）主持牵头了"最多跑一次"改革工作，组织协调各部门加快推进"最多跑一次"改革相关工作，目的之一就是加强省委对全面深化改革工作的领导和统一部署，继续在更宽领域更深层次推进"最多跑一次"改革。

浙江省多个行政服务中心逐渐从分部制的"淘宝"模式，转变为与整体性政府相匹配的"京东"模式③。行政服务中心的角色变化是碎片化行政体制向整体性政府治理转变的重要表征。在"淘宝"模式中，民众需要分别前往职能部门窗口办理；在"京东"模式中，行政服务

<hr />

① ［美］全钟燮：《公共行政的社会建构：解释和批判》，孙柏英、张钢、黎洁，等译，北京：北京大学出版社，2008年，第65页。

② 郁建兴，等：《"最多跑一次"改革：浙江经验，中国方案》，北京：中国人民大学出版社，2019年，第57-58页。

③ 郁建兴，等：《"最多跑一次"改革：浙江经验，中国方案》，北京：中国人民大学出版社，2019年，第59页。

中心承担了跨部门政务事项的协调工作。如围绕"一件事"的要求，行政服务中心可以召开专门的跨部门协调会议。在较好地协调各部门工作后，行政服务中心就可以依托浙江政务服务网研发网上审批和数据共享模块，确保民众提交的材料能在各部门之间以电子文档的形式实时互动、共享，也授予了各职能部门在网上审核民众提交材料的权限。

（三）服务型政府建设实践创新的多样化

地方创新是中国政府改革活力与智慧的重要来源。试点与地方创新是中国体制适应性的两个重要面向。自党的十六大将"创新"一词写入政治报告以后，高层级政府出台了一系列鼓励地方探索创新的政策文件，地方创新在过去近20年中逐渐成为中国国家治理不可或缺的重要组成部分，也为服务型政府实践创新的多样化源源不断地提供着灵感和可能性。

1. 从"政务服务+互联网"到"互联网+政务服务"

行政管理者对有意义的行动感兴趣，并且想尽其可能以道德和人道的方式完成工作。他们能够反省自己，能够解释他们生活的世界，能够培养批判意识，理性的政策分析者在开发政策选择方案中提供专业知识。随着政府组织引入新信息技术，在某种程度上，政府面向公民的服务已经变得更有效率、更透明和更民主了。雅克·埃吕尔（Jacques Ellul）在《技术社会》一书中将"技术"（技术或技术工具）看成理性化、热爱秩序和热爱清晰化的人类意识的必然产物。等级体系中的权力就是命令或控制他人的能力，这需要处于一个顶端的位置。网络中的力量来自连接：一个节点拥有的连接数量、类型和位置。在一个星形或毂状（集线型）的网络中，最中心的节点拥有最多的连接，也有更大的可能获得更多的连接。因而，网络理论家用中心性来形容网络中的权力①。

对许多网络而言，多就是少。仔细筛选与谁连接是网络构建和领导力的关键，一个成功的网络策划流程必须同时是广泛和集中的。集中化资源与大规模分布的结合是网络力量的本质，这也是伟大策划的秘密：

---

① ［美］安妮-玛丽·斯劳特：《棋盘与网络：网络时代的大战略》，唐岚、牛帅译，北京：中信出版社，2021年，第144页。

为了对一个大规模分布的网络有用，可用的资源必须宽裕且要慎重选择①。以往，政务服务网是传统政府行政体系的增加项，即"政务服务+互联网"模式。2017年，浙江省明确提出了"让数据跑代替老百姓跑"的口号，通过推进跨部门的信息共享大大减少政务事项办理中要求民众提交的材料数量。现在，政务服务网已成为政府的"大脑"，实现了从"政务服务+互联网"到"互联网+政务服务"的转变。行政服务办事大厅、政府服务网、自助终端机及政府服务 App，成为政务服务与民众的接口和桥梁。

建立数据库似乎很简单，但在大国的国家级税收、社会保障、移民，或国家安全/情报体系的情境下，还有很长一段路要走，并且会有彻底的影响。行政的通常情况是分立的、互不兼容的体系持有不同的信息，数据匹配要么很难做到，要么必须通过特定的搜索请求进行。通过使用可行的算法，机构可以积极尝试将其服务与公民需求的满足或风险的化解相匹配。

在改革中，浙江省建立了数据资源管理局等专门从事跨部门信息整合的机构，突出了行政服务中心的信息化职能，也提高了电子政务中心在政府职能部门中的重要性。截至2018年8月，浙江省大部分设区市都成立了功能类似的机构，只不过名称大同小异：杭州市成立了数据资源管理局，宁波市成立的是大数据管理局，温州市的为大数据管理中心，嘉兴市将其命名为城市大数据中心，金华市则称之为大数据公司，不一而足。绍兴市、舟山市和衢州市尽管尚未成立正式的数据资源管理机构，但在实践中主要由统计局或行政服务中心承担事实上的数据整合与管理、运用工作。

虽然存在不确定性和交替的可能性，但当前这段时期仍然是独特的。它坚持政府要转变为真正一体化、敏捷、整体的，无论对公共机构工作人员还是对公民及公民社会组织，其组织运作是详尽可见的。在领先国家中，进步与衰退的某一影响将不可避免地与数字时代治理策略的动向相伴。但是一种强大的、根本的、上升的现代化动力仍会存在，并

① ［美］安妮-玛丽·斯劳特：《棋盘与网络：网络时代的大战略》，唐岚、牛帅译，北京：中信出版社，2021年，第167页。

且取得累积性进展，它们将与公民社会利益攸关方所从事工作的利益相伴而行。对公共管理者而言，就是要推动这一目标的实现。

在已有工作基础上，浙江省于 2018 年 7 月正式启动了政府数字化转型工作，明确提出打造智慧政府的新目标。建立在数字治理基础上的服务型政府建设具有强有力的技术知识影响力，既能大大简化行政手续和程序，又能够更快捷、更有效地回应民众的需求。通过反思和行动，服务型政府建设的组织情境经历了一个"解放的实践"，使得服务型政府建设在实践中不断创新实现路径。

2. "最多跑一次"政策创新扩散中的政策再生产

"最多跑一次"改革始于浙江，又不限于浙江。2018 年年初，中央全面深化改革领导小组专门听取了《浙江省"最多跑一次"改革调研报告》，建议向全国推广。之后，"最多跑一次"被写入 2018 年政府工作报告，跃升为具有较高显示度的"顶层设计"。经过近两年的实践探索，这场改革已从"区域创新"扩散为"全域改革"，展现了"由点及面、平行扩散、中央采纳、辐射全国"的中国政策创新扩散轨迹。这场改革由浙江省首创，发展到全国 29 个省（自治区、直辖市）采纳实施。

政策学习也被称为经验借鉴，是政策创新形成扩散的主要机制之一，政策扩散机制除政策学习外，还有竞争、模仿和强制等情况。政策扩散强调影响政策的经验、观点、知识的教训吸取与社会学习行为①。相当一部分地方创新通过制度化的渠道逐渐上升为国家制度，在全国层面得到了推广和扩散。"最多跑一次"改革在扩散过程中形成了基于政策学习产生的政策趋同现象。

江苏省开创的"不见面审批"政策工具更强调政府信息平台技术的提升和整合，以及数字治理，借助互联网手段，通过一站式在线审批，打造网上办、联合审、并联审批、预审代办、限时办结、加强监管等行政审批网上全程办理模式。"不见面审批"政策目标除了强调政府简政放权和提升群众满意度外，更加注重营造良好的市场环境。广东省

① 郁建兴，等：《"最多跑一次"改革：浙江经验，中国方案》，北京：中国人民大学出版社，2019 年，第 152 页。

制定的"一门式一网式"政策，在政策内容上将"互联网+技术"作为创新实践的必备要素，在政策工具方面提出了多项结合广东实际的创新组合措施，如"强市放权""减证便民""多帽合一""双随机、一公开"等。天津市的"一枚印章管审批"政策采取的则是行政审批局模式，在物理层面上实现了集中模式，但有别于"最多跑一次"政策业务流程再造的扁平化模式。

数字时代治理表现为一系列的复杂变化，重点是信息处理的变革，与之前信息技术所具有的影响相比，当下影响更为广泛，具有更多维度。数字时代的到来，对国家治理的变革方式产生了最为一般、普遍而结构性的影响。"最多跑一次"政策扩散过程中，采纳主体结合自身的地方情境做出不同程度的变更，部分政府在政策实施中更具灵活性和动态性。"最多跑一次"政策创新扩散中所表现出来的趋异与政策再生产说明了服务型政府建设是可以通过开发多样化的政策工具，进而在实践中不断创新实现路径的。

第六章　完善知识谱系：
服务型政府建设的未来面向

第一节　中国治理语境下的服务型政府建设

治理是在公共行政急需积极符号之时出现的一种概念。当然，同其他任何一种政治话语建构一样，治理话语也是通过嵌入一定的知识谱系来完成排他性构建的。治理本来既是一种政治的事业，也是一种道德的事业①。东方的观点强调和谐、共存、统一和整体性，西方的观点则强调参与、协商、批判性反省和沟通。

一、服务型政府建设面临的中国治理语境

"治理"代表着实践的转变，是通过使用新技术去"掌控和引导"，而非用"命令"来治理②。"治理"话语的日益流行，再现着人们在寻找一种替代市场混乱和政府自上而下的等级制度的方法，它更强调网络、对话与审议。有一些特定的治理语体专门被用于将一种社会实践的成分重新置于另一种实践中，并以特定的方式转换这些成分（例如官方报告），治理的变化取决于语体和语体链的变化。自 20 世纪 70 年代初期以来，在许多西方国家，尤其是在美国，经历了一个至关重要的政策和行政管理活动的重构过程，即公共项目减少、国家债务上升，公共财政出现变化、机构合并、公共组织的企业精神有所提升。这些变化是由强大的政治和社会压力引发的，并伴随着纳税人的反抗、有色人种和妇女更强烈的平等要求，以及地方政治和经济的变化。当西方国家正在重构（和削减）它们的公共项目和活动时，亚洲许多正在进行工业化的国家却为了应对不断增长的社会需求，通过投资教育和建设基础设施来

---

① 孔繁斌：《公共性的再生产多中心治理的合作机制建构》，南京：江苏人民出版社，2012 年，第 15 页。

② 王浦劬、臧雷振：《治理理论与实践：经典议题研究新解》，北京：中央编译出版社，2017 年，第 6 页。

大幅度扩展政府的项目和活动①。相对于分析性概念，"治理"这一术语看起来更像是对行为体展开叙述的标志，而且进一步发展为"治理故事"的合集。

中国服务型政府建设必须不断适应新的情况和挑战。理解和评价改革，不能生搬硬套某种抽象的哲学或理论标准，而必须深入了解改革背景和约束条件，仔细考量在特定时空条件下所产生的改革效果。我国政治经济体制有三大必要组件：掌握大量资源并可以自主行动的地方政府，协调和控制能力强的中央政府，以及人力资本雄厚和组织完善的官僚体系。这三大"制度禀赋"源自我国特殊的历史，不是每个国家都有的。

城市化是一个不可逆的过程，目前的土地和户籍改革都承认了这种不可逆性。城市化在发展过程中遭遇冲击，回到乡村可能是权宜之计，但不是真正有效的长期缓冲机制，还是要在城市中建立缓冲机制，加大教育、医疗、住房等支出，让民众在城市中安居乐业。人民对政府提供公共服务的能力和质量提出了越来越高的要求。现行中国宪法规定一切国家机关和国家工作人员必须接受人民的监督，努力为人民服务。站在"新常态"的时代背景下，面对"再平衡"与改革的双重课题，中国，这一处于经济社会急剧转型期的国度，正在通过实施全新治国方略、提升政府治理能力（这里的提升对象包括上到整个国家层面的领导力，下到各级政府的治理能力），逐步解除各种风险的困扰。与此伴生而来的全新考验，也促使政府从理念到行动都必须有所改变②。

在理论知识层面，存在着理论研究不深、缺乏整体设计的问题。虽然学术界对服务型政府的核心价值及其作为中国政府改革的目标模式达成了基本共识，但对服务型政府的理论研究还不够深入，一些基础问题悬而未决，导致的结果就是在现有的行政体制框架内进行的修修补补。服务型政府建设不仅仅关涉政府创新，更关涉政治创新，所以必须放在整个政治系统中进行设计和规划。然而，当前我国的服务

① ［美］全钟燮：《公共行政的社会建构：解释和批判》，孙柏英、张钢、黎洁，等译，北京：北京大学出版社，2008年，第179页。

② 竹立家、杨萍、朱敏：《重塑政府："互联网+政务服务"行动路线图 实务篇》，北京：中信出版社，2016年，前言第1页。

型政府建设还是局限于放在行政系统中进行考虑，没有和整个政治系统的改革结合起来。

理论研究还有碎片化的问题，服务型政府的理论研究与建设行动还没有很好地结合起来。一方面，关于服务型政府建设的研究，总体上没有形成系统而完善的理论体系，比如关于服务型政府的概念与特征、价值与意义、目标与方向、流程与制度、体制与机制、考核与问责等问题。对服务型政府理论如果有总体性认识的话，就可以通过结构的途径寻找新的视角，没有总体性认识的关照，现有的认识往往是片面的、模糊的。另一方面，现有的研究主要局限于对现象和经验的描述，缺乏理论框架，而且多为应然研究，理论建构的研究没有达到应有的水平。如服务型政府的核心特征是什么、怎么界定；服务型政府要超越的是发展型政府、管制型政府还是管理型政府；服务型政府建设的关键因素是什么；服务型政府是对现有政府的一种优化还是面向未来的一种前瞻性设计；等等。这些都是这个领域需要回答的基础性、概念性的问题。

理论研究不深，使得实践也是浅尝辄止。中国的服务型政府建设，特别是在地方上和基层，总体上还处于脱离理论指导的盲目发展状态，也缺乏接受理论指导的自觉性，通常领导意志就是服务型政府建设的依据，所以这种建设比较缺乏可行性、稳定性和连续性。只有继续深入对服务型政府研究所关注的基本问题的探讨，才能逐步建构统一的话语体系。如果在关于服务型政府研究的一些基础概念、基本问题上无法达成共识、分清分歧要点，就无法形成在共识基础之上的理论交锋，进而促进理论的进步和提升，也就无法进一步建构关于服务型政府研究的理论体系。在研究方法上，是以西方政府叙事话语为中心还是应该大胆创新，建构起以中国为中心的政府研究叙事话语，这些都是研究服务型政府绕不开的问题。

在实践经验层面，主要表现为对社会的过度管理和对公共服务的相对放任。在社会领域，20世纪90年代以来，"稳定压倒一切"的管理逻辑使得政府在社会管理领域的支出大大增加。在公共服务领域，则是过度地方化。中央政府将公共服务职能大量下放给地方政府，为的是降低中央政府的公共服务支出。地方政府因为发展阶段、经济实力、人口结构等不同，在公共服务供给意愿、能力、范围、偏好、方式等方面均存在诸多差异。高度碎片化的公共服务供给状况，显著提高了体制成本，如民众的自由迁移和流动就存在着非常多的制度壁垒，也给公共服务供给的系统化改革造成诸多障碍。

服务型政府建设中的深层次问题在于始终无法摆脱政府中心主义的治理逻辑，政府本位的治理逻辑与服务者的角色存在紧张关系。政府改革多从自身逻辑出发，优先考虑的是固守甚或扩张自我利益。改革的概念大多来自生产部门，而非服务部门。这就造成政府虽然提供了越来越多的公共服务，但公共服务的质量却存在差强人意的情况。于是出现诸如政府出资改善农村卫生服务状况，施工者却将马桶修得对着住家灶台的咄咄怪事。再如"窗口腐败"问题，不动产登记中心存在办证效率低、工作人员与代办"黄牛"勾结不当牟利的事也非个案，在各地深化"放管服"改革的大背景下，窗口前权力和金钱的对接竟然能如此流畅，究其原因，在于仅把公共服务看作生产而非服务的过程。城市中城管驱赶流动商贩的现象依然存在，流动商贩如何合法经营的问题依然没有得到很好解决。

二、服务型政府特殊知识的完善

既有知识分为共享知识和特殊知识。人类处于大的历史转型期，当共享知识不能满足描述、解释现实、为社会发展提供支持时，知识的更新必然会被提上日程。共享知识的更新往往会以特殊知识的更新为突破口，需要特殊知识的建构。因而，会存在新旧知识的冲突、共享知识与特殊知识的冲突，但是如果放弃特殊知识，则会缺乏对时代的观照。特殊知识会寻求与共享知识的结合点，一步步扩散开来，最后特殊知识成为新的共享知识。长期以来政府议题备受关注，人们将西方现代政府叙事话语奉为圭臬，其成为关于政府的共享知识，但现在面对的问题是，西方现代政府模式也不是万能的，有其历史局限性，尤其是在 20 世纪中后期遭遇了种种治理危机。

服务型政府是源于中国的关于政府改革的创新经验、实践智慧和知识更新，是以中国为中心的政府叙事话语，是中国政府正在探索的一种新的政府模式，也是关于中国政府的特殊知识，这种特殊知识的完善在某种程度上能为建构关于新政府模式的共享知识提供灵感。中国对于服务型政府知识的探索一直在进行中，关于服务型政府的理性知识和经验知识都有待完善，需要学界、政府、民众共同努力。人们支持这样一种观点，即把变革看作一种意识变革的结果。任何政府形态的变化，都根源于政府核心行政理念的变革。

（一）服务型政府核心理念的锚定

因应中国行政改革曾出现过几种思路，如法治的思路、组织的思路（精简机构）等，但这些都是制度性的、保障性的。再有就是提出建设服务型政府的思路，本质上是政府再造，是革命性的模式转变。而建构服务型政府的思路又存在着"巴别塔"问题，服务型政府的概念从诞生之日起就是个"多维度概念"，它的意义因人而异、因时而异。关于服务型政府的研究也一直存在着话语冲突，有人认为西方的现代政府就是服务型政府，也有人认为对官僚制政府进行一些边际改进，"好政府"就是服务型政府。建构服务型政府代表着人类社会治理的未来方向，要解决服务型政府建设中的"巴别塔"问题，在理论研究上，需要以服务行政为核心理念，以此为轴心向各个方向扩散，进而实现理论增长，使服务型政府建构的核心学术理念服务行政从抽象走向具体、走向大众化。

与此相呼应，在实践中建设服务型政府首先要树立服务行政的科学理念，通过宣传教育使其深入人心，再通过一系列的制度变革使其成为政府工作人员的行为指导，从而一步步落实服务行政理念。针之所以能够刺破衣物，是因为将所有力量集中于针尖一点，太阳能能将水烧开也是因为将热量聚焦于一点，服务型政府建设的聚焦点能否形成正在于服务行政理念能否成功树立。服务型政府并不是一种既有的政府形态，而是一种发展方向。从人类社会治理的一般发展过程来看，如果说在农耕时代社会治理的形式是统治型行政，那么工业时代到来后，社会治理就越来越倾向于采取管理型行政的形式。现在人类已经开始步入后工业社会的关口，今后人类社会治理的形式还要进一步转变为合作式的服务型行政。从中国自身的发展来看，我们已经经历了从政治统治型政府到经济建设型政府的转变，今后则将朝服务型政府方向转变。

这些政府形态的变化，并不简单是政府架构或者技术手段的变化，这些只是表层现象，从根本上说，是政府行政理念变革的结果。政府行政理念是任何一种政府形态的灵魂，没有一种行政理念的树立，就绝不可能形成相应的政府形态；同样，行政理念没有转变，政府形态也是不可能发生根本性变化的。如统治型行政的理念，是把国家或政府看成统治者的私产，因而政府行政是以统治者为本位的，是为统治者服务的。管理型行政的理念则奉行价值中立原则，只以提高执行效率为宗旨。经济建设型政府实际上也是一种管理型行政，只不过奉行经济中心主义的理念，更注重追求经济发展的效率。

当我们在探讨服务型政府建设所要确立的基本目标时，需要促使政府树立和贯彻服务型政府的行政理念。只有政府树立并且贯彻服务型政府的行政理念，服务型政府才可能出现，否则服务型政府建设就只能是做一些表面文章而已。从知识论的角度而言，服务型政府追求的价值应该是多元的，这些多元价值不是孤立存在的，而是围绕一个核心价值形成的结构体系。这些是服务型政府的价值目标，却不是服务型政府的核心价值理念。因为前面的所有提法，应该说都是现代民主社会中政府的基本价值追求，对于社会主义社会的政府来说，更是要秉承这些价值理念去行政，但是作为人类治理文明发展方向的服务型政府，其核心价值理念应该既包含这些价值，又代表着未来的发展趋向。这个核心价值理念就是服务行政理念。可以说，服务行政已经包含了以人为本、公民本位、公共性、民主法治、公平正义等内容，当服务型政府建设不知该何去何从、迷失方向时，服务行政理念将引导服务型政府建设走向正确的方向。

（二）中国服务型政府特殊知识的完善路径

改革方向和改革过程是两回事。就算每个人都对改革方向和目的有共识（事实上是不可能的），但对改革路径和步骤也会有分歧。什么事先办，什么事后办，不容易决定。每一步都有人受益、有人受损，拼命争取和拼命抵制的都大有人在。就算能看清对岸的风景，也不见得就能摸着石头成功过河，绊脚石或深坑比比皆是①。创新是买不来的，只能

---

① 兰小欢：《置身事内：中国政府与经济发展》，上海：上海人民出版社，2021年，第38页。

靠自己做。创新必须基于知识和经验的积累，所以只能自己动手"边学边做"，否则永远也学不会。只有自己动手（不是靠简单的模仿和引进），才能真正明白关于中国服务型政府建设的特殊知识原理。

在《权力：一种激进的观点》一书中，英国政治理论家史蒂文·卢克斯提出了三维权力观：命令、议程设置和偏好塑造。美国学者约瑟夫·奈倾向于用二分法来区分硬实力、强制力和软实力、吸引力，他认为它们截然不同。硬实力是通过外交、经济或军事手段强迫他人做不愿意做的事情；软实力是另一种偏好塑造，它依赖于通过创造一些吸引力足够大的事物来拉拢他人，让他们想要成为其中的一分子或模仿它。约瑟夫·奈和苏珊尼·诺瑟两人都提出了"巧实力"的概念。他们认为，巧实力指的是通过一个"由盟友、制度和规则组成的稳定网络"，有选择地使用国家所拥有的所有工具，包括贸易、民主、外交援助、国家价值观和影响①。

中国高层管理者必须意识到，他们需要与民众合作，需要让民众参与关于中国服务型政府的特殊知识的创造。这一存在于上层管理者和民众之间的持续互动和对话，是公共组织发展的生命线。同时，问题的另一方面也是正确的，即如果没有组织权威层的接受认可，任何发自基层民众的变革思想也不可能有结果。如果中国地方高层管理者能够理解政治和行政文化的复杂性，那么就需要用当地的视野和观点思考隐藏在社会经济和政治运行背后的东西，从而解释当地的问题。由于现实世界的很多方面往往以偶然随机的方式发生，故而很难解释清楚，但是即便困难或者现象不明显，我们也需要投身于这样一项工作，即通过发现、描述、解释和理解他人生活的现实世界及其背景，来分享他们的体验。后现代理论有关解构、碎片化、分歧、批判性反省和偏离自我等的思想，一方面有助于我们批判性地检视概念化和集中化的公共行政运作方式，另一方面有助于我们理解多元文化社会的变革实质。

如果不是像网络理论指出的那样，思想本身的内容对它们的传播负有责任，而是由网络的组织结构和它们诞生的集群来负责，情况又

---

① ［美］安妮-玛丽·斯劳特：《棋盘与网络：网络时代的大战略》，唐岚、牛帅译，北京：中信出版社，2021年，第138页。

会怎样？简单地把这些想法放在社交媒体上并不能保证它们会被采纳，它们也可能会被淹没或被忽略。我们应首先创建一些小群体，这些小群体由一些有影响力的、奉行现代价值观的人，以及许多信任他们的人组成，联合少数不同意见者共同构建生机勃勃、充满讨论和探索的文化氛围。

服务型政府建设与现代公民的培育是相辅相成的。公民精神的教育养成有利于促进地方政府的治理，而服务型政府的构建也有利于更好地服务民众。在这个过程中，政府要学会踏踏实实为民做事，真真切切为民服务，扮演好为人民服务的人民公仆角色。在政府转型过程中，也要调动公民的积极性，让公民发出自己的声音、提出自己的诉求、形成自己的团体、有序地进行政治参与，这样政府才能明确服务对象，发现自身不足，从而提高服务水平，形成政府与公民之间的良性互动。

网络成员是建立真正的关系，而不是例行公事。在危急时刻和快速变化的局势下，例行公事可能是一个障碍。从已建立的关系中得到信任能让进程迅速转变，同时让每个人都参与进来。因为"以沟通与交换的互惠模式为特征"（换言之，它们依靠联系而不是结构、规则和程序），它们建立了信任和隐性知识，为持续但开放的合作提供支持。信任是适应能力的一个关键因素，适应性的另一个维度是网络"把等级制度和集中化的元素整合"到其结构中的能力，集中化的中心平台能够实现快速、一致和协调的行动。网络需要培育，随之而来的收获就是合作、协作、创新和恢复力。

（三）中国服务型政府特殊知识的持续生产

中国学术界对于服务型政府的研究早在地方政府率先实践之前就已经开始了。在研究之初，先是公共管理和政治学界借用行政法学领域"服务行政"的概念，之后提出了"服务行政模式"。在此基础上，进一步提出"服务型政府"的建构，成为一个研究领域。从20世纪90年代中后期学术界开始向服务型政府研究进军，到现在历经将近30年，但是服务型政府研究的散与浅的问题依然存在。在经历了早期的研究热潮之后，很多人退出了该领域的研究，中国服务型政府研究也逐渐进入了低潮期和瓶颈期，寻找新的知识增长点和增强研究的规范性日显重要。

一个研究领域之所以能够持续深入，往往与一个颇具规模的研究平台分不开。这个平台至少包括如下关键因素：恢宏的研究计划、杰出的领军人物、出色的研究团队、可行的理论方案、稳定的交流阵地、丰富的资料来源。反观中国服务型政府研究，到目前为止，多是一些学者按照各自的理解，对一些关于服务型政府的知识点进行单兵作战式的探讨，有以师生为纽带的微型研究团队，但无基于共同学术志趣组建的大型团队。对服务型政府研究的基本旨趣在这个领域刚刚兴起时缺乏共识可以理解，但服务型政府的研究和实践已经持续 20 多年，到现在依然是零打碎敲的状态，不能不说是中国服务型政府研究的一大缺憾。服务型政府的知识扩散要想持续下去，就必须依靠大规模、长时间的团队合作。

服务型政府的知识生产还迫切需要一个宏大而可行的研究计划将研究者整合起来。在中国，对服务型政府进行研究的学者不可谓不多，但过于分散，大多数研究者只是匆匆过客，很难产生学术累积效应。目前关于服务型政府的研究主要还是以政治学界和公共管理学界为主，经济学界、社会学界、传播学界很少涉足，也缺乏跨学科的合作与交流，这就导致服务型政府的研究视角不够多维，研究视野狭窄。在中国，关于服务型政府的研究成果如学术论文、研究报告、专著等在数量上还是很可观的，但份量厚重的研究成果还比较少。

三、中国高质量服务型政府建设

中国服务型政府建设要想持续下去，除了学术界不断完善关于服务型政府的特殊知识外，更需政界以实践主体的身份不断进行社会治理实践的创新。中国语境下的社会治理面对的现实情境是中国社会转型时所提出的复杂的、综合的、全面的，以及具有前瞻性的变革要求。服务型政府是以公共利益至上为原则和为人民服务的政府，应该千方百计、想方设法地为公民、为社会提供更优质的公共产品和服务。政府作为公共部门，绝不能忘记自己的责任和公共行政的目标。现在是建立健全服务型政府的关键时期，要求政府更加注重履行好公共服务的职能，把政府管理与公共利益、政府服务与社会和谐相结合。

（一）克服内部人主导型改革

同质性沟通成为高质量服务型政府建设在社会体系中创新—扩散的最主要的无形障碍。创新观念通常由地位较高和创新性较高的成员引入社会体系中。高度的同质性沟通，意味着创新只在这些社会精英之间流传，无法扩散到非精英族群中去。也就是说，同质性扩散的模式会导致创新呈水平方向的推广，而不是垂直方向的发展。服务型政府的建设到目前为止多表现为同质性沟通，即政府内部的传播。

1. 政界与学界实质性沟通阙如

探索阶段的服务型政府建设最大特征就是学术界的呼吁与理论建构，以及地方政府的率先实践。驱动力主要来自两个方面，一是加入WTO的外力推动，这主要由中央政府启动行政审批制度改革引发。过去人们对加入WTO促进地方经济发展的期望比较高，所以努力进行政府创新。但是，从加入WTO后的实际情况来看，其对地方政府的影响非常小。WTO对政府的冲击主要是对中央政府的冲击，所以加入WTO外在驱动政府创新的力度慢慢减弱了。二是地方政府领导人受政绩驱动，政府服务态度好，可以为本地经济建设吸引更多的投资，以增加自己的政绩；同时服务型政府建设的大力宣传和鼓噪，可以吸引媒体的眼球，获得社会和舆论的追捧，能够为自己创造有创新能力的领导形象。但是随着时间的推移，服务型政府建设不再是吸引社会舆论和媒体的热点问题，社会关注程度降低，地方政府的领导人就会把注意力投到另外的地方。

地方政府是服务型政府建设的主力，但政府官员和学术界在建设服务型政府方面的沟通和交流不够，表现出学术界和政界的脱节。一方面，功能主义关于人的概念是将人假定为消极的和反应的客体，容易受环境的影响，例如组织、经济、政治和社会的因素；另一方面，解释学理论家关于个体的概念则是将其看作一个积极的、有目的的、创造的主体。解释学观点强调，在界定个体义务和行动的客观方式中所缺失的恰恰是从主体自己的角度来理解日常世界的问题。例如学者们大多认为服务型政府的根本特征是民主的政府，主要表现特征是回应型政府。但是，各地在民主的制度创新和增加政府对公民的回应机制上却没有采取实质性的措施，当然更谈不上把它们制度化，而是根据自己的需要和理解，注重管理技术层面的建设。

公共行政的研究文献显示，人们做了大量的尝试和努力，通过对变革过程中宏观与微观公共事务的综合分析，来讨论现实发生的具有动力的变革。这些研究的努力以作者们使用的一系列术语体现出来，包括雇员参与、公民参与、顾客服务、授权和咨询等。但是，这些术语常常显得有些空洞，即没有和现实发生的行动联系起来。由此导致的结果是这些社会现象也成为概念抽象化的对象。那些试图描述公共参与的语言也倾向于将参与的现象抽象化。理论认识和实践的互动也没有有效开展起来，没有达到彼此促进认识深化的效果。各地政府往往没有在实践探索的基础上加强理论研究和总结，更没有和学术界进行深入沟通和交流，未能在服务型政府建设的理论和实践方面不断深化，真正实现理论指导实践前进、实践又推动理论进步的良性互动。这种状况到建设人民满意的服务型政府和"放管服"改革阶段就更严重。这一阶段的服务型政府建设，主要是中央高层的号召和顶层制度设计，地方各级政府落实，学术界对服务型政府的研究多停留在合理性论证上，很少看到学术界有前瞻性的理论贡献，更谈不上与各级政府的深入沟通与交流了。

2. 政府与民众异质性沟通乏善可陈

中国服务型政府建设之初是比较强的外驱力推动的结果，如"非典"危机的爆发等，政府被动应战。之后到建设人民满意的服务型政府的提出，以及"放管服"改革的实践，政府则是主动出击，依据新的发展形势，自上而下地主动变革。中共中央运用其强大的号召力和政治动员力推动着服务型政府建设不断向纵深挺进。但不管被动应战也好，主动引领也好，中国服务型政府建设本质上仍然是"内部人主导型改革"（即掌权者在改革中在没有约束条件的情况下容易倾向于按自己的方式和利益偏好进行改革）。内部人主导的改革很难进行大的制度创新，现有改革多为修修补补式的。这种"内部人主导型改革"使得政府与公众对于如何建设服务型政府也会较少沟通，因此会阻碍服务型政府建设的制度创新能力的提升。

服务型政府建设不能局限于行政系统内部，要从政府的广义内涵出发去理解。我国的服务型政府建设要与中国共产党的自身建设、人民代表大会、政协、司法机关、事业单位的改革配套进行，只有从政治体制改革的高度去建设服务型政府，才能取得突破和进展。

服务型政府的传播在政府组织内部和一些主流媒体上是广泛的，但是民众知道得很少，出现了"政府热、公民冷"的现象。考察我国的现状，服务型政府建设主要是政府的事情，平常百姓不但很少参与，甚至了解不多。吴玉宗教授曾对成都、南京这两个较早进行服务型政府建设的城市就服务型政府的传播情况进行过随机调查，发现除了少数曾与政府工商、税务部门打过交道的市民知道服务型政府外，其余均回答不知道①。服务型政府沟通的同质化导致重大决策的听证会有名无实，政府门户网站往往更新不及时，市民论坛回复不及时，信息公开不及时，等等。深层次上，"政策制定者会长期迷信远离现实的数据模型"②。比如在解决就业问题上，到目前为止，一些政策制定者依然会更重视正式就业和固定就业，对非正式、非固定就业则重视不够，诸如城管驱逐流动商贩的问题迟迟得不到解决，似乎城管与商贩之间只能是一进一退的零和博弈，没能持续地、令人信服地使处于弱势地位的庞大失业人口融入社会。"两利相遇取其重"，失业人员生存问题的解决应优于城市美观。

高层管理者必须意识到，他们需要与民众合作，需要让民众参与公共政策的制定过程。这一存在于上层管理者和民众之间的持续互动和对话是公共组织发展的生命线。探索超越简单管理的更智慧的服务方式在于加强政府与民众的异质性沟通，服务型政府建设必须透过"走出办公室"的面向民众的异质性沟通才算大功告成。

服务型政府建设还需要进行整体上的规划和制度上的设计。诚然，当前各地政府所进行的行政审批事项的改革、行政服务中心的创设、政府门户网站的建立都属于服务型政府建设的有机组成部分。只不过这是服务型政府建设中最为基础、最为简单的部分，属于技术层面的改良、操作层面的创新。2003—2005 年，中国服务型政府建设出

---

① 吴玉宗：《服务型政府建设研究》，北京：经济日报出版社，2007 年，第111 页。

② ［德］韩博天：《红天鹅：中国独特的治理和制度创新》，石磊译，北京：中信出版社，2018 年，第111 页。

现一波高浪潮，2006 年开始从浪峰滑入一个低谷，已经显示出服务型政府建设的曲线路径。我们知道，在解决一些技术层面或者操作性层面的问题时，很容易走一段平坦的直线，但是，当改革管制型政府遇到深层次的制度性破坏而服务型政府建设需要深层次的制度创新的时候，就会比较困难，来自政府和社会的阻力都会使服务型政府建设出现低潮或停滞，有时还可能有短暂的倒退。所以，服务型政府建设会走一条曲线路径，而不会是直线路径。关于服务型政府建设的探索和思考，也只有在公共性得到增强的路线中才能获得政府能力与国家治理能力的提升①。

（二）促进社会公平和社会包容

多年来，中国的服务型政府建设在改善民生、提高公共服务水平等方面确实取得了不小的成绩。但到目前为止的服务型政府建设及成绩的取得都是以中国经济保持持续增长和社会稳定为前提的。服务型政府同样绕不开的问题是如何进行更优良的制度设计，以便更好地将秩序与正义结合在一起。

中国在改革开放之初遵循"效率优先，兼顾公平"的原则，以经济建设为中心，鼓励一部分人和一部分地区先富起来，先富带动后富，最终实现共同富裕。现实是确实有一部分人和一部分地区先富了，但东西部差距、城乡差距、贫富差距也日益加大，基尼系数居高不下。在公共服务领域，中央政府降低公共服务支出，将公共服务职能大量下放给地方政府，而地方政府因为发展阶段、经济基础、人口结构等不同，在公共服务供给意愿、供给能力、供给范围、偏好方式等方面均存在诸多差异，从而形成了高度碎片化的公共服务供给状况，给民众的自由迁移和流动增添了非常多的制度性壁垒，也给公共服务供给的系统化改革造成了诸多障碍，显著提高了体制成本②。

社会保障的本质是维护社会的公平正义，在促进社会稳定发展的同

---

① 张康之、姜宁宁：《公共管理研究的热点与重心——基于人大复印报刊资料〈公共行政〉2014 年收录文章的预测》，《中国行政管理》2015 年第 7 期。

② 郁建兴，等：《"最多跑一次"改革：浙江经验，中国方案》，北京：中国人民大学出版社，2019 年，第 18 页。

时，也能帮助政府应对经济低迷和社会不稳定，社会保障体系考验着一个政府的良知，也是服务型政府建设的压舱石。社会服务是一个广泛的行政体系，政府被认为有义务提供全面的服务，而且人人有权利享受这些服务。

随着中国人口红利的减退，近年来，中国政府开始一改多年来计划生育政策中的"一胎化"，逐渐放开"二胎""三胎"，但社会响应并不热烈。很重要的一个原因在于，在当下中国，养孩子的成本较高，以及社会竞争的激烈化。为了鼓励生育，中国政府采取了给予收费较高的私立幼儿园以补贴，助其向收费较低的普惠幼儿园转型，以及限制校外培训机构的方式，减轻父母养育孩子的压力，但鼓励收效并不明显。究其原因，养育孩子不只是费用的问题，还有照顾的问题。随着家庭的小型化，丈夫和妻子一起进入劳动力市场，社会进入双职工养家的时代，工作—家庭的平衡（work-life balance）已成为全球性的社会问题。以性别平等为基础，构筑以工作为中心的新社会服务体制，发展更多的儿童照顾服务，在实现社会投资的同时，帮助女性平衡工作与家庭，成为社会服务国家发展的方向。

导致工作—生活冲突的因素源自社会经济环境的变迁，以及社会服务体系发展的滞后等。高质量服务型政府提供的社会服务应是针对每个人的全过程服务，不再仅仅关注人生的低谷和尾声，而是扩展至人生的所有阶段。政府提供社会服务的作用就是在生命转折时期提供支持。公共财政的一个主要功能就是再分配财政资源，平衡地区间的人均公共服务（教育、医疗等）水平，所以中央也开始对中西部地区进行大规模转移支付。虽然我国在这方面已取得了长足进展，但可改进的空间依然很大。从目前情况来看，东、中、西部省份之间、同一省份的城乡之间、同一城市的户籍人口和非户籍人口之间，公共服务的差别依然很大。

官僚体系自古就是政治和社会支柱之一，而且一直有吸纳社会精英的传统，人力资源雄厚。如今社会虽然早已多元化，优秀人才选择很多，但"学而优则仕"的传统和价值观一直都在，且政府依然是我国拥有最多资源和最有影响力的部门，所以每年公务员考试都非常火爆，要达到大专以上文化程度才能报考，且录取比例非常低。从人数上看，地方官员是官僚体系的绝对主体。为了争取学历高、技能高的人才，各地上演"抢人大战"，纷纷出台引进高级人才的优惠政策，内容涉及落户、购房、子女入学等，公共服务选择性供给问题更加突出，在地方发展逻辑指引下，使得原本就严重的公平问题进一步加剧。人们形容人才从不发达地区流入发达的东部地区为"以前是孔雀东南飞，现在是连麻雀都东南飞了"。

作为一种既面向中国现实又面向未来的新的政府形态，服务型政府除了思考在当前如何提高公共服务水平之外，还要未雨绸缪，思考当面对破坏性经济打击，当遇到经济持续低迷期，以及要面对社会分化、环境恶化和人口老龄化等长期挑战时，政府应该如何应对。政府如何建立起一套制度促进社会公平和社会包容，进而重建社会契约以平衡物质财富的增长、经济增长、社会包容和生态的可持续发展之间的关系，支持弱势群体，这是服务型政府的职责所在。也就是说，中国服务型政府建设要有长期维护社会公平的能力，即使是在压力重重的时期，也要因为在促进社会公平、社会包容上的设计而能在困难时期维护民众的尊严，保持政治经济的稳定。

（三）着重县级服务型政府建设

从法理上来说，我国 1982 年宪法规定乡镇是基层政府，但乡镇政府的职能不完善，机构设置不完善，相应的权力也不完整，责任不清晰。现实中，县级政府机关是我国目前拥有完备政府职能且具备相应财政支持的最低层级政府机关。政府公共服务的职能最终由基层政府去履行，老百姓也主要是从基层政府提供的服务方面感受政府公共服务的程度。服务型政府的推广程度很大部分取决于基层政府的努力情况。但是考察服务型政府建设历程，会发现基层服务型政府建设遭遇的困境较多，"基层形式主义已然成为基层治理中的重要现实课题之一"①，致使服务型政府的推广颇为艰难。

县级政府面向农村社会，面对广大农民，县级政府的管理方式和服务水平影响着农民的满意度，关乎着农村社会的稳定。正如亨廷顿所

---

① 詹国辉、云悸：《多重压力下基层政府形式主义的生成逻辑及其治理之道》，《江南大学学报（人文社会科学版）》2022 年第 1 期。

言："农村的作用是个变数：它不是稳定的根源，就是革命的根源。"①县级政府在我国属于职能最为齐全的基层政府，直接面对广大基层民众，与人民群众联系密切，是服务型政府建设的基石。要合理调整府际关系，公平看待央地政府关系。服务型政府建设最终能否成功还是取决于基层服务型政府建设的效果。为此，调整府际关系、赋予地方政府更大的自主权和自治权是政府创新的动力所在。

1. 合理划分中央与地方政府间的职责权限，赋予地方政府更大的自治权

如果地方官员处于被动的状态，那么，在机构高层与低层间实行的没有分享权力的分权仅仅是一次结构重组，它可能导致无效率。中央政府与地方政府之间的职权分工要科学合理，可以通过立法的方式详细规定中央与地方政府的权力范围、职责任务。中央政府主要通过设计项目和划拨财政资金来发挥公共服务制度中的行政领导作用，地方政府则应在项目管理和财政资金的使用上拥有自主权，可以根据实际情况灵活地进行处置。中央政府主要承担宏观的经济调控、国防安全，涉及全国性的、广覆盖的公共服务职能。地方政府尤其是县级政府应该负责提供与民众生活息息相关的公共产品和公共服务，如基础教育、交通管理、环境保护等。只有政府间分工明确，才能达到管理有度、服务有序之效。

改革开放后，中国仿照西方发达国家的现代政府体制逐渐建立并完善了自上而下的科层制结构，地方政府成为中国政府职能的实际履行者和政府责任的主要承担者。尤其是县、乡两级基层政府，作为与广大民众有着广泛、直接联系的一级政府，是中国政府大政方针、政策制度的主要执行者。无论是旨在促进增长的经济政策、产业政策，还是巩固和维护国家统一的社会管理、公共服务政策，除了仅涉及高层级政府内部治理改革的制度设计之外，大多都需要由基层政府最终落实②。没有中央政府的支持和批准，地方官员就难以解决当地问题。财政不独立和征

---

① 高小平、林震：《澳大利亚公共服务发展与改革》，《中国行政管理》2005年第3期。

② 郁建兴，等：《"最多跑一次"改革：浙江经验，中国方案》，北京：中国人民大学出版社，2019年，第10页。

税权的缺乏，使得地方官员很难真正获得地方自治或自我管理的机会。当中央权威机构将职能委派给地方权威机构但没有提供足够的资源时，地方权威机构就完全受到中央的支配和掌控。

考虑到地方政府尤其是县级政府更接近当地民众，更了解当地民情，地方政府在公共产品和公共服务的供给中具有更重要的作用，在掌握当地民众的偏好信息方面较之中央政府更显优势。为此，除了一些广覆盖的公共服务和全国性的公共产品之外，公共服务和相应的公共支出责任应该尽可能由基层政府承担，赋予地方政府更大的自治权。在维护中央权威的前提下，赋予地方更多的事权、更多的财权、更大的自治权，有助于地方政府在开展服务型政府建设中发挥地方特色，创新行政管理体制，为当地民众提供更适宜的公共产品和公共服务。在建设县级服务型政府的过程中，中央赋予县级政府更多的自主权，有利于加快实现城乡基本公共服务均等化的目标，削弱城乡二元结构体制带来的影响，促进社会的公平正义，维护农村社会的稳定。这样一来非但不会削弱中央政府的权威，反而增加了社会公众对县级政府的好感，进而加深对中央政府的认可，间接加强和巩固了中央的权威。

2. 开展县级政府财力与事权相匹配的改革，调整公共财政支出结构

光有合理的职能分工而没有相应的财力支持是远远无法建成服务型政府的。地方政府缺乏自主治理所必需的财政工具①。基层政府遭遇的权限小、责任大、财力弱的困境，就如同让小马拉大车，严重阻碍了基层服务型政府的建设和推广，使得服务型政府在链条的最末端想达到引爆服务型政府建设的临界点难之又难。"建立权责清晰、财力协调、区域均衡的新型央地财政关系是建立现代财税体制的核心内容之一"②，为此，一定要建立起县级政府财力与事权对等的机制，充实县级政府的财政收入。一方面，要加大中央财政和省级财政对县级财政的直接转移

---

① ［美］全钟燮：《公共行政的社会建构：解释和批判》，孙柏英、张钢、黎洁，等译，北京：北京大学出版社，2008 年，第 19 页。

② 储德银、孙梦：《财政纵向失衡、均衡性转移支付与地方政府税收努力》，《江南大学学报（人文社会科学版）》2022 年第 4 期。

支付力度。中央和省级财政直接划拨给县级政府，减少中间层级政府的经手环节，避免出现层层截留的现象，确保资金全数到达县级政府手中①。公共财政支出结构是否合理直接影响着社会的公平正义，决定着县级服务型政府的建设。在县级服务型政府建设中，必须逐步加大对社会管理和公共服务领域的财政资金投入，尤其是要把财政资金更多地投入关系广大老百姓切身利益的基本公共服务领域，更多地为广大老百姓提供公共产品及公共服务，把资金用在刀刃上，用好纳税人的每一分钱，办好纳税人的每一件事。

服务型政府范式的形成是我国改革开放以来政府行政改革的经验总结，是社会主义政治文明的集中体现。我们期待着在不久的将来，一个"向人民学习，为人民服务，请人民评判，让人民满意"的高质量服务型政府将伴随着中国的和平崛起而成为政府改革的典范②。服务型政府建设不仅是一次深刻的行政改革，也是一次深刻的政治改革，其目的是要在行政上实现善治，在政治上真正实现以人民为中心。

第二节　复杂治理情境下的服务型政府建设

异质性沟通在传递创新信息方面起着非常重要的作用。虽然同质性沟通是频繁的，但它在扩散中的重要性却比不上出现次数少的异质性沟通。同质性沟通虽然加速了扩散的过程，但也限制了扩散的对象。与现代化的设计思路不同，"全球化则充满了不确定性和模糊性"③。服务型政府的知识如果仅作为一种特殊知识在本国内扩散，并不算大功告成。服务型政府建设除了在完善特殊知识上下功夫外，还要摒弃无谓的意识形态争论，着力解决服务型政府建设实践与知识在国际上低曝

---

① 吴玉宗、古洪能、张鹏：《沿海经济发达地区县级服务型政府建设研究》，长春：吉林大学出版社，2014年，第184-185页。

② 高小平、王立平：《服务型政府导论》，北京：人民出版社，2009年，第55页。

③ ［美］全钟燮：《公共行政的社会建构：解释和批判》，孙柏英、张钢、黎洁，等译，北京：北京大学出版社2008年，第53页。

光率的问题，寻求在国际范围内的异质性沟通。而这种异质性沟通成功的关键在于当世界各国都在探寻政府改革新路时，服务型政府能给世界各国带来怎样的启示。如果没有广泛代表性的行动者之间的参与性话语与对话，则不能为促进"全球性"而清晰地形成"公共逻辑"。也就是说，人类互动和集体行动将伴随着全球化的力量。就方法论立场来说，服务型政府如果能化约为与后工业社会共同秩序相使用的一套知识学陈述，并且能够使这套知识学陈述清晰、完善，形成气质、秉性独特的排他性政府范式的话，则有望成为关于新的政府类型的共享知识，并在国际范围内得到更广泛的扩散，服务型政府建设也能获得更深层的动力。

一、各国政府面临的复杂治理情境

技术培育了一种工程心态，它侵入我们的私人生活并决定有关政治、家庭、教育、休闲活动乃至我们的心理问题方面的重要决策。官僚制使人们丧失个性，使人们的行为成为可预测的。科学、道德、法律和艺术领域已经制度化，与普通人的"生活世界"的经验相隔绝，并被控制在像公共行政人员那样的专家手里。丹尼尔·贝尔（Daniel Bell）在现代社会看到的享乐主义、不服从、自恋及社会认同的缺失，远不是启蒙运动的合理性信念所以为的整体。相反，社会支离破碎①。后工业化、全球化、信息化是勾勒后工业社会的三个维度，社会变得愈加充满模糊性和高度不确定性。

（一）网络社会的隐喻

数字技术正在缩小世界，让每个人都能瞬间在任何地方交流信息，跨越了传统的等级和权威。如同重塑了农业时代社会结构的批量生产技术一样，信息社会重塑着社会的每个领域。网络无视国家边界，网络社会把自身打造成一个驱动全球化的"全球系统"。世界日益增强的相互关联是"我们这个时代最重要的社会和经济事实"，它补充了之前对那

---

① ［美］杰·D. 怀特：《公共行政研究的叙事基础》，胡辉华译，北京：中央编译出版社，2011 年，第 140 页。

个由分散和孤立的个体构成的世界极不充分的分析。人类活动中几乎每个传统的、垂直整合的领域都在横向重组。

网络是一种与市场和等级结构不同的组织形式。市场的特点是独立的、"冷漠的"（彼此并不认识的）行为者之间产生的"离散的"（一次性的）交易。当交易重复发生及需要大量投资时，等级制度就出现了。交易变得常规化，由一个中央权威机构管理，由规则支配。然而，网络对二者均予以藐视：它们以互利为基础，在灵活却相互依赖的行为体之间重复交流。与市场不同，它们建立长期联系，但它们也足够灵活，能适应环境的不确定性，这是等级制度无法做到的①。网络化组织相对于等级机构更灵活，更有创造力，适应性更强，自我管理更强，更有弹性；等级机构效率更高，在条件清晰和可预测的情况下更易于管理。网络比等级制度在实现某些特定目标方面要么更快，要么更慢，这取决于环境，以及它们是如何被设计和引领的。

网络依赖于信任和互惠，网络不需要一个管理机构。每个组织都具备非正式网络和正式结构之间持续相互作用的特点。所有正式的等级制度都包含非正式网络，所有的网络都将根据经验或专业知识建立非正式的等级机构。网络的结构会影响其内部成员的行为，这种影响通常是内生的和外来的。影响源于动机或信息的变化，或者通过社会学习和社会压力程序产生。复杂网络的微小变化可能会产生巨大的影响，就像小世界网络的创建一样。网络产生的涌现效应和输出，大于参与个体的能力总和。因此，管理良好的网络可以成为力量的倍增器，但这些效应和输出也可能是负面的。流动创造了网络，只有节点间确实有信息、沟通或物质等流动，才会出现一个有生命的网络。网络中的边界最好被理解为身份的边界，而不是分隔的界线。赋予网络生命的节点之间的流动将它们连接成一个更大的整体的一部分。

现代哲学把网络看作"第二自然"和历史社会的"隐蔽本体"，以至于出现"网络社会"的命题，并且网络还成为分析社会结构/运作的

---

① ［美］安妮-玛丽·斯劳特：《棋盘与网络：网络时代的大战略》，唐岚、牛帅译，北京：中信出版社，2021 年，第 24 页。

新理论，成为想象社会的一种方式①。全球化使得国家和人民更紧密地联系在一起，包括民众网络及共享的文化、经济、政治、科技利益等。微小的变化，真正的小变化，会产生巨大的影响，这也是复杂性理论的一个主要教训，但复杂的自适应系统远比精心设计的网络更难预测和操控。我们熟知的互联网，即全球计算机组成的网络，已经成为网络时代的隐喻和象征。

网络就是一种社会关系模式。影响需要连接，关系网越紧密，影响力越大②。对网络社会重要性的再认识，对于原先占支配地位的统治行政和社会模式的转型有着深刻的意义，全球化已经成为国际范围内推动网络社会价值观形成的强大动力。尽管这一潮流以多样化的形式出现，但是从对民众垂直统治向横向、平行治理的转型或许是最重要的变化。这种转变意味着政府、企业、公民社会之间关系等级化程度的降低和民主化程度的提高。

复杂的相互依赖描述了网络化的世界，但并没有给我们提供网络策略。网络化的世界存在诸多冲突和竞争。网络关系的模式——最常见和典型的关系——就是互联互通。问题与威胁之所以不断涌现，是因为我们彼此连接，而不是连接不够，或者错误的人或物以错误的方式连接在一起。当问题在于连接时，我们的策略是什么？这里并没有讨价还价的博弈，网络化的威胁需要网络化的应对。尼采认为，人类需要"第六感"去捕捉历史的韵律，以便理解工业革命给生活各方面带来的变化。雷默则认为，在"一个互相连接的新时代"，我们需要"第七感"遨游在"一个时时连接着整个网络世界的新时代，这些网络无处不在并定义了我们"。"第七感"是观察所有事物并发现它们如何被连接的能力。万物将互联互通，包括"我们的身体、城市和思想"，这种连接已经并正在压缩时空，赋予了网络大师"新种姓"，创建了虚拟的拓扑空间，这个空间正在用与我们居住的物理空间同样的比特塑造着我们生活的点

---

① 孔繁斌：《公共性的再生产多中心治理的合作机制建构》，南京：江苏人民出版社，2012 年，第 195 页。

② ［美］安妮-玛丽·斯劳特：《棋盘与网络：网络时代的大战略》，唐岚、牛帅译，北京：中信出版社，2021 年，前言第 2 页。

点滴滴①。

21世纪正在形成的网络世界，存在于国家之上、国家之下，也贯穿于国家之中。在网络世界里，拥有最多连接的国家将成为中心角色，能够设定全球议程，开启创新和可持续增长。在这个秩序下，政府必须同时是波和粒子。它们必须继续成为全球体系的主要行为体，去处理各种状况：国家间的战争、武器扩散、国家支持的恐怖主义和网络犯罪、种族和宗教冲突、边界争端，以及其他许多外交和商业问题。但国家也必须是网络参与者的居住地，这些网络参与者在商业、公民、政治和刑事司法方面的追求跨越了边界，在全球事务中产生的影响不亚于政府行动。双重秩序最终会采取什么形式，不可能有一个明确的答案，但它已经浮现在我们眼前——缓慢、痛苦却不可阻挡。政府本身的根基正在发生变化。

周若刚在论述"连通性"时指出，为了适应永久的相互依赖，政府和社会必须重新思考其政策、组织形式和道德原则。他说道，持续不断的连通性会让"互惠"变得更加重要，"给予和索取的理念"有时候会被视为"中庸之道"，而开放、信任和透明的精神会支撑"一种新的治理统治方式"。各国政府应打破其命令和控制孤岛，提供一个可预测性的框架，同时为人们在一个更扁平、更互惠的结构中进行自我组织预留空间②。

（二）全球风险社会

20世纪后期以来，人类进入了风险社会。风险社会是现代性的新常态，现代风险具有三大特征：系统性、不确定性和全球性。西方和非西方国家公共行政的状态可以用"危机和改革"，而不是"稳定和秩序"来做出最好的描述。我们被持续的组织危机和混乱困扰，这些困扰中的大多数根源于组织没有能力以政治的、财政的和人性化的方式去解决问题。在人类社会进程中，先是工业社会的资本取代了农业社会的土

---

① ［美］安妮-玛丽·斯劳特：《棋盘与网络：网络时代的大战略》，唐岚、牛帅译，北京：中信出版社，2021年，前言第8页。

② ［美］安妮-玛丽·斯劳特：《棋盘与网络：网络时代的大战略》，唐岚、牛帅译，北京：中信出版社，2021年，第195页。

地和劳动力，成为最重要的生产要素。随着信息技术的发展，20 世纪后期以来，人类正经历着"大脑超过物质"的信息革命。土地、劳动力和资本总的来说都遵循能量守恒定律，但信息不守恒，一个人获取某信息，传播分享给其他人，并不影响他依然掌握此信息。人类社会变得越来越错综复杂，如果说复杂可以被还原为简单的话，错综复杂却不可以，之前的经验管理与科学管理也渐渐失效。公众需求的多样化呼吁多元化的治理方式，不仅仅是治理工具的创新，更需要治理模式的创新，即以问题为导向的、灵活的、主动的和前瞻性的治理模式。

这个世界在一些地方规则地相互交叉、紧密交融，在另一些地方则错综复杂。这个世界不仅有恐怖分子，有非法的全球贸易，有气候变化和生物多样性下降，有水资源战争和食品安全，有腐败、洗钱和逃税，还有通过空中、海上、陆地扩散的流行病。简言之，这是一个充满紧迫威胁的世界。全球化时代风险分配的逻辑是由富国向穷国转移，由富人向穷人转移，财富向上层聚集而风险向下层聚集，如具有风险的产业由发达国家向第三世界转移。而现代性的风险不分贫富贵贱，不分种族和国家，对地球上所有的人都构成威胁。只有全人类共同努力，寻求全球化的治理方案，才能实现共赢①。

（三）政府治理危机

在公民社会三角中，政府作用在日益减弱。受企业和市场经济扩展的影响，政府的作用有削弱的趋向。面对凌驾于国家和地方法律之上的全球贸易协定，民族国家再也不能宣称可以自作主张。许多当代难题具有全球性，如环境、经济、贸易等，需要同时采用全球和地方的方法加以解决。各国政策制定者们发现，他们对这些难题的控制能力是有限的，问题解决更多的还是要受到国际政治与政策的影响，比如受到WTO 实行的自由贸易规则和跨国公司的影响。

一般来说，今天的中央政府还不能完全应付经济全球化带来的不可预料的后果。正如大卫·科登（David Korten）所描述的，"经济全球化正在使政府负担的公共物品供给权力向受单一目标驱使、追求短期经济利益的少数公司和金融机构发生转移。在这样的经济全球化过程背后，

---

① 张庆熊：《反思现代风险社会中的危与机》，《哲学分析》2021 年第 2 期。

意识形态、政治、技术力量的聚集，交汇地产生了政府治理危机"①。

效率低下、严苛和不负责任的政府不能给本国年轻、焦虑不安的民众以希望和机会。A. F. 戴维斯在《澳大利亚民主》一书的开篇写道，澳大利亚人的特长不是即兴创作，也不是共和主义习惯，而是官僚主义②。由于公共问题所涉及的公众差异性很大，一般只有少数的复杂问题能够被解决。这就呼吁当代政府应该建立良好的制度保障，放弃庸俗的官僚政治，用更加民主的方式执政。如今，各个国家都在重新审视政府的行政问题，审视的重心多半是如何结束僵化的传统科层制，建立和培养一个能够体现与代表公共利益、具有合法性基础、更具效率和责任的同时也更具国际竞争力的公共行政模式。所以，放弃传统公共行政是大势所趋。

公民运动中的"中间层结构"不同于传统社会结构下阶级压迫的政治斗争，也不再是一般的以巩固民主为运动目标。公民社会运动主要是一种"责任斗争"的政治，是对公共服务合作机制中责任不足的抗议③。网络位置和连接的程度能赋予参与人讨价还价的能力和社会权力，从而抵消物质权力带来的不平等。由央行行长、政府部长、法官和立法者组成的跨政府网络是对传统组织（如联合国、世界银行和国际货币基金组织）的一个重要补充。此类网络的增加源于"国家的瓦解"，这意味着政府的不同部门正在剥离受命于国家和外交部领导的外交政策棋盘模式，转而创建私人或公民网络。参与者创造了结构，结构也塑造了参与者的行为。

推动传统公共行政和新公共管理的挑战尚未消失，而新的物质条件和挑战已经出现。这些挑战和条件的核心是在多元化的社会面对日趋复杂的问题时该如何进行治理，而不是管理。自然灾害、经济失效、效率不均的医疗教育系统、中产阶级萧条、不平等不断深化及社区破产挑战

---

① ［美］全钟燮：《公共行政的社会建构：解释和批判》，孙柏英、张钢、黎洁，等译，北京：北京大学出版社，2008 年，第 162 页。

② ［美］安妮-玛丽·斯劳特：《棋盘与网络：网络时代的大战略》，唐岚、牛帅译，北京：中信出版社，2021 年，第 195 页。

③ 孔繁斌：《公共性的再生产多中心治理的合作机制建构》，南京：江苏人民出版社，2012 年，第 250 页。

着政府。由于马克斯·韦伯将官僚制看作根植于科层中的组织，因此官僚制也常常作为科层制的同义语。尽管官僚制的概念包含很多特征，但只有其命令特征得到遵从并被广泛采用。问题常常是，基于理性逻辑而产生的行动，导致的却往往是高度的非理性。将"科层制"概念应用于复杂的人类组织时，会出现不少问题。

二、服务型政府共享知识的建构

物质时代开始让位于社会和精神时代，而社会性、精神性财富所创造的公共性决定了新型公共利益的份额在提高。后现代理论能通过重建成为变革传统制度实践的重要力量，通过重新评估个人在组织中的批判性角色、把握话语分析的包容方面、理解多元性和差异的重要性、理解公民参与在建立更加民主的公共制度中的关键价值，以此形成注重实效、以文化为基础的可供选择的方案①。

面对支离破碎的社会，面对宏大叙事的失落，需要寻求一种新的社会治理范式和新的政府模式。"大战略"是指一个国家如何均衡地驾驭所有的权力工具——军事、政治、经济、文化、技术和道德，去增进繁荣和安全。当今决策者所缺少的并非简单的先见之明，而是观察和认识我们生活的这个现实世界的一整套办法。时代主题的转变在引导我们反思的同时，也悄然改变着政府管理的人性基础和哲学思想，新的政府理论呼之欲出。服务民众、高效、公正、以人为本等现代社会追求的价值观念应成为各国政府改革的共同追求。

（一）基于合作伦理的治理重构

网络已经成为我们这个时代的知识中心。网络是现在及未来组建新组织的基础材料，正如等级制度是工业时代组织的基石一样。复杂的相互依赖的世界能够成为一个国家间合作而非冲突的世界。"作为结构的网络"研究一个网络的结构如何影响其中的节点或行为人，"作为行为体的网络"探讨网络化的组织与等级结构或市场相比是否更有效，或者

---

① ［美］全钟燮：《公共行政的社会建构：解释和批判》，孙柏英、张钢、黎洁，等译，北京：北京大学出版社，2008年，第44页。

只是在国际体系中产生不同的影响。网络塑造了我们的世界，但我们并没有足够了解它们的逻辑，不足以构建我们的制度、我们的组织和公共权力，从而利用它们的潜能。我们必须学会将棋盘和网络统一起来，同时看到国家和人民，以及国家与网络。我们还会在尝试和失败中前进，但至少我们找到了一个出发点、一个分析框架和一套工具①。

相较于制定威慑、与他国政府合作及协作的策略，建立一个网络——出于特殊目的、使用特殊方式把人与机构连接起来——要好得多。如今，政府意识到要和公民、业界或组织直接接触，建立一个网络也是一个更系统化的策略。数字技术意味着我们可以实时绘制人类网络。人们通过声音、键盘和面对面交流建立联系，无论虚拟的还是真实的交流方式，都会留下数字痕迹。社会物理学利用大数据研究和改进网络中思想交流的方式。通过调整社会网络结构及其内部发生的具体交流，政策制定者能够塑造社会学习和社会压力程序，以增加集体智慧，形成合作规则。"接触"的程序能够推动合作与协作，"接触"通常始于一个组织中相对较少的个体之间定期和频繁的互动，它侧重过程和结果的合作，通过直接的合作达成共识和建立信任。

本体论从研究一个由国家组成的世界，转变为研究一个由网络组成的世界，这种转变是从分隔的视角转向连接的视角。与其考虑经济人，不如考虑社会人，社会人被归属和连接的欲望驱使，而不是被个人目标驱使。网络人和下棋人不是一样的动物，他们会屈从于不同的影响，动机各异。他们之所以分享，不是出于互惠的算计，而是出于分享带来的心理愉悦。那些追求连接的人听从内心和头脑的决定，会受情绪、公平、同理心和直觉的影响。他们的行为、思想、感情甚至个人特性都与社会高度相关。

网络领导者也可以通过创建一个"拉动"平台将其吸引力和力量最大化。信息时代许多最成功的企业的运作原则是"拉动"而非"推动"。"推动经济"假定企业和组织知道客户的需求，依此选定能满足这些需求的产品和平台，并将其推出。"拉动"模式则是假定消费者

① ［美］安妮-玛丽·斯劳特：《棋盘与网络：网络时代的大战略》，唐岚、牛帅译，北京：中信出版社，2021年，前言第26页。

（或客户、订阅者、粉丝）了解自己需要什么、想要什么并且能够构建什么，如果他们拥有资源、知识，以及创造和连接的平台，他们将是最有生产力的。

未来的社会管理需要构建政府与社会合作治理的格局，政府的角色更多的是一种引导者、服务者。如中国各级公共行政组织遵循国家整体部署，在创新型企业的成长过程中扮演着强有力的推动者、引导者及服务者，而不是严苛的管理者，治理方式是网络化和内嵌型的，而不是基于韦伯式的专业的、技术的、标准的精英官僚体系。服务型政府的引导型政府职能模式尚处于"初级实践形态"，最重要的特征在于将以灵活性和主动性应对社会的高度复杂性和高度不确定性。

在公共行政研究中，治理结构的转换往往会引起相应的行政管理知识地位的变迁，例如，在管理型政府治理模式下诸如"行政指导""激励""促进法"等公共行政专业术语是无法获得"关键词"资格的。行政指导远不如管制受到重视，反而常常以"公"侵"私"。在社会治理模式转变过程中，政府引导型职能的建构具有双重功能，即它不仅使政府走出管理型社会治理模式的途径，同时又培育了公民社会，并成为与公民社会中非政府治理主体相互合作的一种具体形式①。

全球各种层次的政治和行政都在经历着巨大的变化。在过去，国际事务的管理基于以国家为中心的结构，在这个结构中，民族国家支配着行动和互动。但是，这个结构正在接受着新的结构和过程的挑战，借助于这种新的结构，各种跨国团体，从跨国公司到小城市再到全球网络，融合了大量各种新型行动者，追逐着那些不受国界限制的东西。与现代化的设计思路不同，全球化充满了不确定性和模糊性。

政府迂回政策在分权化/集权化或代理机构化/再整合化之间频繁转换的讽刺说法是"不可避免的周期"，呼应了之前从长远角度讲只是昙花一现的改革的兴衰起伏。虽然存在这些不确定性和交替的可能性，但当前这段时期仍然是独特的。它坚持政府要转变为真正一体化、敏捷、整体的，无论对公共机构工作人员还是公民及公民社会组织，其组织运

---

① 孔繁斌：《公共性的再生产多中心治理的合作机制建构》，南京：江苏人民出版社，2012年，第235页。

作是详尽可见的。在领先国家中，进步与衰退的某一影响将不可避免地与数字时代治理策略的动向相伴。但是一种强大的、根本的、上升的现代化动力仍会存在，并且取得累积性进展。政府机器内的数字时代变革将与公民自主解决社会问题的能力紧密结合且并驾齐驱。随着数字时代的进一步展开，它们将与公民社会利益攸关方所从事工作的利益相伴而行。对服务型政府建设而言，就是要推动这一目标的实现。

非政府主体是治理过程的组成部分已被广泛认可。仅凭政府是根本无法解决无家可归这样复杂的社会问题的。无论理性的经济分析，还是渐进主义政治，也都无法解决无家可归问题。要解决这一问题，需要很多部门的合作。政府、商业团体、慈善和非营利部门必须合作，而不是各执一词①。此前，政府和被管理者之间有明确的区分，而且决策由国家权威机构做出；现在，协商产生了组织的内在联系和结果：依靠多元组织和多元行动者的合作与网络。

从社会治理的历史类型这一方法论纲领来看，社会治理的公共管理模式的生成是伴随后工业社会文明来临的一场治理革命。既然如此，那么一个总体的计划也就必不可少，即一个启蒙方案设计——社会治理中的伦理"返魅"。如果说统治型社会治理受到的是权力意志的支配，管理型社会治理成为"祛魅"的无心肝、无灵魂的技术操控，那么服务型的社会治理就是以沟通理性、合作信任的伦理为根基的公共治理。尽管服务型的社会治理仍然需要权力，仍旧离不开技术，但社会治理模式在经历了其历史性的"正""反"而趋向"合"的时候，决定性的范畴则是重新"回到"了伦理②。

正如有些学者指出的那样，社会治理中的伦理"返魅"恰恰是当代治理理论一个最显著的特色。社会治理机制的设计首先要面对的是诸如国家与社会的关系、独裁还是民主、集权还是分权、"中心—边缘"的结构还是多元主体的结构这类政治共同体的基本问题，其次才是信息

---

① [美]全钟燮：《公共行政的社会建构：解释和批判》，孙柏英、张钢、黎洁，等译，北京：北京大学出版社，2008年，第86页。

② 孔繁斌：《公共性的再生产多中心治理的合作机制建构》，南京：江苏人民出版社，2012年，第260页。

与激励这类公民社会治理中的技术性问题。在多中心治理实践中，合作是其典型形态，合作机制的建构并不像市场机制设计的规范那样，是基于理性人的机会主义假设，以法律契约抑制机会风险、以利益回报协作行为。

20世纪80年代复兴的市民社会运动，其主题是反抗管理模式下的政府单一中心治理，追求自主治理以改善国家的治理能力，强调社团的公共责任分担。可以说，这些内容体现了不同于近代之初的市民社会的政治斗争功能。其中，作为政治结构中间层的自主治理的定位，对公共责任分担具有政治秩序的价值的基本认识，顺应了多中心治理运转的要求，使得多中心的合作治理得以成为现实。

促进平等管理和共同生产具有重大意义，标志着从以机构为中心向以公民为中心的转变过程，其中公民或企业与政府进行实质上的互动。自我行政（self-adminnistration）概念反映了自由民主国家中对准志愿及自我引导遵循政府重要性的广泛接受。合作生产涉及在一定程度上与政府共同生产的公民或企业。在数字政府时代，公民和企业会越来越多地使用电子过程来共同生产，机构只需要提供一个促进性框架。与传统官僚组织相比，协同机构的内部权威结构趋于较少的科层与稳定程度，而且更复杂、流动性更高。这样的结构和方案会因功能而不同，例如在信息、发展、对外联络或行动网络方面；并会因形式而不同，比如通过一个指定的牵头机构或代理机构，或通过建立一个新的政府结构作为自我管理系统来进行管理。

（二）以问题为导向的知识追求与治理过程

工业社会为"制度化思维"，策略是为了不让制度僵化。工业社会中的政府形态主要解决合法性的问题，人权受到尊重，政治家只关心合法性问题。但在高度复杂性和高度不确定性的社会条件下，为了合法性而忽视人的生存状态，将把人类推到风险境地。现在的社会应为了人的共生共在，使制度化思维退居其次，代之以关注行动。如果说工业社会关注的是制度、规则、秩序，即"制度中心"，在"两高"的情况下则应突出"行动优位"的原则，思维问题着眼点应放在行动上，而且是合作行动。服务型政府是从属于行动主义原则的，不能静态地去看，需打破旧哲学的主体—客体论。

认识论在康德那里获得了基本构型后，所有的哲学都建立在主客体二分上。当被主体—客体关系束缚时，无法确定谁是主体，谁是客体，特别是在社会的网络中，看到的是行动者及其语境。行动者与语境替代主体与客体的概念，行动者面对的语境也可能是行动者，其只是行动者无所谓被动的应答，多是回应性的行动。主体与客体的关系模糊了，认识论主体—客体关系变为主体—主体关系（自然也是一个主体），行动者可以多以组织的形式出现。

传统学科解释力下降，受到社会现实的挑战。库恩认为，当出现异例时，原有的范式试图去包裹它。现在处在全球化、后工业化进程中，同样存在传统科学易把新的现象纳入旧的解释框架，在社会治理中压制新现象的状况。社会治理不是对原来知识的简单替换，而是面对新问题、新时代建构新的治理体系；不是用既有观念、既有理论去解决新问题，而是需要新的知识求取和新的政府知识的建构。

实证科学一开始就是简化论、还原论（Reductionism），社会科学不是向物理学学习（时间可逆），就是向生物学学习（时间不可逆），耗散论统一了物理学、生物学。人们对社会的认识也经历了从简化论到系统论再到复杂论的嬗变。从某一个视角看，只能得出一个视角的结论，理论与现实脱节，传统理论处理不了结构论和建构论的矛盾。社会计算用计算机模仿大量个体间的互动，关键的因素都能用图表呈现。面向工业社会需局部知识，面向网络社会则需整体知识、多学科网络知识。当我们瞻望后工业社会的时候，完全可以认为一场从分析性思维向相似性思维的转型运动即将发生（或者说，后工业化进程也将意味着思维方式的变革）。大数据意味着对相关性的重视而不是追求还原，也包含着不同于分析性思维的一种新的思维方式；人工智能中所包含的模拟是其学习功能的重要思维基础。

"治理"一词已成为社会科学及政策领域的流行语，正如成为流行词汇的其他术语一样，"治理"对不同人群有着不同的含义。需要指出的是，其中大多与"治理"有关的词只是对其特定方面的具化，比如对"善治"、"网络化"治理、"全球"治理、"欧洲"治理等加以解释，很少对这个概念进行一般理论化。社会是经由各种公共或非公共行为体和实体结合而实现治理的，这些结合是对社会动态，以及持续增长的社会多样性和复杂性的回应。

"政策网络"（Policy Network）这一术语被用来形容政府与社会间更为多元化的合作形式。一个政策网络可能既包括公共机构，又包含利益攸关方群体。此外，政策网络通常意味着网络内行为体间的协商或决策是合作性的。因此，政策网络和协同治理可以指涉类似的现象。然而，协同治理是将利益攸关方融合到共识导向的多边决策过程中的一种明确和正式的战略。相比之下，政策网络中的合作则是非正式的且很大程度上并不明确（例如，其是未公开承认的、没有言明的、偶然的）。

要意识到治理涉及的许多方面是基于互动而非指令的，是一个不确定和模糊的持续过程，这就意味着要把重点从"作为行为体的政府"或"政府行为体"转移到"产生治理的行为"。即便是微小的扰动，也会以不可预测的方式在网络上产生涟漪，有时其影响甚至是破坏性的。更好的方式是拥抱开放，争取深度安全，这不是安全的承诺，而是恢复力和自力更生的承诺。没有一个政府应该保证完全的安全，因为没有政府能做到。政府的作用是"投资建立一个更具恢复力的国家"，包括赋予公众知情权及其他权力，但政府更像是公众的合作伙伴而非保护者。政府也能从这样的关系中获益。恢复力理论家史蒂芬·弗林指出，如果美国人从政府获得更多的信息而不是更少的信息来武装自己，那么他们能够帮助阻止或至少减轻灾难①。

（三）"公共价值"的融入

为了应对多重任务，政府需要重新定位，从传统的统治角色、管理角色转换为引导者、服务者角色，更加重视服务价值、合作价值。通过"元战略"的确立把握战略方向，对社会治理过程进行总体引导，以期实现社会多元治理主体的合作治理。一场全新的公共行政运动正在兴起，并超越传统公共管理和新公共管理。这个新运动回应了网络化、多部门且无人全权负责（no-one-wholly-in-charge）的世界所带来的挑战，以及之前公共管理改革路径的缺点。在此新路径中，突出了比效率和效能更高层次的价值，尤其是民主价值观。创造公共价值是公共行政实践

---

① ［美］安妮-玛丽·斯劳特：《棋盘与网络：网络时代的大战略》，唐岚、牛帅译，北京：中信出版社，2021 年，第 188 页。

者和学者中的一个热门话题①。新兴途径重新强调了之前常常出现但并非主导的价值相关问题，重新唤起了对更广泛价值观的关注。

个体附加在经验上的"价值"，是基于经验满足基本需求的程度。这一评价是对某种"公共"经验主观的、情感驱动的、效价的心理反应，例如参与政府项目、选举或访问公共空间。主体间对等评价是对公共价值产生或消失程度的广泛衡量。在公共价值观和创造公共价值之上，还存在公共领域。约翰·本宁顿将公共领域视为"民主空间"，其包括"价值观、位置、组织、规则、知识及其他文化资源网络，由人们的日常认同和行为支持，被政府和公共机构信任"，并"向社会提供某种归属感、意义、目的和持续性，并使得人们能够在不确定性中繁荣和奋斗"②。

公共价值必然是竞争的，由持续的对话过程构建。公共领域是空间的、心理的、社会的、政治的、机制的和物理的，公共价值观和公共价值在该空间中被持有、创造或消除。公共价值包括被添加到公共领域的事物。创造公共价值的观念已成为一种范式、修辞、叙事和表现。斯托克（Stoker）建议将"公共价值管理"作为新范式，认为其比传统公共管理和新公共管理更适用于网络治理。因此他关注网络的组织内和跨部门关系及治理，超越了穆尔对处于公共官僚机构顶层、提供服务并履行职责的公共管理者的最初关注③。

管理者所讲述的故事可以是自我服务的修辞，但也可能是与公共有关的、关于应当或已经创造什么的故事。相比传统公共行政和新公共管理，公共价值文献提供了更广意义上的公共价值观。随着公共行政新方式的发展，应该更加明确地将公共价值融入研究，因其应对的问题是相当基本的。例如，过多的绩效衡量和管理体制及模型都主要关注与任务直接相关的效率和效能，而忽略了"非基于任务的价值观"（non-

---

① 王浦劬、臧雷振：《治理理论与实践：经典议题研究新解》，北京：中央编译出版社，2017年，第108页。

② 王浦劬、臧雷振：《治理理论与实践：经典议题研究新解》，北京：中央编译出版社，2017年，第120页。

③ 王浦劬、臧雷振：《治理理论与实践：经典议题研究新解》，北京：中央编译出版社，2017年，第122页。

mission-based values），例如公平、程序正当、信息自由和公民发展，结果是过多的绩效衡量和管理方案实际上削弱了公共价值的创造。因此，实践者应致力于确保绩效衡量和管理途径包含并非基于任务的价值观，至少不减弱民主参与和公民行为。制度和过程对公共价值的创造、公共价值观的实现及公共领域的保持与改善具有重要意义。

长期的物质时代的经验会使我们的价值观念形成惯性，这种惯性在物质时代会让人感觉舒畅，减少麻烦。我们不必费神思考我们为什么需要物质利益，我们只要全身心地投入物质利益的创造中就好。但在时代主题转型的过程中，这种惯性就会表现出不好的一面，它往往使人甚至使整个人类社会忽略价值的终极指向，即为人类服务，造成为价值而价值的状况，从而使"人努力创造的"与"人真正需要的"之间出现偏差。

就对重大社会议题的应对而言，关注国家的同时还要关注市场和公民社会，它们均有各自的专门知识并承担相应的责任。响应度的双向特征是其关键要素之一：治理者应当对被治理者的愿望有所回应，被治理者对治理者的措施也应如此。选择道德责任作为这个特定治理任务的最基础原则，表示治理从根本来看是道德的，而且与一些被广泛接受的价值观相一致。在相关文献中，所有这些归因推演都提出了道德问题，长久以来道德问题也都是哲学和伦理辩论的主题。"从根本上看，既有路径的共同问题源于一种把行政人员看作个体的观念"[1]。"负责"对治理者和被治理者均具有道德含义。这不再是道德专家的话题，也不再是伦理机构的专属议程。与此相反，伦理和道德问题是治理领域的核心；从最基本的意义上说，伦理道德是治理问题的基础。

在使政府决策可与商业部门的最佳实践竞争的过程中，服务型政府建设过程注重达成速度、灵活性和回应性。投入大量资金、政府工作人员素质优良的政策系统无法应对完全可以预见的问题，是因为缺乏变通且反应时间过长，这反映出调整政策体系惯性以适应新情况时的文化障碍。相比之下，对"敏捷"的强调源自私营的信息技术领域，其中公

---

① 龚鹏斐、张乾友：《行动者视角中的行政人员道德责任实现路径》，《江南大学学报（人文社会科学版）》，2023 年第 5 期。

司受制于以往的投资，并失去在时间范围内以不同方式执行任务的灵活性。服务型政府观念否认了积极公共行政的普遍观点，即政府机构在长期稳定的环境中运行，并在与不同利益攸关方达成协议方面存在策划好的解决方案和溢价。服务型政府侧重于实现能对不断变化的需求快速重新配置，以及能应对不稳定的或动荡的外部环境的公共管理和决策系统。

今天，不仅中国处于转型期，整个世界都处在转型期。在现代社会或者说工业文明时期，人类文明所追求的核心利益是以衣食住行为代表的物质利益。而随着这类物质利益在生产力的不断进步下逐渐得到满足，物质利益不再成为人类社会的核心利益，或者说其核心利益的地位受到不断地削弱。诸如自然环境、人类情感、对思想和精神自由进步的渴望越来越成为人类利益的核心。公共利益具有了越来越多的人性特点，也就是说，其探讨的重点是人与人之间的关系。

公共价值从具有广泛包容性的对话及协商中产生，这个交流包括来自不同部门的共同体成员，政府对保证公共价值观具有特别的作用。这个途径涵盖了"公共工作"（public work），意为"各种人为解决普遍存在的问题，并为持续公民价值创造物质或象征的所做的自发组织的、持续的努力"，同时公民学习和能力发展也内在于这一过程。这项工作可以由不同的人参与，包括跨部门的、来自不同公民群体的、具有公共精神的管理者。在这个新途径中，民选官员和公共管理者都有责任创造公共价值，以有效解决公众最关心的问题并追求公众利益。公共管理者的这一变化，提出了明显的民主责任性的问题①。

公共管理者发挥了超越于传统公共行政或新公共管理中的作用，他们被假定为能够有助于创造和指导协商，并维持和提升系统的整体有效性、承载量和责任性。在这种新兴方式中，公共行政对民主过程的作用也是不同的。不论是传统公共行政还是新公共管理，管理者都不是很直接地参与民主过程，而主要通过选举和立法协商。相反，在这个新兴方式中，政府通过与"积极公民"展开对话、加以促进并进行回应的方

---

① 王浦劬、臧雷振：《治理理论与实践：经典议题研究新解》，北京：中央编译出版社，2017年，第113页。

式追求公共价值观，为公众谋取利益。然而，在倾向精英、排斥普通公民的系统中，进行对话、协商的可能性仍然不明。

公共价值的融入是对当前和新近实践的描述，对政府和公共管理者的作用是规范性的，作为对"变化的物质及意识形态背景"挑战的回应而言是有希望的。然而相比传统公共行政和新公共管理，这种新途径经常是模糊的，理论基础不牢，相对缺乏检验，还缺少对实践的明确指引。但是在权力共享、多部门、无人全权负责的世界，不失为一种新的期待。旧途径存在问题，新方式仍在发展中。然而可以确定的是，新途径对理解在服务型政府建设中融入公共价值相当重要。

三、合作治理理念下的服务型政府建设

全球化使得国家和人民更紧密地联系在一起，包括民众网络及共享的文化、经济、政治、科技利益等。西方的全球化话语以三种形式呈现：作为史话（story），作为策略，作为意识形态。西方的全球化话语的史话是统一世界，策略是走向全球，意识形态是自由民主，大体上以失败收场，无法帮助其他国家享有平等的尊重、分享应有的权益①。人们重新思考全球治理问题，世界不需要绝对的普世主义，每种文化、每个国家都有其独特的真理。当我们在普世原则方面发生冲突时，结果常常招致大破坏。相比之下，人类社会的未来依赖各国之间相互合作、共同面对危及人类本身的全球问题②。

由于现实世界的很多方面往往以偶然随机的方式发生，故而很难解释清楚，因此，即便困难或者现象不明显，我们也需要投身于这样一项工作，即通过发现、描述、解释和理解其他人生活的现实世界及其背景，来分享他们的体验③。尽管在20世纪80年代和90年代以管理主义

① ［英］马丁·阿尔布劳：《中国在人类命运共同体中的角色：走向全球领导力理论》，严忠志译，北京：商务印书馆，2020年，第28页。

② ［英］马丁·阿尔布劳：《中国在人类命运共同体中的角色：走向全球领导力理论》，严忠志译，北京：商务印书馆，2020年，第7-8页。

③ ［美］全钟燮：《公共行政的社会建构：解释和批判》，孙柏英、张钢、黎洁，等译，北京：北京大学出版社，2008年，第14页。

驱动的新公共管理运动和政府再造项目在相当多的国家行政官员和官僚中十分流行，但是我们也看到了来自上层管理者对它们的大量批判和对改革项目局限性的分析。众多的研究展示了一个清晰可辨的转移，即从以惯例性途径进行组织改革走向一条复兴的（或背道而驰的）途径——组织变革产生于自下而上的力量和平行的互动关系①。

（一）服务型政府是对人类治理文明的新探索

贝尔曾在把握历史宏观结构的基础上指出，后工业化社会的中心是服务——人的服务、职业和技术的服务，因而它的首要目标是处理人际关系。其中的原则是合作和互惠，而不是协调和等级。服务型政府作为一种新的政府范式，要得到西方学者的认同，"就要找到一个双方都能接受的认知'原点'，然后都从这一原点出发，使双方的认知路径调整到基本一致的方向"②。就此而言，在多元治理主体合作治理的条件下，服务型政府以其坚定不移的服务取向在全球共同体中形成了服务型的社会治理模式，是中国对人类治理文明的贡献。

对于政府而言，人民是第一位的，如果不是这样，他们迟早会推翻政府。人类安全的目标是以增进人类自由和自我实现的方式保护所有人类生命的核心意义。国际法同时承认国家和公民。双重秩序正在涌现，棋盘上的大师们都在为网络让出空间，不管他们是否心甘情愿。推动国家内部社会和经济秩序转型的技术，从等级结构到网络，赋予人们比以往任何时候都更强大的颠覆和破坏的力量。政府也拥有比过去更强大的权力，但人类历史的进程摆脱了暴政和"哲学家国王"的统治，转向自治。一个立足于双重国际法律秩序之上的开放的世界秩序，是人类解决目前面临的各种问题的最大希望。

各国政府是构建人类命运共同体和全球合作治理的主体。"关于人类社会的解读，可以从共同体的视角出发。"③ 从农业社会的"家元共

---

① ［美］全钟燮：《公共行政的社会建构：解释和批判》，孙柏英、张钢、黎洁，等译，北京：北京大学出版社，2008年，第28页。

② 杨守明：《新时代中国外交话语体系的知识结构要素与实践功能》，北京：人民出版社，2019年，导论第2页。

③ 张康之、张乾友：《共同体的进化》，北京：中国社会科学出版社，2012年，第1页。

同体"到工业社会的"族阈共同体"再到全球化和后工业社会的"合作共同体"，人类社会采用了不同的治理方式。今天，"'人类命运共同体'理念越来越被全球化、后工业化进程和风险社会的现实所证明，也使得构建人类命运共同体的任务显得更为迫切"①。

"服务型政府"是中国学者提出的一个具有中国特色的概念，服务型政府是对人类治理文明的新贡献。"服务型政府职能模式是在人类社会进入后工业化时代（或信息化时代），在和平、发展、合作与共赢的时代主题下，适应经济全球化和市场化、政治多极化和民主化的趋势而正在形成、发展中的一种政府职能模式。"② 而在西方话语体系里，中国政府总是被描述成威权型，即使中国进行了改革开放，即使中国政府正在从管制型政府向服务型政府转型，这种刻板印象至今仍旧存在。服务型政府要想在全球化维度中和人类命运共同体理念下进行知识扩散，就要淡化其意识形态的意味，在内容和表述上进行再创新，在话语策略上找到一个为各国所普遍接受的概念，进行知识再生产。

关于全球合作问题，吉登斯认为，"在重新发现人类共有文明价值的深层根源的过程中，我们可以形成一种可以作为复苏全球合作基础的全球伦理"③。全球化作为一个过程，包含政治和文化两个方面。不断发展的全球化带来许多益处，同时也形成了新的压力和限制。在这个过程中，全球化将世界变成了单一的空间，但这并不意味着同质化。数字革命的兴起将全球化的相互依赖特征推到了一个全新的高度。治理是人类文明的一个持久的、没有终结的问题。治理从根本上看是一种分散化的秩序，在方式上颇像自然语言的排列④。治理与多样性密切相连，15世纪，英国的大法官约翰·福蒂斯丘爵士撰写了最早的英语宪政论文

① 张康之：《论风险社会中的共同体形态》，《西华师范大学出版社（哲学社会科学版）》2021年第3期。

② 高小平、王立平：《服务型政府导论》，北京：人民出版社，2009年，第100页。

③ ［英］马丁·阿尔布劳：《中国在人类命运共同体中的角色：走向全球领导力理论》，严忠志译，北京：商务印书馆，2020年，第4页。

④ ［英］马丁·阿尔布劳：《中国在人类命运共同体中的角色：走向全球领导力理论》，严忠志译，北京：商务印书馆，2020年，第117页。

《英格兰的治理》，首页引用了圣托马斯·阿奎那对多样性的描述，使用了颇具当代意味的"多样性"一词。福蒂斯丘提出了许多关于其祖国的良好治理的理念，多样性是那些理念的来源①。

大量迹象表明，全球各种层次的政治和行政都在经历着巨大的变化。社会、经济、政治结构和行政都面临着改革的任务。伴随着技术更新和政治发展，旧的方式和方法面临着革新的任务。在过去，国际事务的管理基于国家为中心的结构，在这个结构中，民族国家支配着行动和互动。但是，这个结构正接受着新的结构和过程的挑战，借助于这种新的结构，各种跨国团体——从跨国公司到小城市再到全球网络，融合了大量各种新型行动者——追逐着那些不受国界限制的东西②。合作理念成为后工业社会进程中的主导性理念。

"无所不在的风险压力将人类变成了命运共同体。"③ 风险社会背景下思考国际合作，要明确全球危机根源于后工业化运动，妨碍国际合作的主要因素仍然是意识形态的霸权，国际社会需要确立信任和合作的共同观念，要在承认作为国家的合作行为体独立性和自主性的基础上谋求相互适应。政府是全球合作治理的主体。作为一个负责任大国，中国以合作的态度，在承认差异和多样化的基础上推进国家之间共享的多样化发展，创造了新型全球治理的可能性。根植于中国文化的"人类命运共同体"是中国政府提出的全球治理模式，该模式是在全球风险社会来临的情况下，中国建构起的一种服务型的社会治理模式。

过去，东方国家总是指望西方国家的经验，仿效西方现代化和工业化模式。自从 20 世纪 80 年代以来，尽管有激进的言辞批评富国操纵着主要的经济力量，但是，全球化不仅创造了逆向的交易，而且创造了互利交易。我们不可能阻止全球化进程。如果全球化能促进全世界的经济繁荣和民主，政策制定者和行政管理者就必须运用批判意识，根据人性

---

① ［英］马丁·阿尔布劳：《中国在人类命运共同体中的角色：走向全球领导力理论》，严忠志译，北京：商务印书馆，2020 年，第 115 页。

② ［美］全钟燮：《公共行政的社会建构：解释和批判》，孙柏英、张钢、黎洁，等译，北京：北京大学出版社，2008 年，第 52 页。

③ 张康之：《论风险社会中人的共生共在》，《海南大学学报（人文社会科学版）》2021 年第 4 期。

的意义来审视政策及其隐含的思想。在跨文化学习中，解读东西方的文化动力意味着理解每一个国家行政文化中隐含的维度。每一种行政文化都有一种组织规范（或一种特定的价值），对其成员而言，这构成了一种现实①。

（二）政府在全球合作治理中的服务定位

服务型政府强调的"公共服务导向、政府与社会互动合作、多元主体治理"在我国推进国家治理体系和治理能力现代化的进程中得到了实践与证明，也引起了西方学者的关注。如马丁·阿尔布劳指出，"国家治理能力"的理论概念包括问责、民主、人权、理想、道德、软实力、可持续发展和价值观，它们是联系的组成部分，涵盖了经济、政治、文化、社会和生态等各个方面，是一套紧密相连、相互协调的国家制度。这些是实际目的的理论阐述，是一种西方人长期以来认为过时了的政治指导和公共哲学形式。它们经过适当改造，可以应对将新的"可持续发展目标"与全球治理结合起来的巨大挑战②。

网络理论家也指出，在适当的情况下，增加连通性会增加网络成员选择合作行为的可能性。出于正确目的把合适的成员联系起来，至少有可能从消极的合作平衡转变为积极的合作平衡。交通的发展、关税壁垒的取消或降低，以及地区性乃至全球性的大市场的出现，都推动了经济一体化的发展。大量跨国公司的出现，使得对市场份额的竞争加剧，产品和服务的质量越来越人性化和符合个体的性格偏好。最终，这种趋势的结果演变为公民选择的增多。

政府的任务是管理组织和政府的服务。在许多方面，"开放政府合作伙伴关系"的原则就是为了实现所设想的新的社会契约。人们不仅组织自己，还直接参与政府官员合作，"协同生产"政府服务。协同生产体现了一种自治的哲学思想。公民可以直接与政府建立合作伙伴关系，提出公共问题的解决方案并实施，而不是通过那些代表我们的人来治理

---

① ［美］全钟燮：《公共行政的社会建构：解释和批判》，孙柏英、张钢、黎洁，等译，北京：北京大学出版社，2008年，第157页。

② ［英］马丁·阿尔布劳：《中国在人类命运共同体中的角色：走向全球领导力理论》，严忠志译，北京：商务印书馆，2020年，第112页。

我们。这种自上而下、封闭和专业的治理向去中心化、开放和更智能的治理的转变，也许是 21 世纪重大的社会创新。

数字时代的大战略至少在一定程度上是连接的战略。它必须接受网络无所不在的事实，承认网络的力量，同时看到它们带来的机遇和威胁。但就像数字时代包含了工业时代一样，我们这个世界的大战略也要同时适用于棋盘世界和网络世界。它必须接受以国家为基础的国际秩序，也要给基于人民的秩序预留空间。这个时代要做的选择不是民主还是专制，而是开放还是封闭。开放还是封闭的选择，远不止贸易、人员和思想交流等方面。网络创造了自己的逻辑和思维。网络之所以优于等级机构，是因为驱动它们的逻辑基础是开放的。开放意味着参与，网络接纳多数而非少数人的参与，并从这种参与中获得力量。开放意味着透明，它们战胜了控制和限制信息的努力①。

（三）服务型政府建设的多重路径

回望公共行政研究在 20 世纪的发展历程，概括地说，学者们先后尝试了科学路径、法律路径、政治路径和市场路径等不同的思维路径。在后现代主义对现代性的解构中，人们隐约看到了"价值返魅"的迹象，这是自韦伯称作"祛除巫魅"运动以来的一种新的异动，也启迪着对服务型政府建设可能路径的思考。

1. 建构多中心服务行政模式

如果说理性官僚制的管理型模式体现了对效率价值的追求，那么多中心的服务行政模式则体现了社会治理的新的价值体系，即为社会提供丰富、复杂的公共服务。多中心治理既是社会治理模式演进的历史结果，又是对嵌入统治权威的单一中心治理的适应性、自反性的改造——面向公共服务的多中心治理。我们正处在一个开始体验民主治理的新时代，在这个时代，我们面对着新的社会力量和社会关系。我们对语言、沟通、话语权、文化和地方知识的关注，让我们在每一天的生活中能够获得探索各种发展可能性和社会关系的途径。公共行政实际上正在缓慢地变革，以谋求回应各种社会力量的成长。

---

① ［美］安妮-玛丽·斯劳特：《棋盘与网络：网络时代的大战略》，唐岚、牛帅译，北京：中信出版社，2021 年，第 182 页。

网络化世界最令人兴奋的特征之一，是在发现、制定和实施全球性问题的解决方案方面能真正产生影响的人群在急剧扩大。越来越多的企业认识到，在网络化世界，它们所在的社区和地区的卫生、教育、机会、环境保护和物理安全等既是政府的问题，也是它们自身的问题。全球治理是指治理主体（各国政府、国际组织和非政府组织）为应对全球性问题（安全、经济、环境、犯罪等）而进行的制度性协商与合作[①]。长期以来，政府单独承担着社会治理的重任，承载着人民对美好生活的期望，但当非政府组织等社会自治力量参与社会治理时，政府成为多元社会治理主体中的一员。在这种情况下，政府需要反思自身性质与职能定位[②]。

博兰尼的"多中心性"思想是有价值的，它与哈耶克的"自发秩序"、波普的"开放社会"一起代表了二战前后对计划经济、东西方极权政治所进行的自由主义批判。20世纪极权主义的败退和全球市场经济、市民社会的兴起的前提性因素，恰恰在于各种力量对"中心化政治"的奋力解构。"多中心性"也从市场领域进入公共服务领域。齐格蒙特·鲍曼试图踩出一条后现代返魅之路，让理性官僚制在哪儿跌倒就在哪儿爬起来——让伦理正当性再次回到社会治理中，才是拯救理性官僚制的终极出路。在场域的总体性思维中把握政策网络，反而是一种能带来研究质量提升的"视界的融合"的方法。

单一中心治理结构下的民主参与/政策参与只能是有限的，不完全的、非合作的博弈仍然是治理中的困惑。此外，多中心治理下的教育、医疗、城市公用事业政策不再是一个经济学分析意义的公共资源配置问题，而是包含其在内的公共服务/责任再生产的政策领域的建构。合作治理是现代公共事务发展的趋势与根本特征。

多中心治理场域需要借助政策网络这一理性形式，解决事实、价值与规范之间的抵牾——科学决策与民主决策的紧张。多中心治理是社会

---

① 田旭：《人类命运共同体与全球治理民主化的中国方案》，《党政研究》2019年第6期。

② 田小龙：《领域分离与融合背景下社会治理的道德境况》，《公共管理与政策评论》2017年第1期。

治理结构深刻的变迁，如果说单一中心治理下创生了理性官僚制这样的治理场域，并通过"命令—服从"的纪律机制实现了统治权威的治理意图，那么适配多中心治理的形式理性怎样才能达到"理想类型"的程度？审慎地看，在单一中心治理结构下，并非没有政策"网络"，但这是封闭性场域之内的"关系结构"——力量、关系和依赖性，其根本特点是其"唯一中心化"，正如布尔迪厄对"科层场域"的描述性解释那样。因此，这是对政策网络的一种广义的用法。"政策网络"虽然也涉及力量、关系和相互性，但开放性、弹性、"去中心化"的形态和自由、开放的精髓，更使政策网络应用于"后现代"的社会治理之中。

开放政府的演变表明了在数字平台巨大潜力的助推下共同的价值观是如何形成共同的结构的。"开放秩序构建"大战略不是拥护一个由强大的"门内之地"组成的世界，而是拥护一个由许多不同的政府、企业和公民组织交织在一起的盟友和合作伙伴组成的全球社区。体系理论告诉我们，封闭系统中的组织水平只能保持不变或降低。相比之下，在开放系统中，动态反馈过程使系统能够适应并提高其组织水平，以应对新的输入和干扰。

引导型职能是服务型政府的一个属性，履行的是"公共性"价值，引导型政府职能的根据是民主治理责任的实现。在多中心治理模式中，自主治理和合作治理是两个关键。如果说管理型政府以直接组织化的方式履行社会管理职能，折射出的是单一中心模式下治理权的低度分化性；那么，服务型政府则是在治理结构的多中心性下客观上要求政府在职能谱系中以发挥引导型职能为主。从后工业社会历史阶段、多中心治理结构中政府—社会关系、自反性现代化的知识论等分析视野来看，政府的引导型职能是政府责任的实现途径，公共治理中民主与公共责任问题可以统一到引导型职能的建构中加以把握[①]。

作为服务型社会治理或服务型政府属性的多中心治理模式，其功能在于优化公共服务的供给，按照公共服务再生产的要求，形成自己的治理机制安排。作为一种规范性命题，多中心治理不仅是公共物品的物质

① 孔繁斌：《公共性的再生产：多中心治理的合作机制建构》，南京：江苏人民出版社，2012年，第236页。

再生产，同时也是公民社会权利的再生产及公共责任伦理的再生产，这是多中心治理模式最显著的一个实践特色。多中心治理运作构建的将是"服务—信任—商谈"的伦理机制，因而是一种"合作机制"，是公共性的再生产①。

2. 社会建构路径

政府能以前瞻性的战略眼光正确地引导社会合作发展，前提是政府在掌握了完备的信息的基础上做出了科学的判断。但现实是，由于稀缺的注意力和信息处理能力，政府依然是有限理性的、信息不充分的。因此，服务型政府的引导职能需与公共行政的社会建构结合起来。公共行政管理者要想充分理解他们对产生于行政管理变革的回应，就必须学会了解问题，学会理解组织成员和公民的价值观。在变革组织过程中，将个体与变革过程联系起来是不可避免的，因为个体成员必须学习变革的意义，并成为变革的参与者。没有组织成员积极地参与和贡献，有意义的组织变革是不可能发生的②。

通过提升开放性交流、拓展社会关系和参与，民众能够更好地从政治和经济角度来理解问题，包括可能性和限制性。如果以社会性为基础的变革策略得以实施，行政管理者就必须扮演促进推动者的角色。政府要充分尊重公民的知情权，发挥民众的首创精神，倡导公民参与，使社会中分散在不同个体的知识和理性得以多角度、多渠道地向政府自由流动，通过政府与民众的互动尽可能地解决政府信息不充分问题。政府应该成为一个回应型政府，政府存在的理由就是满足公民的需要，即政府必须是开放的和可接近的。民众的参与是决策正确执行的有力保障。

公共行政应当直面其批判性地检视过去与今天的功能，并透过公共参与积极促进政策与行动战略的建构进程，而这一切都将与公共行政管理者作用的扩大相伴相随。在组织和社会环境中，现实世界被如何解释和界定关系到我们的行动进程。公共行政想要造就有效的知识，需要许

① 孔繁斌：《公共性的再生产：多中心治理的合作机制建构》，南京：江苏人民出版社，2012年，第273页。
② ［美］全钟燮：《公共行政的社会建构：解释和批判》，孙柏英、张钢、黎洁，等译，北京：北京大学出版社2008年，第129页。

多知识体系，需要倾听妇女和少数族裔带来的不同声音。换句话说，公共行政领域迫切需要各种不同的声音，包括那些边缘化的集团成员的声音，以创造视野更为广阔的社会知识体系。

目前，很多公共机构效率低下，缺乏回应性，官僚主义当道并抵制创新。社会建构途径的试验需要部分行政管理者主动且具有前瞻性地思考。这些行政管理者必须较少地关注其官职身份地位，将权威和权力授予那些较少享有权力的个人，他们必须变革集权体制而走向分权的、参与性的管理过程①，强化公民社会的作用，促进自下而上的政策制定过程，吸纳公民参与贸易谈判、经济发展项目、海外投资等影响公民生活的全球性决定。公民社会的治理方式还可以应用于经济可持续发展、环境保护、社区政策制定、人权和基于社区导向的教育、卫生和社会福利等许多领域。当公民、政治家、行政管理人员致力于推动实现公共利益并且愿意成为促进式领导者时，非等级的网络沟通是最有效的。在此过程中，他们也学会了如何自治。

政治和行政权力起着重要的作用，通过为公民提供一个公共交流的平台，使公民能够对当前的问题发表自己的看法。城市的管理者则起着推动的作用，他们可以同公民一起努力实现公民价值目标，倾听公民的心声，加强彼此间的学习。同时，他们也可以以自省的方式质疑自己的假设。

《开放政府声明》的签署国同意，在决策时"建立和利用公众反馈渠道"，"深化公众在发展、监督和评估政府行为方面的参与度"。要兑现这些承诺，需要监管和技术两个层面的革命代替过时的"公告与评论"程序——立法机构和监管机构对拟议规则的文本进行数月乃至数年的审议，听取既得利益者的意见，最终由政治权力中心首肯通过。各国政府必须转向其他方式，提醒所有受影响的公民实时关注拟议行动。许多国家的立法机构和政府部门已经开始在一些开源平台（如 GitHub）上公布法律草案和法典，公众可以贡献意见，并监督修订过程。

从 21 世纪公民参与的优势出发，有学者将权力合作称为"新权

---

① ［美］全钟燮：《公共行政的社会建构：解释和批判》，孙柏英、张钢、黎洁，等译，北京：北京大学出版社，2008 年，第 95 页。

力"，认为这种权力基于大众参与和同伴合作。新权力的运作方式与旧权力不同，它像电流，由许多人制造，是开放的、可参与的、由同行驱动的。它可以向上作用，也可以被向下分配。像水流和电流一样，它在涌现时最有力量。拥有新权力的目标不是贮藏它，而是引导它。新权力可以从人类的连接中生成，就像挖掘数据会产生比特币一样。参与利用了社会人渴望归属于某个更大实体的深层欲望。它可以自发地让两个或更多的人走到一起，并决定承担某个项目。当慎重实践时，参与的力量表现为一种参与度的策略和一种创造共同项目的策略。连接网络中的两个节点只会在它们之间建立一种正式的联系。能量、对话、讨论、分享经验和合作在其中流动，这种流动把它们联系在一起。当这些流动从不同方向汇聚起来成为一个更大网络的一部分时，它们变得更加重要。参与一项共同事业或一系列相关共同事业的各个部分，可以让节点意识到自己是一个更大整体的一部分，从而获得力量和舒适感①。

由于对经济现代化的迫切需要，治理和发展——包括全球的政策制定——必须超越政策制定者和管理者自上而下的管理模式。在20世纪80年代和90年代，尽管以管理主义驱动的新公共管理运动和政府再造项目在相当多的国家行政官员中十分流行，但是我们也看到了来自上层管理者对它们的大量批判和对改革项目局限性的分析。众多的研究展示了一个清晰可变的转移，即惯例性途径进行组织改革，走向一条复兴的（或背道而驰的）途径——组织变革产生于自下而上的力量和平行的互动关系。

人类行动的功能主义观点建立在人的"过度社会化"观念之上，它忽略了人们所具有的建构和重构他们自己行动意义的能力。功能主义者倾向于关心人性中那些支持一致、顺从、忠诚和角色行为的品质。个体被看作已经历了一个社会化过程。功能主义倾向于将人们的伦理责任还原到组织结构、组织宗旨和组织目标的必要性上。解释学观点聚焦于主观意义情境，因此倾向于将组织的、政治的、经济的和文化的等客观方面还原到社会环境里人们的意识和诠释能力。它对外部力量（组织、

---

① ［美］安妮-玛丽·斯劳特：《棋盘与网络：网络时代的大战略》，唐岚、牛帅译，北京：中信出版社，2021年，第156页。

经济和政治）的处理并不充分，甚至经常有意回避。因此，功能主义和解释学观点都倾向于还原主义，这是一种关于人类行动和社会实在的片面的观点。行动的辩证观点试图将人的主观性与组织的客观性联系起来，人们借助交流活动形成了主体间关系的意义①。

目标是政府管理的核心，确定正确的目标是行动正确的前提。管理目标的转变构建在人类核心利益转变的基础上，新的核心利益从更具物质色彩转向更具社会情感和精神色彩，更加人性化。人具有自由意志，人性的复杂性使对人性的认识绝不可能像对物的认识那样可以实现理性和预测，可以被专家独自拥有。这就需要我们重视公开、非强制地鼓励民众参与协商对话。碎片化和多样性能够提升创造力。反思的进程和批判性设问是探索制度改革可能性的开始。后现代理论能通过重建使其成为变革传统制度实践的重要力量，通过重新评估个人在组织中的批判性角色、把握话语分析的包容方面、理解多元性和差异的重要性，理解公民参与建立更加民主的公共制度的关键价值，以此形成注重实效、以文化为基础的、可供选择的方案。

服务型政府建设更需要多样化的行动者之间更多的合作，需要行动者通过话语和行动建立集体意识。服务型政府建设面临着不少不可预料的问题，通过社会互动来共享知识，拓展了我们参与、理解、解决冲突和可能性方案选择的范围。通过交流互动来共同构建目标和策略，我们就能采取行动来塑造我们的集体命运，创造一个不同于现在的未来。推进过程而不忽视产出，社会建构主义途径关注人们在分享经验和发展人类合作策略时创造含义和知识的过程。如果没有具有广泛代表性的行动者之间的参与性话语和对话，经济理性主义不仅不能完善，同时也不能为促进"全球性"而清晰地形成"公共逻辑"。

3. 提升政府能力建设

许多政府和非政府组织都在努力推动"能力建设"以应对低效无能的政府带来的大量问题。强化一个政权管理一个地区的能力，从征税到提供服务，也能增强其抵御内部民众抗议或外部势力颠覆的能力。就

---

① ［美］全钟燮：《公共行政的社会建构：解释和批判》，孙柏英、张钢、黎洁，等译，北京：北京大学出版社 2008 年，第 166 页。

算没有战争，政府也需要向公民提供基础服务：安全保卫、医疗保健、教育、基础设施和经济机会，提升"治理"和"能力建设"是对外援助的既定范畴。体制建设与能力建设是靠时间来积累的，网络理论的经验表明，我们过去关注我们正在提供的援助——执行行政任务所需的知识和技能的转移，而对我们正要建立的关系不够重视。

全球化的风险包括全球气候变化、核武器扩散风险、人口总量冲向百亿大关与人口的大量迁徙、流行病大肆蔓延、环境遭受破坏。以合作治理理念重构国际社会，应对这个时代的全球性问题，需要一个真正的全球观念。这种全球观念要求每个国家做出必要的贡献，以确保生活在这个地球上的人类的未来。这就需要不同文明之间展开对话，超越各自的边界，根据对人类需要的共同看法协作行动。这种全球观认为，普世原则是各个文化相互协调的另外一个因素，它是一种实现物质目的的实用的普遍主义①。理解与合作是应对全球风险的必需条件。文化之间的理解是至关重要的基础，即为了共同目标相互合作。理解基于共鸣，在共同体中有它的社会表达。合作基于认知，在各种不同的组织或者群体中实现。在 21 世纪，社会满足人的需要、让人的行动协调一致的最常见的方式是诉诸共同价值②，如可持续发展战略和风险社会概念的提出。

位于频谱最远端的网络，依靠的是互惠带来的信任。尽管信任自史前时代以来就是人类关系的天然黏合剂，但它在现代等级制度中极其稀缺，尤其是在政府中。在同一个官僚机构内，垂直式的管辖常常导致人们相互竞争，彼此削弱。对员工社会资本的评判应该包含在绩效评估中，尤其是在跨组织的绩效评估中，这反过来也能让管理者评估员工是愿意解决问题还是逃避问题，是愿意作为团队的一分子迎接挑战还是寻求自保。此类激励机构能对抗"筒仓心态的短视排他性"，可以释放政府官僚机构内部和横跨多个官僚机构的网络能力。网络理论允许我们利

---

① ［英］马丁·阿尔布劳：《中国在人类命运共同体中的角色：走向全球领导力理论》，严忠志译，北京：商务印书馆，2020 年，第 8 页。

② ［英］马丁·阿尔布劳：《中国在人类命运共同体中的角色：走向全球领导力理论》，严忠志译，北京：商务印书馆，2020 年，第 38 页。

用自然社群的相应措施，为那些需要帮助的人提供有效的信息流动服务，并向所有需要帮助的公民提供帮助。

一个能解决庞大而复杂的问题的网络，依靠看得见的"管理之手"和看不见的"涌现之手"，前者将这些要素组合起来，后者负责指导工作。授权执行意味着尽可能将指挥链下沉，只提供一般性原则和共同使命感，然后允许所有级别的团队成员行使他们自己的判断力。授权执行是一种应用于适应性极强的扁平化组织的管理原则。社会是非正式化的，尤其是在二战后社会生活关系最发达的自由社会，权力和权威变得更为含蓄，互动关系变得更加非正式化。这个过程可以通过关注公共话语的"会话化"，即在公共互动和文本中模拟对话的趋势来了解。

结语：知识创新推动下的
当代中国服务型政府建设

中国自改革开放以来，国家各个领域进行了不间断的改革和调整。政府如何保有合法性，是政府改革一直不曾偏离的中心。虽然通过全过程人民民主对行政权力及其相关制度的正当性做出了证明，为当代中国政府建立了一个平等民主的基础，但是改革时代涌现的很多公共问题、中国公共行政发展遭遇的困境，深层的原因在于对自由民主维护得不充分。中国共产党早在还是革命性政党的时候，就提出了"为人民服务"的政治理念，但"为人民服务"如果只停留在理念层面的话，是无法回应不同阶层、不同个体提出的公共服务需求的。

当代中国服务型政府建设在某种意义上是知识与话语影响的结果。政府通过社会进程被建构，而对这些过程的共同理解突出了话语的有效性。知识的本质是动态的，它的形成是一个认知过程。"建设一个什么样的政府"一直是摆在中国政学两界的关键议题。新中国成立后，中国政府历经政治控制型再到管制型。之后，随着思想解放和政治观念的更新，以及中国国力的日渐强盛，对政府的知识求取发生转向，最终确立了建设服务型政府的目标。"为人民服务"也从政治理念转变为现实中的服务型政府的建构。

从服务型政府是一种新的关于政府类型的知识的角度看，服务型政府属于软创新。当代中国服务型政府的理论建构和建设行动既包括了"为人民服务""以人民为中心"等政治理念的提炼，即服务型政府哲学化的过程，也涵盖了中国地方政府和中央政府在实践中通过一系列政治制度安排与改革创新推进服务型政府科学化的过程，更兼有服务型政府知识与技能传播的创新扩散的社会化过程，这些过程齐头并进、相辅相成。

服务型政府作为一种理想的政府形态，以及在中国现实发展中的行政管理模式，既不同于典型的西方管理型政府，也不同于中国之前的全能型政府或者管制型政府，它是政府自身的深刻革命，具有创新性。本书通过建立一个以知识、话语和行动为主要分析元素的，以学术界、中央政府和地方政府为主体的服务型政府知识合作创新与行动建设的分析框架，对当代中国服务型政府建设进行了历时性、全景式回顾与探讨。

服务型政府知识探索最早可以追溯至 20 世纪 70 年代的思想解放运动与政治观念更新，20 世纪 80 年代和 90 年代学术界开始探讨"服务行政"的概念，之后探讨"服务行政模式"，最后落脚于对服务型政府的知识求取。与此同时，地方政府为了更好地为地方经济和社会服务，纷纷建立了"外商投资服务中心""政府办事大厅"等"一站式"服务机构，也在实践层面为服务型政府的建设积累了经验。早期的服务型政府建设主要是为经济发展服务的。

学术界对于建设服务型政府的呼吁，以及地方政府的服务型政府建设行动，最后汇聚成一股巨大的政府改革力量，推动了中国政治高层最终对服务型政府的价值确认，将建设服务型政府上升为国家战略，并进行顶层设计。服务型政府也因此获得了较高的知识势能而得以迅速扩散，服务型政府建设得以多领域、全方位地开展。这一阶段的服务型政府建设在科学发展观的指导下，从主要"服务于经济建设"转向"服务于人和社会的全面发展"。因应改革情境的新变化，中国党政高层基于对"新时代"的认知，对政府理论话语再次进行了创新，提出"建设人民满意的服务型政府"。在新的政府理论话语的引领下，"放管服"改革成为服务型政府建设的全新推进模式。

通过对当代中国服务型政府建设的考察可以发现，中国对新的政府知识的探索，一直是围绕着服务型政府建设这条主线进行的。其间虽有波动，但这条主线是清晰的，关于服务型政府的知识创新和建设行动无非是把这条主线推展开来。关于当代中国政府改革的故事、思考、叙述、行政制度和政治决策等一直都是围绕着建设服务型政府的目标而展开的。服务型政府的建设过程也是一个服务价值创造的过程，建设服务型政府是中国政府改革的内核。中国文化特别注重"正名"，"名"既是对事实的概括，也是一种价值导向。服务型政府遵循的价值有很多，但核心价值为"服务"。建设服务型政府承载着中国政府、中国学者及中国人民对于政府高效、廉洁、法治、民主、创新等的美好希冀，最重要的是对真正建成一个"全心全意为人民服务""人民满意"的政府的期盼。

中国服务型政府建设走到今天，确实取得了不少成绩，民众和业界也切实感受到了政府服务内容的增多和服务质量的提升，但也存在不尽如人意的地方。在现实中，如何让数以万计的"非正式"工作者堂堂正正地赚钱，考验着各级政府的治理能力和服务水平。我们不能忽视，即使是强大的话语，例如公共服务，也可能遇到一定程度的阻力，导致它们既没有被颁布，也没有被贯彻到该有的程度。在社会研究中使用辩证的话语理论时，我们需要逐项考虑政府是否有在某种程度上抵制新话语的情况。

"管理"与"服务"一词之差，不仅仅是语词的转换，更是观念和理念的革命。改变观念就是改变世界。现在，我们举国上下都在谈发展，但所谈的发展多为物质发展。我们不能忘了社会的发展最根本的是人自身的发展，人如果发展不好，这个社会也没有什么幸福指数可言。普罗泰戈拉认为，人是万物的尺度，也是最终目的。我们所有的科学、技术、思想文化、公共管理和服务都服务于人，都是为了让人活得更好。除此之外，一切皆是手段。只有把人作为终极目的，才能对抗那些似是而非的空想主义、集体主义和狭隘的民族主义。

服务型政府建设要想走下去、走得好，还是需要从根部入手，从民众和政府工作人员对服务型政府的认知入手，使得服务行政理念和服务价值真正地深入人心，成为一种共识、一种话语，被民众和政府工作人员真正地"信奉"。自下而上，由内而外，各级政府、各国政府共同探讨，进行对话与交流，形成一种氛围，一步一步蔓延，把越来越多的人包裹在其中，变成一场建设服务型政府的文化运动，进而影响更多的人加入服务型政府建设，以实际行动一点点提升政府的服务品质，使更多的人受惠。

参考文献

一、中文著作

［1］习近平：《决胜全面建成小康社会　夺取新时代中国特色社会主义伟大胜利——在中国共产党第十九次全国代表大会上的报告（2017年10月18日）》，北京：人民出版社，2017年。

［2］薄贵利、樊继达，等：《建设服务型政府的战略与路径》，北京：人民出版社，2014年。

［3］薄贵利、刘小康，等：《创新服务型政府运行机制》，北京：人民出版社，2014年。

［4］李传军：《管理主义的终结：服务型政府兴起的历史与逻辑》，北京：中国人民大学出版社，2007年。

［5］毛泽东：《毛泽东选集》，北京：人民出版社，1991年。

［6］唐德刚：《从晚清到民国》，北京：中国文史出版社，2015年。

［7］张康之：《为了人的共生共在》，北京：人民出版社，2016年。

［8］张康之：《公共行政中的哲学与伦理》，北京：中国人民大学出版社，2004年。

［9］张康之：《合作的社会及其治理》，上海：上海人民出版社，2014年。

［10］张康之：《论伦理精神》，南京：江苏人民出版社，2010年。

［11］俞可平：《治理与善治》，北京：社会科学文献出版社，2000年。

［12］郁建兴，等：《"最多跑一次"改革：浙江经验，中国方案》，北京：中国人民大学出版社，2019年。

［13］孔繁斌：《公共性的再生产：多中心治理的合作机制建构》，南京：江苏人民出版社，2012年。

［14］胡叔宝：《西方政府论》，北京：中国社会科学出版社，2006年。

［15］高小平、王立平：《服务型政府导论》，北京：人民出版社，2009年。

［16］曹沛霖：《制度纵横谈》，北京：人民出版社，2005年。

［17］吴玉宗、古洪能、张鹏：《沿海经济发达地区县级服务型政府建设研究》，长春：吉林大学出版社，2014年。

［18］吴玉宗：《服务型政府建设研究》，北京：经济日报出版社，2007年。

［19］杨雪冬，等：《风险社会与秩序重建》，北京：社会科学文献出版社，2006年。

［20］林闽钢：《走向社会服务国家：全球视野与中国改革》，北京：中国社会科学出版社，2020年。

［21］郑家昊：《引导型政府职能模式的兴起》，北京：中国社会科学出版社，2013年。

［22］郑永年：《技术赋权：中国的互联网、国家和社会》，邱道隆译，北京：东方出版社，2013年。

［23］周志忍：《当代国外行政改革比较研究》，北京：国家行政学院出版社，1999年。

［24］金观涛、刘青峰：《开放中的变迁：再论中国社会超稳定结构》，北京：法律出版社，2010年。

［25］金观涛、刘青峰：《中国现代思想的起源：超稳定结构与中国政治文化的演变（第一卷）》，北京：法律出版社，2011年。

［26］中国社会科学院语言研究所词典编辑室：《现代汉语词典》，北京：商务印书馆，1992年。

［27］中共中央马克思恩格斯列宁斯大林著作编译局：《马克思恩格斯全集》，北京：人民出版社，1960年。

［28］中共中央文献研究室：《毛泽东文集》，北京：人民出版社，1999年。

［29］中共中央文献研究室：《毛泽东书信选集》，北京：中国人民解放军出版社，1989年。

［30］中央档案馆：《中共中央文件选集》，北京：中共中央党校出版社，1989年。

二、翻译著作

［1］［英］安东尼·吉登斯：《现代性的后果》，田禾译，南京：译林出版社，2011年。

［2］［美］汉娜·阿伦特：《人的境况》，王寅丽译，上海：上海人民出版社，2017年。

［3］［美］杰·D.怀特：《公共行政研究的叙事基础》，胡辉华译，北京：中央编译出版社，2011年。

［4］［德］黑格尔：《历史哲学》，王造时译，上海：上海书店出版社，2001年。

［5］［德］黑格尔：《法哲学原理》，范扬、张企泰译，北京：商务印书馆，1961年。

［6］［德］韩博天：《红天鹅——中国独特的治理和制度创新》，石磊译，北京：中信出版社，2018年。

［7］［波］弗洛里安·兹纳涅茨基：《知识人的社会角色》，郏斌祥译，南京：译林出版社，2012年。

［8］［美］E.M.罗杰斯：《创新的扩散》，唐兴通、郑常青、张延臣译，北京：电子工业出版社，2016年。

［9］［奥］阿尔弗雷德·阿德勒：《自卑与超越》，吴杰、郭本禹译，北京：中国人民大学出版社，2013年。

［10］［法］卢梭：《论人与人之间不平等的起因和基础》，李平沤译，北京：商务印书馆，2007年。

［11］［美］罗伯特·D.帕特南：《使民主运转起来：现代意大利的公民传统》，王列、赖海榕译，北京：中国人民大学出版社，2014年。

［12］［法］卢梭：《论科学与艺术的复兴是否有助于使风俗日趋纯朴》，李平沤译，北京：商务印书馆，2011年。

［13］［法］卢梭：《爱弥儿》，李平沤译，北京：商务印书馆，

1996 年。

[14] [英] 卢克斯：《道德相对主义》，陈锐译，北京：中国法制出版社，2013 年。

[15] [美] 卡蓝默：《破碎的民主》，高凌瀚译，北京：生活·读书·新知三联书店，2004 年。

[16] [法] 卢梭：《社会契约论》，李平沤译，北京：商务印书馆，2011 年。

[17] [德] 科斯洛夫斯基：《伦理经济学原理》，孙瑜译，北京：中国社会科学出版社，1997 年。

[18] [苏] 列宁：《社会民主党在民主革命中的两种策略》，中共中央马克思恩格斯列宁斯大林著作编译局编译，北京：人民出版社，2019 年。

[19] [英] 莱恩：《新公共管理》，赵成根，等译，北京：中国青年出版社，2004 年。

[20] [美] 罗伯托·曼戈贝拉·昂格尔：《知识与政治》，支振峰译，北京：中国政法大学出版社，2009 年。

[21] [英] 休谟：《道德原则研究》，曾小平译，北京：商务印书馆，2001 年。

[22] [英] 休谟：《人性论》，关文运译，北京：商务印书馆，1996 年。

[23] [美] 约瑟夫·熊彼特：《经济分析史》，朱泱、易梦虹、李宏，等译，北京：商务印书馆，1996 年。

[24] [美] 迈克尔·桑德尔：《金钱不能买什么》，邓正来译，北京：中信出版社，2012 年。

[25] [德] 赫尔穆特·施密特：《全球化与道德重建》，柴方国译，北京：社会科学文献出版社，2001 年。

[26] [美] 列奥·施特劳斯：《霍布斯的政治哲学》，申彤译，南京：译林出版社，2012 年。

[27] [美] 理查德·J. 斯蒂尔曼二世：《公共行政学：概念与案例》，竺乾威、扶松茂，等译，北京：中国人民大学出版社，2004 年。

[28] [美] 泰勒：《科学管理原理》，赵涛，等译，北京：电子工

业出版社，2013 年。

[29][英] 伊格尔顿：《马克思为什么是对的》，李杨、任文科、郑义译，北京：新星出版社，2011 年。

[30][美] 阿尔文·托夫勒：《第三次浪潮》，黄明坚译，北京：中信出版社，2018 年。

[31][法] 米歇尔·福柯：《知识考古学》，谢强、马月译，北京：生活·读书·新知三联书店，1998 年。

[32][英] 麦金太尔：《谁之正义？何种合理性?》，万俊人，等译，北京：当代中国出版社，1996 年。

[33][英] 麦金太尔：《伦理学简史》，龚群译，北京：商务印书馆，2003 年。

[34][美] 迈克尔·斯洛特：《从道德到美德》，周亮译，南京：译林出版社，2017 年。

[35][英] 马克斯·H. 布瓦索：《信息空间——认知组织、制度和文化的一种框架》，王寅通译，上海：上海译文出版社，2000 年。

[36][美] 乔治·弗雷德里克森，凯文·B. 史密斯：《公共管理概论》，于洪，等译，上海：上海财经大学出版社，2008 年。

[37][美] 乔治·帕克：《下沉年代》，刘冉译，上海：文汇出版社，2021 年。

[38][法] 让-弗朗索瓦·利奥塔：《后现代状况：关于知识的报告》，岛子译，长沙：湖南美术出版社，1996 年。

[39][美] 塞缪尔·亨廷顿：《变革社会中的政治秩序》，李盛平，等译，北京：华夏出版社，1988 年。

[40][美] 约翰·罗尔斯：《作为公平的正义》，姚大志译，北京：中国社会科学出版社，2011 年。

[41][美] 罗西瑙：《没有政府的治理》，张胜军、刘小林，等译，南昌：江西人民出版社，2001 年。

[42][英] 洛克：《政府论（下篇）》，叶启芳、翟菊农译，北京：商务印书馆，1964 年。

[43][美] 赫伯特·马尔库塞：《单向度的人》，刘继译，上海：上海译文出版社，2016 年。

三、中文论文

［1］张康之：《把握服务型政府研究的理论方向》，《人民论坛》，2006 年第 5 期。

［2］迟福林：《全面理解"公共服务型政府"的基本涵义》，《人民论坛》，2006 年第 5 期。

［3］迟福林：《我国社会矛盾的变化与政府转型》，《人民论坛》，2006 年第 4 期。

［4］陈泉生：《论现代行政法的理论基础》，《法制与社会发展》，1995 年第 5 期。

［5］陈笑飞：《近十年我国政府职能转变研究的回顾与展望》，《党政论坛》，2021 年第 1 期。［6］崔卓兰：《行政法观念更新试论》，《吉林大学社会科学学报》，1995 年第 5 期。

［7］程倩：《从宗旨到行动：服务型政府叙事的话语分析》，《浙江学刊》，2020 年第 4 期。

［8］程倩：《公共行政行动主义的知识论考察》，《学海》，2019 年第 3 期。

［9］程倩：《转型期对合作型政府信任关系的诉求——从服务型政府建设到和谐社会的构建》，《探索》，2007 年第 1 期。

［10］迟福林、方栓喜：《加快建设公共服务型政府的若干建议》，《发展》，2004 年第 3 期。

［11］曹正汉、史晋川：《中国地方政府应对市场化改革的策略：抓住经济发展的主动权——理论假说与案例研究》，《社会学研究》，2009 年第 4 期。

［12］车洪莹：《我国地方服务型政府建设探析——以济南市为例》，《当代经济》，2017 年第 17 期。

［13］陈锦德：《广州市推进依法行政建设服务型政府》，《中国行政管理》，2004 年第 11 期。

［14］楚向红：《习近平以人民为中心的发展思想探微》，《学习论坛》，2019 年第 1 期。

［15］崔永和、黄晓燕：《集体主义的现代演进与马克思的原典回归》，《河南师范大学学报（哲学社会科学版）》，2007 年第 6 期。

［16］陈振明：《中国政府改革与治理的目标指向和实践进展》，《东南学术》，2020 年第 2 期。

［17］刘熙瑞：《加入 WTO 与服务型政府建设》，《国家行政学院学报》，2002 年第 1 期。

［18］刘智洋、韩超：《山东劲吹"标准之风"——国家标准委主任陈钢山东"标准之行"侧记》，《中国标准化》，2012 年第 11 期。

［19］刘祖云：《服务型政府："主体间"互动的分析视角》，《南京农业大学学报（社会科学版）》，2009 年第 1 期。

［20］高小平：《从服务型政府建设的历程看行政管理体制改革的深化》，《中国发展观察》，2008 年第 6 期。

［21］高小平：《服务型政府建设下一步怎么走》，《人民论坛》，2006 年第 6 期。

［22］韩兆柱、翟文康：《服务型政府、公共服务型政府、新公共服务的比较研究》，《天津行政学院学报》，2016 年第 6 期。

［23］何水：《服务型政府建设的理论依据与现实背景》，《云南社会科学》，2005 年第 4 期。

［24］胡叔宝：《现代西方政府理论研究及其反思》，《河南师范大学学报（哲学社会科学版）》，2008 年第 6 期。

［25］黄爱宝：《三种服务型政府观比较》，《江苏行政学院学报》，2012 年第 2 期。

［26］黄兴涛：《"话语"分析与中国近代思想文化史研究》，《历史研究》，2007 年第 2 期。

［27］黄宗智：《认识中国——走向从实践出发的社会科学》，《中国社会科学》，2005 年第 1 期。

［28］井敏：《试析服务型政府的内涵》，《兰州学刊》，2006 年第 7 期。

［29］孔繁斌：《服务型政府在社会治理中的知识扩散》，《中国人民大学学报》，2014 年第 2 期。

［30］孔繁斌：《中国公共行政学：叙事转换中的发展》，《公共行

政评论》，2013 年第 3 期。

[31] 雷浩伟、廖秀健：《中国服务型政府建设研究综述与展望》，2019 年第 3 期。

[32] 李殿仁：《从"全心全意为人民服务"到"以人民为中心的发展"——论中国共产党人民观的发展演进》，《中国井冈山干部学院学报》，2017 年第 3 期。

[33] 李军鹏：《关于建设公共服务型政府的思考》，《中共天津市委党校学报》，2004 年第 2 期。

[34] 李文钊、毛寿龙：《中国政府改革：基本逻辑与发展趋势》，《管理世界》，2010 年第 8 期。

[35] 刘熙瑞、井敏：《服务型政府三种观点的澄清》，《人民论坛》，2006 年第 5 期。

[36] 刘熙瑞：《服务型政府——经济全球化背景下中国政府改革的目标选择》，《中国行政管理》，2002 年第 7 期。

[37] 丁煌、张雅勤：《公共性：西方行政学发展的重要价值趋向》，《学海》，2007 年第 4 期。

[38] 丰存斌、刘素仙：《现代西方政府发展基本理路探析》，《河北师范大学学报（哲学社会科学版）》，2009 年第 5 期。

[39] 傅耕石：《服务型政府的构建：中国语境下的审视》，长春：吉林大学博士论文，2007 年。

[40] 吕孝礼、张海波、钟开斌：《公共管理视角下的中国危机管理研究——现状、趋势和未来方向》，《公共管理学报》，2012 年第 3 期。

[41] 乔姗姗：《论践行群众路线与建设服务型政府的内在逻辑——基于中国的政治话语体系》，《理论月刊》，2015 年第 2 期。

[42] 彭正波：《服务型政府建设的实践困境及其改进——基于政府范式转换的视角》，《黑河学刊》，2007 年第 3 期。

[43] 马敬仁：《转型期的中国政府、企业与社会管理——中国管理情结解析》，《中国行政管理》，1996 年第 1 期。

[44] 毛寿龙、景朝亮：《近三十年来我国政府职能转变的研究综述》，《天津行政学院学报》，2014 年第 4 期。

[45] 潘小娟：《中国政府改革七十年回顾与思考》，《中国行政管

理》，2019 年第 10 期。

［46］沈荣华、吕承文：《从服务结构转身看体制改革逻辑——基于吴江行政服务局的考察》，《理论探讨》，2012 年第 3 期。

［47］罗伯特·B. 丹哈特、珍妮特·V. 丹哈特、刘俊生：《新公共服务：服务而非掌舵》，《中国行政管理》，2002 年第 10 期。

［48］桑兵：《解释一词即是作一部文化史——本期栏目解说》，《学术研究》，2009 年第 12 期。

［49］沈荣华：《提高政府公共服务能力的思路选择》，《中国行政管理》，2004 年第 1 期。

［50］施雪华：《"服务型政府"的基本涵义、理论基础和建构条件》，《社会科学》，2010 年第 2 期。

［51］徐邦友：《社会变迁与政府行政模式转型》，《浙江学刊》，1999 年第 5 期。

［52］徐勇：《基于中国场景的"积极政府"》，《党政研究》，2019 年第 1 期。

［53］燕继荣：《对服务型政府改革的思考》，《国家行政学院学报》，2006 年第 2 期。

［54］杨述明：《现代社会治理：地方政府职能转变的历史使命》，《江汉论坛》，2014 年第 2 期。

［55］杨雪冬：《后市场化改革与公共管理创新——过去十多年来中国的经验》，《管理世界》，2008 年第 12 期。

［56］余世喜：《公共服务型政府的内涵及其基础分析》，《暨南学报（哲学社会科学版）》，2007 年第 3 期。

［57］郁建兴、高翔：《中国服务型政府建设的基本经验与未来》，《中国行政管理》，2012 年第 8 期。

［58］郁建兴、石德金：《超越发展型国家与中国的国家转型》，《学术月刊》，2008 年第 4 期。

［59］岳世平：《我国服务型政府建设的制度障碍分析》，《党政干部学刊》，2008 年第 9 期。

［60］新加坡南洋理工大学南洋公共管理研究生院课题组：《完善服务型政府体系，实现全面均衡发展——2012 年连氏中国服务型政府

调查报告》，《经济学参考》，2013 年第 10 期

[61] 束锦、肖靓：《全面推进服务型政府建设——基于矫正政府失灵视角的探讨》，《甘肃社会科学》，2005 年第 3 期。

[62] 陶林、车轼珏：《社会治理创新视野下的服务型政府建设：基本理念、新定位和新要求》，《山东农业工程学院学报》，2018 年第 1 期。

[63] 田小龙：《在中国行政改革价值演变中认识服务型政府建设》，《安徽大学学报（哲学社会科学版）》，2017 年第 2 期。

[64] 王栋：《社会组织承接政府购买服务中参与式预算的实践困境与机制突破》，《现代经济探讨》，2019 年第 9 期。

[65] 王浦劬：《论新时期深化行政体制改革的基本特点》，《中国行政管理》，2014 年第 2 期。

[66] 王兴起、于永旭：《转轨变型 服务企业——试谈政府工业主管部门的改革》，《理论学刊》，1985 年第 3 期。

[67] 肖陆军、杨丹：《服务型政府的特点及其理论依据》，《理论学刊》，2005 年第 6 期。

[68] 谢菲、林嵩：《构建"服务型政府"研究述评》，《福建省社会主义学院学报》，2016 年第 2 期。

[69] 谢新水：《从服务型政府到人民满意的服务型政府—— 一个话语路径的分析》，《探索》，2018 年第 2 期。

[70] 臧雷振：《国家治理实践的政治学解释——中国治理经验和分析范式》，《江苏行政学院学报》，2018 年第 5 期。

[71] 张康之：《论行政发展的历史脉络》，《四川大学学报（哲学社会科学版）》，2006 年第 2 期。

[72] 张康之：《行政道德的制度保障》，《浙江社会科学》，1998 年第 4 期。

[73] 张康之：《把握服务型政府研究的理论方向》，《人民论坛》，2006 年第 5 期。

[74] 张康之、姜宁宁：《公共管理研究的热点与重心——基于人大复印报刊资料〈公共行政〉2014 年收录文章的预测》，《中国行政管理》，2015 年第 7 期。

[75] 张海柱：《知识治理：公共事务治理的第四种叙事》，《上海

行政学院学报》，2015 年第 4 期。

［76］张峰、孔繁斌：《信息空间视角下的社会治理模式创新》，
《学海》，2016 年第 6 期。

［77］张成福：《政府治理创新与政府治理的新典范：中国政府改革 40 年》，《国家行政学院学报》，2018 年第 2 期。

［78］张成福：《面向 21 世纪的中国政府再造：基本战略的选择》，
《教学与研究》，1999 年第 7 期。

［79］张成福、党秀云：《中国公共行政的现代化——发展与变革》，《行政论坛》，1995 年第 4 期。

［80］张康之：《论政府的非管理化——关于"新公共管理"的趋势预测》，《教学与研究》，2000 年第 7 期。

［81］赵宇峰：《政府改革与国家治理：周期性政府机构改革的中国逻辑——基于对八次国务院机构改革方案的考察分析》，《复旦学报（社会科学版）》，2020 年第 2 期。

［82］郑巧、肖文涛：《协同治理：服务型政府的治道逻辑》，《中国行政管理》，2008 年第 7 期。

［83］朱光磊、孙涛：《"规制——服务型"地方政府：定位、内涵与建设》，《中国人民大学学报》，2005 年第 1 期。

［84］朱光磊、于丹：《建设服务型政府是转变政府职能的新阶段——对中国政府转变职能过程的回顾与展望》，《政治学研究》，2008 年第 6 期。

［85］朱光磊、李利平：《回顾与建议：政府机构改革三十年》，
《北京行政学院学报》，2009 年第 1 期。

［86］张康之：《我们为什么要建设服务型政府》，《行政论坛》，
2012 年第 1 期。

［87］张康之：《限制政府规模的理念》，《行政论坛》，2000 年第 4 期。

［88］张康之：《在社会转型中思考社会治理的话语重建》，《学海》，2018 年第 1 期。

［89］张利萍：《深入推进"放管服"改革　加快基层服务型政府建设进程》，《领导科学论坛》，2019 年第 5 期。

[90] 张太原：《"坚持以人民为中心"的思想精髓》，《红旗文稿》，2018 年第 7 期。

四、报刊资料

[1] 迟福林：《公共需求变化与政府转型》，《光明日报》，2005 年 7 月 19 日。

[2] 丁煌：《将为人民服务的宗旨落到实处》，《人民日报》2018 年 09 月 09 日。[3] 燕继荣：《建设人民满意的服务型政府》，《光明日报》2020 年 01 月 21 日。

[4] 张桐：《建设人民满意的服务型政府：国家治理的中国方案与中国智慧》，《光明日报》，2019 年 2 月 27 日。

[5] 顾平安：《走新型工业化道路需要整合工业行业管理体制和部门》，《人民日报》，2008 年 3 月 10 日。

[6] 肖云儒：《大众传媒与文艺新变》，《人民日报》，2006 年 9 月 14 日。

五、重要文件和讲话

[1] 习近平：《决胜全面建成小康社会 夺取新时代中国特色社会主义伟大胜利——在中国共产党第十九次全国代表大会上的报告》，2017 年 10 月 18 日。

[2] 《国务院关于加快推进全国一体化在线政务服务平台建设的指导意见》，（国发〔2018〕27 号），2018 年 7 月 25 日。

[3] 《国务院关于加快推进政务服务标准化规范化便利化的指导意见》，（国发〔2022〕5 号），2022 年 3 月 2 日。

[4] 《国务院办公厅关于简化优化公共服务流程 方便基层群众办事创业的通知》，（国办发〔2015〕86 号），2015 年 11 月 27 日。

[5] 国务院：《国务院关于积极推进"互联网+"行动的指导意见》，2015 年 7 月。

[6] 国务院：《国务院办公厅关于简化优化公共服务流程方便基层

群众办事创业的通知》，2015 年 11 月。

　　［7］《中华人民共和国国民经济和社会发展第十一个五年规划纲要》，2006 年 3 月。

　　［8］中华人民共和国财政部：《2011 年公共财政收支情况》，2012 年 1 月。

　　［9］《江苏省政府关于大力推进标准化规范化便利化加快建设现代政务服务体系的实施意见》，（苏政发〔2022〕71 号），2022 年 7 月 24 日。

　　［10］南京市人民政府：《南京市政府关于积极推进服务型政府建设的实施意见》，2003 年 2 月。

　　［11］广东省人民政府：《广东省人民政府办公厅关于印发广东省贯彻落实全国深化简政放权放管结合优化服务改革电视电话会议重点任务有关措施及分工方案的通知》，2017 年 9 月。

　　［12］《中共中央关于深化党和国家机构改革的决定》，2018 年 2 月。

　　［13］中共中央：《深化党和国家机构改革方案》，2018 年 2 月。

　　［14］上海市人民政府：《上海市公共数据和一网通办管理办法（草案）》，2018 年 9 月。

　　［15］浙江省第十三届人民代表大会常务委员会：《浙江省保障"最多跑一次"改革规定》，2018 年 11 月。

　　［16］浙江省人民政府：《浙江省人民政府关于印发加快推进"最多跑一次"改革实施方案的通知》，2017 年 2 月。

　　［17］邓小平：《解放思想，实事求是，团结一致向前看》，在中共中央工作会议闭幕会上的讲话，1978 年 12 月 13 日。

　　［18］李克强：《在全国深化"放管服"改革转变政府职能电视电话会议上的讲话》，2018 年 6 月 28 日。

　　［19］李克强：《深化简政放权放管结合优化服务　推进行政体制改革转职能提效能——在全国推进简政放权放管结合优化服务改革电视电话会议上的讲话》，2016 年 5 月 9 日。

　　［20］李克强：《在全国深化简政放权放管结合优化服务改革电视电话会议上的讲话》，2017 年 6 月 13 日。